格拉古夢魘

——勞改回憶錄之三

張先癡——著

……我們已經全都習慣了，適應這個極權制度，接受了這個制度是不可改變的事實，從而成全了它的運行。換言之，我們大家多多少少都對這部極權機器之運行負有責任。我們當中沒有一個人僅僅是這部機器的受害者。要知道，它之所以能運行，是因為我們每個人都曾經出了一份力。

瓦茨拉夫・哈威爾（捷克）

本書作者張先癡，畫家梁焰於二〇一六年十月出品。

序　拒絕遺忘：一代人的歷史責任
——張先癡《格拉古夢魘》

北大教授　錢理群

張先癡先生在出版了《格拉古軼事》、《格拉古實錄》兩書以後，又寫出了這本《格拉古夢魘》。他在來信裡告訴我，寫《軼事》時視力已經衰減，《實錄》是在半失明下勉力寫成，這本《夢魘》就只能自己口述，由朋友記錄、整理了。這可以說是拼了命也要寫出他所經歷的一切：這是為什麼？張先癡先生在書中談到一位難友李盛照，他「終其一生力圖追問大饑荒的真相」，「始終如一地抗爭」，「戴著二十斤的腳鐐在兩米見方的黑監中，一關就是七年」；在出獄以後的這幾十年也一直念念不忘「還原歷史的真相」。直到二〇一三年十一月的一天，還打電話給張先癡，商量如何進行，第二天就意外離世了。張先癡大為震動，發誓要「為這位偉大的朋友與他的未盡之願著落筆墨，也許就像李盛照的一生：作為一種反抗」。張先癡深情地寫道：「眼看身邊的難友一個個棄世而去，他們中每一個人作為那段歷史的親歷者，無一例外地都有太多的故事需要講述，否則歷史的真正樣子就會淹沒在無數的謊言中，無法辨別，無人知曉」。而歷史真相的被淹沒、曲解，也就意味著拒絕吸取歷史的教訓，拒絕對造成歷史悲劇的體制弊端進行根本改革，歷史就有重演的可能，而現實生活中的種種問題也都表明，這絕不是杞人之憂。這正是讓歷史親歷者寢食不安，死不瞑目的。拒絕遺忘，對自己和自己這一代人的人生故事作

「一個完整的交代」：這幾乎成了張先癡這樣的倖存者的歷史責任。

而張先癡將他的人生故事，以「格拉古軼事」、「格拉古實錄」、「格拉古夢魘」命名，構成「格拉古三部曲」，更是意味深長。所謂「格拉古」是史達林時代的「古拉格流放所」名稱的倒寫，暗示中國的勞改所是史達林的流放所，或許還有希特勒的集中營的延續和發展。這樣，張先癡先生就將他和這一代人的悲劇置於世界範圍內加以考察，追問共產主義運動中的極權體制（蘇聯模式，中國模式）和法西斯體制的根本問題。這就具有了一種更廣闊的視野和歷史深度。

但作為一種歷史的敘述，張先癡先生書寫的重心，還是在這一代人的人生經歷和內心世界。我讀這本《夢魘》，最感觸目驚心的，就是全書文字背後或顯或隱的恐懼感。張先癡先生說，他「努力回想幼兒時期記憶的起點，探尋能記起的最早的事，竟然多多少少都帶著些恐怖」，例如在火盆邊烤火，圍兜被引燃，嚇得大哭；父親買給自己的氣球突然爆炸，又嚇得大哭，等等。接著就是抗戰中的逃難，躲警報；國、共兩黨內戰，兵荒馬亂中的逃亡，時刻感到死亡的威脅。參加革命以後，首先遇到的卻是父親的被槍殺，儘管劃清了界限，但想到父親曾有過的「自己將死無葬身之地」的預言，仍然在暗地裡失聲痛哭：這是他第一次面對革命的恐怖。但萬萬沒有想到的是，當他參加土改運動，自己卻成了恐怖的製造者：他用手槍敲打一位老地主，看到「老人那張因飽受驚恐而發抖變形的臉」，自己也感到驚恐不安。而在涼山執行任務時，為了威懾彝族而炫耀武力，看到「全體頭人立即撲倒在地，渾身顫抖哆嗦不已」時，甚至覺得自己也成了「妖魔」。以後的事情更出乎意外：一九五四年肅反運動以後，中共中央一紙決定，把自己這樣的「直系親屬在運動中被殺的人」（內部稱呼為「血仇分子」）一律從要害部門逐出，張先癡從軍隊轉業地方，從此，專政的利劍高懸頭上，恐怖也就如影隨形。無論是打成右派，還是送進勞教隊，都落入「控制得嚴絲密縫，少有疏漏，而且有嚴厲的監控、懲治機制」的「天羅地網」

之中，惶惶不可終日，沒有任何安全感。張先癡曾經試圖逃跑，最後還是收入網中，陷入更大的恐懼之中。（參看錢理群：《一個人的命運及其背後的社會體制的整體運動——對張先癡的〈格拉古軼事〉的一種解讀》）直到文革結束，張先癡回歸普通人的日常生活，但在內心深處，恐懼依然存在，「睡夢中經常會出現受苦刑，甚至被宣判死刑的恐怖場面」。這不僅是「苦難記憶仍在心底發酵」，更是現實的存在：專政的利劍依然高懸在每一個堅持獨立思考者的頭上。張先癡本人就是因為執意要恢復歷史的真相，再次被「請進」員警機關談話，繼續處於街道上的協警員的嚴密監控之中：無論是談話，還是監控，都是在製造恐怖。（參看錢理群：《歷史在繼續——張先癡〈格拉古實錄〉序》）這樣，恐懼、不安全感，就成了極具極權體制特色的精神現象，張先癡終生無法擺脫極權體制的控制，因此他說自己「生命的基調就是恐怖」。問題是，這樣的飽含血淚的人生總結，並不僅僅屬於張先癡先生個人，而是包括我自己在內的我們這一代人（或許還是幾代人）的歷史命運。我現在終於明白，張先癡先生以「格拉古夢魘」作為本書的書名的深意了：這是宿命，我們至今也還沒有走出「夢魘」。這是不能不讓人悚然而思的。

引發深思的，還有張先癡筆下的家庭故事，他對父親、母親和妻子的回憶。這是本書最為驚心動魄之處，也是我讀了最感共鳴之處。我和張先癡都出身於國民黨高級官員家庭，都經歷了國共兩黨分裂下的家庭分裂和生離死別；但張先癡的家庭悲劇卻遠比我家慘烈。和我父親僅是一個技術官員不同，張先癡的父親年輕時就深深捲入了國、共兩黨之爭，他曾是一個共產黨員，後來又加入了國民黨，從一個共產主義者變成三民主義的信徒。在歷史的巨變中這樣的個人思想的變化，本屬正常；但張先癡父親的悲劇卻在於，當他選擇了國民黨，並成為其中央委員，擔任中央員警總署副署長、中統華中區負責人等要職時，國民黨建立的是「一個政黨，一個主義，一個領袖」的一黨專政的政權，不僅背離了原初的三民主義理想，而且不可避免地發生腐敗，最後甚至連自己也幾乎是身不由己地陷入謀取私利和頹廢的泥潭之中。當兒子張先癡第一次問他，國民黨為什麼最終潰敗時，他回答說：「國民黨不是被共產黨打垮的，而是他的腐朽使自己垮掉的」。但他同時又堅信「中國不能實行共產主義」，這就走到了絕境。前文談到他發出「自己將死無葬身之地」的預言，就不是偶然的。但他萬萬沒有想到，自己的兒子卻在時代的激進思潮的影響下，其中也包括他自己從小給孩子灌輸的公平、正義等觀念的引導，逐漸遠離國民黨而傾向於共產黨。父與子的衝突不可避免地發生了：兒子一再說「共產黨比國民黨好」，父親反問道：「你對共產黨有多少瞭解？」兒子用挑釁的口氣回答說：「至少共產黨沒有特務」。這就直接傷害了被視為「特務頭子」的父親，他突然大發雷霆，吼出讓兒子以後終身難忘的一句話：「你懂個屁，他們每個黨員都是一個特務！」此時的兒子自然聽不進去，當即和父親爭吵起來。最後父親一聲命令：「你給我滾！」年僅十六歲的兒子衝出家門：父與子徹底決裂、分離了。

這是那個歷史大轉折時代的典型現象。我的一個哥哥和一個姐姐也在那個年代參加了共產黨，走上了和父親不同的道路。我的父親則在共產黨兵臨城下時，先到了臺灣，沒有來得及把滯留上海的母親和我們幾個年幼的孩子接走，隨著解放軍攻克上海，全家就此分隔在海峽兩岸。張先癡的父親本也可以從西昌機場先行撤離，但他為了尋找困在樂山的母親和全家人，毅然返回，最後滯留大陸，又被人檢舉而遭鎮壓，真的「死無葬身之地」了。

更大的悲劇卻在於，當父親被押送刑場，沿街示眾時，恰恰被此時已是解放軍戰士的張先癡看到。作為兒子的他，「唯一的想法居然是今天的下場是他罪有應得」，並立刻向部隊領導彙報，表示「絕對擁護黨和政府對父親的處理」。這樣的「站穩立場」，今天看來確實難以理解，但在那個時代，卻是自有緣由。這就談到了一個或許是更為根本的問題。我在一篇文章裡特意談到一九四九年以後大陸意識形態和體制一個最大特點，就是要改造人的思想；而對張先癡和我這樣的出身於「反動家庭」的人，思想改造的核心是要和「反革命父親」劃清界限；而所謂「劃清界限」就是「從靈魂深處，把血肉相連的父親形象挖去，最後一點親情也要遺忘殆盡，換上一個外加的『反革命』惡魔的身影，從而將愛轉化為恨，自動地向父親潑髒水」，「這無疑是一種強迫，因為劃不清界限本身就有被劃出人民的圈子，成為專政對象的危險」，「但還要將強迫變成自願：製造種種理論，把劃清界限崇高化」，什麼「大義滅親」，「為革命犧牲」，「在階級社會裡，父子關係首先是階級關係」等等。我們這些人就是在體制的威懾和革命倫理的蠱惑下，半是被迫、半是「自覺」地和父親「劃清界限」，無情地傷害養育自己的父母，也喪失了最基本的人性！（《我的家庭回憶錄》「代前言」：《遺忘背後的歷史觀與倫理觀》）這才是我們這一代人最恐怖的記憶，這才是真正的「中國特色」：不僅要對人進行行動的控制和肉體的摧殘，而且要控制其心靈及思想，進行精神凌遲，最終使其成為黨的馴服工具，以實現政治、經濟、文化、思想的大一統。這可以說是中國的「格拉古」極權體制對史達林的「古拉格」極權體制與希特勒的法西斯極權體制的一個「青出於藍而勝於藍」的「創造性」發展吧。

這樣的家庭分離、父子反目的大悲劇，還有一位不可不提的承擔者，這就是母親。於是，就有了本書最為動情的文字：《我的母親》。母親也是民國新女性，是女子師範學校的學生，結婚後就成了主持家務、養育子女的主婦。四十歲時，突遭橫禍：父親被捕槍斃，一夜之間，由受人尊敬的夫人變成反革命家屬，成了人人都以懷疑的、甚至敵視的眼光望著的「不可接觸的人」。而且家中經濟來源澈底斷絕，母親還得自己打零工，維持全家生計。在兒子張先癡被送去勞教以後，她更是日夜擔心，撫養孫子不說，還要千方百計省下糧票，接濟兒子，用張先癡的說法，她把兒子一直養到出獄時的四十六歲。在為子孫耗盡了一切以後，她患上了老年癡呆症，最後撒手而去。張先癡深含內疚地這樣總結母親的一生：「從四十歲開始，直到九十二歲去世，整整守寡五十二年，其間母親親手帶大的兒女和孫輩不下二十個」，「全靠那顆寬厚善良的心」，支撐了自己，也支撐了全家。張先癡在囚居中曾噙著熱淚寫過一首寫給母親的長詩，其中的一句是：「她手上有永遠也織不完的毛線團，腳盆裡堆著永遠也洗不完的髒衣服」。我由此想起自己對母親的永恆記憶，也是「端坐在籐椅裡，終日織作無他語，也無笑容」。我說：「我願意永遠俯首於這幅聖母圖前」（《這也是一種堅韌和偉大——先母逝世二十周年祭》）。這「聖母圖」是屬於生活在「格拉古夢魘」裡的這一代人的，她是我們的無盡苦難中的心靈的慰藉。

成為心靈慰藉的，還有妻子。這也是我們閱讀、討論這本書不能不提到的「我的妻子」這段回憶。張先癡說：「我之所以能活到八十多歲的今天，最應該感謝的就是我這位賢慧，善良，聰明的妻子楊文婷」，「她就像我的保護神」，「沒有她，就沒有我的一切」。這大概也是所有的大難不死的倖存者共同的遭遇和生命體驗。我在關於「格拉古」時代裡，那些受害者何以生存下來的討論裡，特意談到「女性」的力量和保護神作用：「對女性——妻子、母親與兒女的思念與愛，成為被剝奪了一切以後，唯一奪不走的東西，成為這些一無所有的受難者保持人性的自覺的最後的支撐，成為他們與非人化的罪惡相對抗的最強有力的精神力量。可以說，有女性存在，哪怕是思念、夢幻中的女性存在，這些男子漢就不會被革命地獄所壓垮」，「這真是地獄裡的生命的最強音」（《地獄裡的歌聲》）。

我們的討論還可以再深入一步：女性的力量在哪裡？在我看來，這主要是人性的力量：女性是人性的真、善、美的集中體現。於是，就注意到，在張先癡的苦難記憶裡，始終有一些「好人」存在，本書的敘述裡，除了母親、妻子，也還有許多關於同學、難友的美好回憶。如他自己在《格拉古軼事》裡所說，「支撐受難者活下去的一個重要因素，就是好人的存在。在他們身上閃耀著人性的善良光芒，其魅力無窮無盡」。我在評論中也強調：「這人的天性，人的良知，是任何力量與體制也『網』不住的」，

二〇〇七年作者在錢理群教授北京家中合影（左為張先癡，右為錢理群）。

這也是我們走出「格拉古夢魘」的希望：「人還在，而人將是最後的勝利者」。（《一個人的命運及其背後的社會體制的整體運動》）。在我看來，這就是張先癡先生「格拉古三部曲」苦難記憶背後的潛在主題。

二〇一七年三月七日—九日

目次

目次

最早的「異類」記憶

一九三四年陰曆正月二十三日我出生在江西省南昌市，這裡既不是我父親的祖籍，也不是我母親的故鄉。在我的眾多兄弟姐妹中，我前面的哥哥和後面的大妹都出生於母親的故鄉南京，更後面的一連串弟妹則出生在父親的祖籍湖北，唯有我一個人像個「異類」般、會出生在這非親非故之地，這多少讓我感到有些不可思議。不過我從未向父母問及自己內心中的疑惑。這可能是因為幼年時的我腦子裡並沒有祖籍、故鄉和出生地之類的概念，等到我開始對這類概念產生認識的時候，我又會覺得這是個多麼幼稚的問題，提出來似乎顯得有些可笑，於是羞於啟齒。

從我記事起，家裡的長輩中除父母以外，還有個輩份更高的外婆。後來我得知外婆娘家姓夏，外公姓陳，都是土生土長的南京人，住在一個名叫孫陶巷的貧民區裡。我從來沒見過外公，也沒見過我的兩個舅舅，只聽外婆說他們全家都是皮匠，也就是以修補皮鞋為生的「勞動人民」。兩個舅舅都患上了在那時難以治癒的肺癆病，因家境貧寒而無錢治病，沒有一個舅舅能活過三十歲。據說我母親作為獨生女，在與我父親結婚之前，就立有婚後繼續贍養外婆的約定，我父親也一直恪守了承諾。

孩提時代我所見到的老太婆，凡年齡與我外婆相近的，無一不是「三寸金蓮」的小腳，可我的外婆卻不是。像她這樣免遭纏足之苦的腳，被稱作「天足」，意味著其「足」係天然形成，而未經外力加工纏裹，據說此詞暗含進步、革新的褒義。既然連外婆都「進步」為「天足」，我母親也就理所當然地同樣是一雙「天足」了。至於外婆為什麼僥倖逃過纏小腳的折磨，我也從來沒有探究過，因為嚴厲的外婆絕不允許大哥和我過問大人的事，那裡有一條小孩子的好奇心不能跨越的紅線。

那年頭除了常見的三寸金蓮，還有一項質樸的民俗也同樣廣為流傳，即任何人不得踐踏任何寫有字句的紙張，哪怕是散落在街角巷尾的廢紙也不例外。長輩教誨我們這些小孩：「你要是踩了寫了字的紙，以後眼睛就會瞎。」晚年的失明，不知是不是因為小時候的我沒有把這句話當回事。在我整個童年時期，《增廣賢文》之類的傳統典籍在農村地區還是相當普及的。村儒鄉紳的處世之道大多來自這些典籍所包含的傳統教養，而他們這一階層的觀念，哪怕不明其就裡的凡夫俗子，也幾乎是遵從的。「勿踐踏字紙否則眼瞎」的規矩當然毫無科學依據，但從中也能看出，那時候的人們對知識的敬畏，幾乎到了奉若神明的程度。

懂事以後，我聽長輩們說，我母親十八歲就嫁給了我的父親，那時母親還是個在校就讀的高中生，而我父親已經在國民政府做事了。

記得在我兒時經常翻看的那本相冊上，扉頁便是一張「全家福」大相片，爸爸和媽媽共同扶著一把嬰兒椅，裡面坐著不滿周歲的大哥，他正呆癡癡地看著這個陌生的世界。照片上的母親梳著齊耳的短髮，帶著幾分羞澀，婷婷玉立地站在父親身邊。拍過這張照片以後，母親接二連三地生下了包括我在內的弟弟妹妹，並親自哺育我們，守著我們慢慢長大，她也因此做了一輩子家庭主婦。

很多年後，在我長年因遭受中共政治迫害被獨囚一室而了無事事的日子裡，我曾努力回想幼兒時期記憶的起點，探尋我能記起的最早的事情，結果發現最早留下的那些記憶竟然多多少少都帶著些恐怖。我不知道這是不是在大多數人身上都會出現的普遍現象？對一個天真無邪的幼兒而言，頭腦中刻下這類恐怖的畫面似乎又顯得有些「異類」。這很可能是因為此時我已成長到開始思考自己命運中的重重謎團時，卻發現早已身陷在恐怖的泥淖中難以自救，或者在陰謀家們的股掌中辨不清東西南北……。

在記憶中，我大約三歲左右，便跟隨父母住在民國時期的首都南京。我和幾個小夥伴在家門外的一個草坪上玩耍，身邊好像沒有大人，於是我脫掉穿著的一雙小拖鞋，放在草坪外的路邊，眼睜睜地看著一個拾荒貨的老爺爺俯身彎腰用手中的火鉗將我那雙拖鞋夾進了他的背簍。我當時沒有作出任何反應，很可能我也不知道應該作何反應。記憶中最清晰的就是那個拾荒老爺爺的背影。他肩上斜挎著一個裝荒貨的背簍，一步一步地離我遠去。而我對這個背影一直心存恐懼！

另一件事則是我穿著一條長圍兜，站在火盆邊烤火，長圍兜的前襟因為和炭火離得太近而被引燃，我嚇得大哭起來，母親匆忙跑過來把我身上的火拍滅。我印象最深的是那條白色圍兜的上方，也就是在我胸口的部位，繡有兩片豆芽似的綠色葉瓣。另外還能記得一樁事，這事雖然不直接屬於恐怖之類，但也多多少少和恐怖有點關係。那是我兩歲多的時候，我站在床邊看我母親包紮繈褓中的大妹妹。大妹在哇哇地哭著，母親卻按步就班地捆紮著，接著我也號啕大哭起來，拉著母親的衣襟，請求媽媽別再捆她，因為小妹妹哭得很傷心。

我還能記得另外兩件事，其一是某日我父親為我和大哥各買了一隻氣球，到家時剛跨過門檻忽聽「叭」的一聲，兩隻氣球同時爆炸，把我和大哥嚇壞了；還有一件「恐怖」之事似乎有點模糊，我聽大人們說，有一個電工在電線上觸電而死，燒焦的屍體被掛在電線上，而我是否真的親眼看到過這具掛在電線杆上的焦屍，早已記不清楚了。但兒時的我常常站在大門口朝著那根電線杆張望的樣子倒是歷歷在目，這畢竟也是一個似曾相識的恐怖畫面。

長大以後聽大人說，我小時候在南京住過三年，三年之中就記住了這五件事，我已經十分滿足。因為它似乎已預示著我生命的基調，那就是恐怖。

騎自行車者為十五歲時的我（張先癡），自行車前為五弟張勇武，自行車後為鄰居小孩，獨輪車上者為六弟張先覺。（大概攝於一九四八年）

戰爭不是兒戲

我這個尚且年幼的小男孩那時不可能知道，人類歷史上最大的一次殺戮、即第二次世界大戰已經在我們身邊爆發，日本在國內軍國主義分子的策動下發動了對中國的全面戰爭。無辜百姓為逃避步步緊逼的災難，只有扶老攜幼逃往遠離戰火的後方。這種成群結隊遷往內地的無奈舉措被稱為「逃難」。舉目望去，處處是望不到頭的「難民」隊伍。我們家也很快捲入了「難民」的滾滾人流之中。我們逃難的第一站便是武漢，國民政府遷出南京後的臨時首都就設在這裡，我父親就在這裡「做事」。

當時我們家住在武昌城內，在這裡我第一次遭遇到「躲警報」。所謂警報是日本飛機即將臨空轟炸前，遍佈在城市裡的廣播喇叭發出的防空訊號，「嗚……嗚……嗚」的聲音淒厲而延綿，催促人們趕緊躲藏。我記憶最深的是第一次進防空洞，一個大人抱著我（那應該是我的父親），我處在被抬高的視角上，所以能看見防空洞洞口。洞門口站著一個員警，他頭上的那頂大蓋帽我至今記憶猶新，那頂帽子的頂蓋反射著白熾的太陽光，形成一個圓形的光碟……。一場驚心動魄的躲警報，在一個三、四歲孩子的眼中，竟幻化成一個閃光的圓盤……。

印象最深的一次「躲警報」是在家裡。那天很可能我父親不在家，母親就只能按當時宣傳的防空常識，將兩張很大的八仙桌拼在一起，取來全家的棉被重重疊疊地蓋在桌面上，壘成了一個小型的家用「防空洞」。一家老小藏在桌子下麵，這情景看著有點捉迷藏的意味，我當時不但不害怕防空警報，反而覺得它像做遊戲一樣十分地好玩。但不一會兒傳來飛機臨空的轟鳴聲，母親因為擔心而禁止我們說話。突然遠處傳來了炸彈的爆炸聲，以及夾雜著炸彈下落時的呼嘯聲，此起彼伏，連續不斷。縮在桌下的一家人正被嚇得心驚肉跳時，又有一枚炸彈落到我家後院附近爆炸，那地動山搖的一瞬間裡，全家人立刻哭作一團。連從不燒香拜佛的母親也不斷念頌阿彌陀佛，並將我們兄妹緊緊摟在她的懷裡。

更要命的是我那位年愈花甲的外婆，她是個虔誠的佛教徒，認定菩薩自會保佑她而拒絕和我們一起在方桌下面「捉迷藏」，獨自一人待在屋後的廚房裡。我家這幢木結構的老式住宅在炸彈爆炸所形成的氣浪衝擊下不堪一擊，附屬部分的廚房便倒塌了。所幸那時的外婆身子骨還很硬朗，竟然從雜亂橫陳的樑柱中尋隙爬了出來，更令人嘖嘖稱奇的是她竟毫髮無傷。從此她也就更加篤信佛教了。

警報解除以後，我們從桌子下面爬出來，這才發現滿屋灰塵，一片狼藉，顯然是這所老式房子在此前的爆炸中振盪搖晃，樑柱間多年積存的塵垢飄落所致。而我們兄弟姊妹們個個在揚塵中哭哭啼啼，結果一家老小全哭成了大花臉。這便是這場「遊戲」的壓軸節目。

在武昌，我在別人家中看見一台我從未見過的留聲機。不知為什麼，我那時總認為是一些關在匣子裡的小人在留聲機裡唱歌。因為留聲機的機身上有些閃閃發亮的鍍鉻部件，站在近旁的圍觀者的影像會被投射在這些部件上面，而我這個頭腦簡單的傻娃娃當時竟會因而作出如此聯想。

繼續「逃難」

大概是因為這次在大城市裡「躲警報」的經歷，給全家人帶來難以平復的恐懼和後怕，我們決定遷往父親的出生地，也就是我的祖籍湖北黃岡倉子埠。那裡是離武漢很近的一個繁榮的鄉村集鎮，也是武漢人「躲警報」常遷往的去所。除父親因工作關係留在武漢城裡上班以外，全家老小都遷到了那裡。在那裡，我的伯伯叔叔堂兄堂弟表姊表妹多得數都數不清，只是他們的容貌聲色，我早已忘得一乾二淨。據後來大人們告訴我，我家在那裡住了七個月，我的第二個妹妹就是在那裡出生的。

事實上從這個渾渾噩噩的年齡段開始，我就一直生活在兵荒馬亂、逃難流亡之中，直到逆反而不知天高地厚的十六歲，才因為自己的過失而永遠地離開了我的父親。關於他個人的經歷和我們這個家族的背景我知道的實在是太少太少，直到三十二年後我四十八歲時，才與我的四姑（我父親的四妹，她因為一貫女扮男妝，令我們兄弟姊妹喚她為「四叔」）在四川重逢，從她那裡知道了我們張氏門宗家世的一鱗半爪……。

我的祖父是一位世襲中醫，他一直希望我的父親能繼承他的醫術。而我父親以武漢大學新式學生、新科學的仰慕者自居，偏偏對「不科學」的中醫嗤之以鼻，甚至為此離家出走。爺爺一直住在張家祠堂裡，我依稀記得，祠堂背後是一個偌大的湖泊（武漢附近湖泊星羅棋佈，「雲夢澤」因而得名）。父親兄妹六人，祖母嫡生三人，父親排行老二，名張家駒，他上下有兩位我不知名字的姑姑。祖母早年去世後，祖父續弦了一位河南籍祖母，她又生了三位叔叔，四「叔」張家南（原名張家蘭，她討厭這個女性化的名字而自行更改，待我學會識文斷句後曾一度認定，她應該把「蘭」改為「男」，豈不更簡潔明快一步到位），五叔張家馴，六叔張家驤，這兩位叔叔一九四九年以後曾與我有過通信，可惜再也沒見過面。

我在倉子埠時，唯一記得的一樁事仍然與恐怖有關。那時我開始以頑童的面貌在家鄉嶄露頭角。有一次，我把家裡的一隻白貓抱到屋後湖邊，不知道是想讓它到湖裡去抓魚吃，還是想讓它像狗那樣游泳，總之，該貓死活不願下水就範。它伸出利爪，死死抓住我的衣襟不放，抓扯中它竟將我臉上抓出幾道血印。我大哭大鬧扔下白貓落荒而逃，跑到家門口又正巧撞見身懷六甲的母親，免不了挨一頓痛打，了結了這場鬧劇。

在日本軍隊不斷的進攻之下，國民政府決定遷到重慶（當時我並不知道，這是長大後聽大人們說的）。我們回到武漢準備乘船溯長江而上，此時，我們家除外婆、父母以外，共有四個小孩，大哥張先強，小名百里；我為老二，小名千里；大妹張先霞，小名百秀；二妹張先雲，小名千秀，一切都按家譜規則命名。那時小孩還不算多，父母起個小名也要斟酌再三，以後孩子一多，他們連起名字都不想再正兒八經地動腦筋了。老五出生以後，一律按湖北人給小孩取乳名的簡易方式，以五毛六毛七毛八毛簡單明瞭地毛到底。

沒過多久，我們登上了開往重慶的輪船，記憶中父親好像沒有和我們同行，後來知道他是先行去了重慶尋找足以安頓全家人的房子。這次歷時數天的逆水行舟，我沒有留下什麼完整的記憶。唯一記得的一件事是我們這條船上死了一個乘客，船在江中停下，開來一條小木船準備把這具屍體運到岸上去。我和我的哥哥竟跑到小木船上去了，被輪船上看熱鬧的乘客發現，有人大聲吼道：「誰家的小孩跑到木船上去了？」喊聲此起彼伏，終於喚來了母親和外婆。接著又是一陣呼喊把我們兄弟倆喚回到輪船上，引到大人身邊，少不了一頓痛打，當然大哥首當其衝，因為他是「首要分子」。所以年屆耄耋的大哥至今仍時而耿耿於懷地在我耳邊說：「小時候我為你挨的冤枉打多得數不勝數。」有一次他又這麼在我身邊嘀咕時，我突然想起今天大陸官場中把主要負責人稱作「一把手」的「黨文化」，便反唇相譏地說：「你以為你當個『一把手』就非要把所有便宜都占盡嗎？」

重慶雜憶

先期到達重慶的父親早已為一家人租好了房子，地點在重慶對岸的江北九龍巷四號。可能因為重慶主城區常常遭受日本飛機的空襲，也可能是因為市內房租比較貴，反正我當時對這些家庭事務一無所知，只知道父親每天坐小木船過嘉陵江往返上班。在重慶，我印象最深的是有一天傍晚，父親叫我坐在他的膝蓋上，他的兩膝又不斷地抖動，我就像騎在一匹奔跑的馬上一樣。那會兒我嘴裡正吃著重慶盛產的桔子，父親又說：「你不要把桔子籽吃了，不然以後你的腦袋上會長一棵桔子樹出來。」童年時，父親對我說過很多話，我不知道為什麼，偏偏這一句玩笑話會使我記憶最深，可能是因為想像中那似是而非的畫面喚起了我的好奇心吧！

除此以外，剛到重慶時特別好奇的就是滑竿，這種用兩根粗竹竿捆紮起來的簡易轎子，在三〇年代的重慶極為普遍，其功能與當今的計程車頗為類似。重慶的坡坎很多，這種由前後兩人抬著的「計程車」，上坡下坎轉彎抹角，具有靈活機動的優勢，成為老弱婦孺代步的工具，應市場需要大行其道。我們家短途出行時，母親和外婆各抱一個小妹妹乘坐一架滑竿，我和大哥隨滑竿步行，我一直很擔心抬滑竿的人會不會腳下踩滑摔個跟頭，因為那樣的話坐滑竿的人摔下來的後果肯定非同小可。

我記得我們家離江北公園很近，走進公園的大門，第一眼看到的是一個很大很大的炸彈模型豎著立在門邊，也許是為了警示人們，戰爭就在我們頭上。事實上我們也經常跑警報，我外婆仍然堅信有菩薩保佑，她總是自願在家裡留守。而母親膽子很小，一聽到警報聲便渾身發抖，用她一口南京話向鄰居們打聽：「幾架？幾架？」問話的聲音也跟著顫抖，她想知道來了多少架敵機，以估計轟炸的規模。不管規模大小，她都得一手抱一個小妹，一手牽一個小妹，背上再背一個小包袱，估計裡面裝的都是家中比較值錢的東西，吆喝著我和哥哥往防空洞裡跑。每當有炸彈在附近爆炸，防空洞裡便能感受到地動山搖，母親就會遵循她「平時不燒香，臨時抱佛腳」的習慣，反復叨念著：「阿彌陀佛，阿彌陀佛。」

在防空洞裡，大人們的表情都十分嚴肅，絕沒有人嘻哈打笑，似乎面對著日本侵略者的暴行，人們個個都義憤填膺，那時的中國人無一不對日本鬼子切齒痛恨。遺憾的是，畢竟科技落後，愚昧當道，甚至有些大人以為飛機上裝有千里眼順風耳，哪怕人們在防空洞裡大聲說話，藏身之處也會被臨空轟炸的飛機發現，因而沒有人敢在防空洞裡說話咳嗽。妹妹如果被爆炸聲嚇哭，周圍必出現小聲的譴責，母親只好把妹妹的嘴捂住。總之，戰爭中無辜平民在心理上所遭受的那種擔驚受怕，可謂是難以言書。

每次日本飛機扔炸彈的時候，母親總是把我們幾姊妹緊緊地摟在懷裡。記得她說過一句話：「只要我娘兒能死在一起，我就不怕！」這就是至高境界的母愛。

到五歲的時候，我和大哥的個頭一樣高（現在我比他高三公分）。在江北，我和大哥同一屆入校讀書，可以說抗戰八年，我和大哥除了少數幾個學期以外，大多數時候都在同一張課桌上讀書，一直讀到高中二年級，也就是一九四九年共產黨在大陸建政的時候。父母為我倆做了同樣的衣服，因此從那時起，不論老師同學甚至街上的陌生人都認為我倆是一對雙胞胎，其實他幾乎比我大兩歲。

我在重慶那所學校讀書的時間不長，記憶最深的是雙十節（一九四九年以前國民政府的國慶日）夜晚的提燈遊行。重慶一帶盛產桔子，吃桔子時，用小刀在桔子頂部剜開一個圓形的小窗，然後小心翼翼地把一瓣一瓣的桔肉從裡面取出，這樣就得到一個完完整整的桔子外殼。再在桔子中空的底部置一枚方孔錢，拿一截燈草從方孔錢中央穿過，使其站立，下部倒上少許點燈的桐油，遊行時將燈草點燃，每人一個提在手上，像一個個小紅燈籠。老師帶領著我們這一長列提燈的孩子，一路高喊：「打倒日本帝國主義！」「國家至上，民族至上！」「蔣委員長萬歲！」等等口號。同學們煞有介事，慷慨激昂的樣子，儼然一派國家興亡匹夫有責的氣勢。

在江北住了多久我已回憶不起，但有幾件事印象非常深刻：一是我父親是個無神論者，連我外婆燒香拜佛他也反對。那一年的陰曆七月十五，這是祭祀先人的日子，外婆帶著我和大哥躡手躡腳地背著父親去到附近荒野裡的一塊空地上，為去世多年的外公和舅舅燒點香蠟錢紙。我們一邊燒一邊還念著外公和舅舅的名字，叫他們拿錢去用。最後我們還不忘給孤魂野鬼也燒了一堆錢紙，我連外公和舅舅的名字都沒能記住，卻把孤魂野鬼這些陰間流浪漢的統稱牢牢記在了心頭。

第二件事是我父親帶我到重慶去看了一部動畫片。記得片中有一隻麻雀的尾巴被一個晾衣服的夾子夾住，那只麻雀不停地叫喚，拼命在晾衣繩上翻滾，銀幕上麻雀的驚恐成為那部動畫片在我腦海中留下的唯一畫面。

另一件事是我和大哥好幾次在一起偷吃牙膏，牙膏的牌子是黑人牙膏，印在牙膏盒上的那個戴著一頂高帽子的黑人，露出白牙的笑臉令人難忘。而牙膏中那一絲絲薄荷糖的味道，似乎也有餘味可尋。我們甚至把一截牙膏擠到舌頭上，還伸出舌頭照著鏡子看看這截牙膏的長短，這在客觀上也證明了物資匱乏的戰爭年代裡，孩子們對糖果食品的渴求。偷吃牙膏「案」最終如何了結，我卻再也回憶不起。

另一件事，是我們的某位鄰居家裡有一個三歲左右的小弟弟，有一次我們在一起玩耍時，他突然蹲在地上解起了大便。我那時也蹲得很近，因為小時候喜歡蹲在地上看泥縫裡螞蟻搬家的場面，不料這一回看到的卻是他解出的大便，還有很多沒消化的黃豆芽瓣粘在上面。從此之後，我只要看見豆芽就反胃，成年後略有好轉，但至今不吃黃豆芽卻是無法更改的事實。

印象最為深刻的是重慶較場口大隧道慘案，事發之後的第二天（最近我才知道，在那個防空洞因窒息而死的遇難者達數百人之多），父親帶我去看過。我們只是站在隧道頂部的山邊，往山下的隧道口望去，一排一排赤身裸體的屍首在隧道口排列堆砌。據說死者大多因窒息而死，又據說，瀕臨窒息的人因死前呼吸困難，往往會撕開自己的衣服。我後來又聽說，這次慘案中有許多家庭全家遇難，老幼婦孺無一倖免。兒時的我偶爾會想像那些傳說中的可怕場面，現場所目睹的慘像也令我久久難以忘卻。那天我父親對我說過些什麼也已忘掉，但當時我發現父親流了眼淚，這是我第一次看見父親流淚。

雙胞胎與《聾瞎救國》

一九三九年重慶較場口大隧道慘案後，父親調到湖北省利川縣當縣長，我們全家由重慶搬到了利川，今天的利川已屬於恩施土家族苗族自治州。我對這次旅途毫無記憶，只記得從這時起，我們家有了一個名叫章發樹的勤務兵，以後很多年他都在我們家做家務事。

利川是個很小的邊遠縣城，人們的穿著打扮大多還停留在上世紀的土布長衫和裹頭白布帕，那種樸素的風氣和民國時期大城市裡的都市風貌截然不同。縣政府也坐落在一棟十分龐大的古老建築裡，似乎還有清代審訊犯人的大堂。但政府裡卻沒幾個工作人員，房間裡空空蕩蕩，沒有電燈，倒有點陰森恐怖，以至夜晚我們幾個小孩因為怕鬼不敢跨出房門。所幸我們在這所老房子裡只住了三個月。

記憶中，縣政府裡我唯一去玩過的地方就是收發室，那裡的辦公桌後坐著一位老爺爺，他身邊的地上放著一個裝著雜物的篾簍，裡面亂七八糟的雜物中竟然有一兩支鏽跡斑斑的手槍空殼。其中有一支是像兒童玩具般大小的小手槍，據說名叫小八音，它成為這一簍的雜物中我唯一把玩過的「玩具」。回想起來，總覺得這位收發室的老爺爺幾乎是我在這座縣政府大樓裡唯一見過的工作人員。

我和大哥在城門附近的一所小學裡讀書，因為是縣長家裡的「少爺」，又是高矮一樣穿著同樣衣服的一對「雙胞胎」，在這小小的縣城裡也算是兩個「高幹子弟」（即高級幹部的子女，中共治下享有特權的階層），一入校便引來全校師生的矚目。中午我倆在學校裡搭夥食，食堂還讓我們兄弟二人享受特權單獨吃一桌，不過一周以後這事傳到父親耳朵裡，經過他的干涉，這一特權才被取消。

雖然物質特權被取消了，精神特權卻依然存在，具體表現是老師專門為我們兄弟倆編排了一幕名叫《聾瞎救國》的活報劇（抗戰時很流行的一種戲劇形式）。大哥扮演聾子，我扮演瞎子（不知是否是我如今成為盲人的不祥之兆）。內容我記不得了，大致是說這一對殘疾人雖然身殘卻不忘救國。劇裡的臺詞中有少許嘲弄殘疾人的對白，但在當年熱情高漲的抗日呼聲中，也沒人在意這點消極作用。當然，全劇也穿插了一些兩個殘疾人因看不見和聽不清而鬧的笑話。這出短劇在那年頭的利川縣城一度引起轟動，反復演了很多場。現在想來，除了它關注的是人心所向的抗日救國這一主題以外，演員是縣長的一對「雙胞胎少爺」的「明星效應」，也多少起到推波助瀾的作用。如果我在街上對當年那些「追星族」解釋說，其實我們不是雙胞胎，肯定沒人相信。

有一次，縣城裡來了一個抗日宣傳隊，和縣上的文化團體座談聯歡，我倆還作為當地的「著名」童星代表出席，我只記得在座談會上我賣力地吃掉很多花生和瓜子。

從這時起，我身上的頑童光芒開始閃亮，那時候家裡有一種名叫錳鏴灰（現在我知道它學名叫高錳酸鉀）的外用消毒藥，是用來泡水洗滌創口的，用這種藥兌成的藥水呈現出紅色。有一天我偷了一小包拿到學校去，放在墨盤裡（當年的學生都用毛筆寫字，故每人都有一個磨墨汁的墨盤），摻上水，企圖像老師批改作業那樣寫出紅色的字。那學期我沒有和大哥同桌，而是和一個名叫劉恩玉的小女孩坐在一張課桌上，出於好奇，她也用她的毛筆蘸這種紅水寫紅字。那年頭許多學生有一個現在想來有點噁心的習慣，即每當毛筆的筆尖分叉或者筆毛不齊時，就把毛筆尖伸到嘴邊，用上下門牙咬一下。劉恩玉反復做了幾次這個動作以後，當然含入了微量的錳鏴灰藥液，突然之間她臉色煞白地昏倒過去。當時我們都不知道這錳鏽灰是一種絕不能入口的毒劑，後經校醫搶救，劉恩玉很快恢復了過來。可憐的我卻被嚴厲的男老師摁在講臺上，用教鞭抽打屁股十餘下，痛得我又是哭喊又是嚎叫，那副模樣慘不忍睹。當年紅遍縣城的「童星」也丟盡了臉面，讓我把這個害我不淺的劉恩玉這三個字銘記了一輩子。

更麻煩的是，我還得想辦法封住大哥的嘴，如果他回到家裡，向父母告發了我在學校挨打的前因後果，很可能我在家裡還會挨得更凶。我們兄弟的切身體驗是，只要在外面闖了禍，不管有理無理，回到家裡必先打一頓再說。那年代的家長們普遍相信，小孩子不挨打就成不了才。我庸碌一生、未能成「才」的事實證明，我小時候挨的打並沒有品質保證。如果說還有次要的原因，那就是孩子太多，家裡此起彼伏的吵鬧聲令父母不厭其煩，平時騰不出手來管教我們，最後有誰該管管了，父母也狠得下手，更何況那時我們家裡又剛剛新添了一個五弟。老一代人根本無法預見，幾十年後的「計劃生育政策」製造出數不清的獨生子女家庭，小孩子在家中的地位一躍而起，成為一呼百諾的「小皇帝」，父母乃至祖輩皆降格為恭候在旁噓寒問暖的僕人。

我父親在利川當縣長的時間只比袁世凱在北京當皇帝的時間長一點，整整一百天。若干年後，母親告訴我，因父親在任內得罪了湖北省民政廳廳長朱懷冰，被「撤職查辦」丟了官，我們也因此搬出了縣政府，到距縣城不遠的鄉下租農民的房子住下。父親隻身一人去了當時的湖北省政府所在地恩施縣。因為我不知道國民政府時期的官場對這類事是怎樣表述的，就只能用一個又紅又專的現代詞彙加以闡釋，那就是「反省交代」。他當面向第六戰區司令員兼湖北省政府主席陳誠將軍作了一番陳述。據母親後來告訴我，陳誠將軍與父親聊了整整一個通宵，很是讚賞父親「書讀得多」，只是有點「缺乏行政工作經驗」的小毛病而已。想不到「查辦」的結果是父親官升一級，當上了司令部的少將高參兼任湖北省民訓會總幹事，那時他的年齡大約是三十二三歲。

這之後，父親離開了利川縣，我們兄弟倆仍留在原來的學校讀書。接任利川縣長職務的人名叫于國楨，是北方人，他的一兒一女也在這所學校讀書，女兒名叫于彬彬，兒子名叫于森森，姐弟倆和我一樣，也都是低年級的小學生。牢牢記下這對姐弟姓名的原因說來可笑，因為當年學校有一項規定，每週星期一開學時，全體學生必在禮堂裡列隊，在校長主持下進行「國父紀念周」活動。說起來是「紀念周」，實則是每週一早晨舉行的一次簡短集會，我們要列隊齊聲背誦總理遺訓，唱中華民國國歌。「三民主義，吾黨所宗」的歌詞，顯然是國民黨的黨歌，現在看來同樣是「從幼兒抓起」的洗腦運動。想不到就在這氣氛嚴肅的某一次集會中，佇列中的于森森忽然高聲檢舉他身旁的一個同學，說這個同學汙稱他姐姐于彬彬「是張先癡的老婆」。作為一個七、八歲的孩子，我當時被嚇得魂飛魄散。雖然我對于彬彬這個女孩子的面容毫無印象，但她弟弟在佇列中的那一聲吼叫卻令我沒齒難忘。

一九四九年深秋，正是大批國民黨軍政官員敗退到重慶的時候，我們家也早已住在了江北。一個星期天，我父親叫我把一雙高檔皮鞋送到重慶市林森路附近的一家旅館，把皮鞋交給于國楨伯伯。這時我才知道他們家已來到重慶，正在等待飛往臺灣的飛機（若干年後我聽說于伯伯在臺灣擔任台中縣縣長）。此時我已是情竇初開的十六歲小夥子，仍未忘記十年前孩提時代于森森的那一聲令我驚恐的吼叫。滿懷著好奇心和興奮之情，我渡過嘉陵江來到重慶市內，在旅館裡把皮鞋交給了于伯伯，只是我始終沒有鼓起勇氣問一聲于彬彬和她的弟弟是否在家，姐弟倆的形象也就至今一片空白。

當父親去湖北省的臨時省會恩施「聽候發落」時，我作為幾歲大的孩子卻什麼也不知道。有一天下午放學的時候，我和大哥都發現，我們借住的這個農家大院的院子裡，突然有一團深紅色的什麼對象立在那裡。跑回家中一看，原來是利川縣老百姓送給離任縣長的一把「萬民傘」。勤務兵章發樹告訴我，這是始自清朝的傳統，是老百姓在治理過他們的「清官」離任時贈送的褒獎物品。這種傘比日常遮雨的傘更高更大，傘頂的四周下垂著一圈紅綢，上面垂吊著一條條白綢的飄帶，飄帶上密密麻麻地寫著許多感恩者的名字，「萬民傘」也因此而得名。長大之後我初識社會人情，方才明白這其中的緣由。興許是父親得到省主席的認可讚賞，並給了他官升一級的嘉獎之後，當地士紳為日後人際關係作些鋪墊，才導演出這一幕壓軸戲，畢竟短短一百天的縣官很難作出什麼豐功偉績。

住在這個農家大院時，有一天一位鄰居大姐姐來到階沿邊剁豬草，她坐在一張小板凳上，身前放著一個盛滿豬草的木盆，我則蹲在木盆邊用手攪拌菜刀正剁著的豬草。大姐姐幾度警告我把手挪開些，我卻不理不睬自以為好玩。結果大姐姐一失手，菜刀正好紮中了我左手的無名指和小拇指，頓時血流如注，我也哭著跑回家裡。母親扇了我幾巴掌，接著又給我緊急消毒包紮，這時大姐姐來到家裡連連向母親表示歉意，母親卻說怪不了她，是自己家的孩子淘氣不聽話。在我的記憶中，我母親從來沒有和鄰居吵過架，我們家小孩子一旦和鄰居家的孩子發生爭吵，結局百分之百都是錯責完全歸咎於我們兄弟姊妹，然後被母親拎回去痛打一頓了事。

住在利川的那段時間裡，傍晚時分，母親常常在這座農家大院的地壩中歇息一會兒，她倚在一張靠椅上，我斜躺在她懷裡，嘴裡背誦著才學的九九乘法表或者一些兒歌似的課文。背完了母親會唱些歌給我聽，都是上世紀三十年代初的流行歌曲，如《漁光曲》、《紅豆詞》或者《秋香》。但真正縈繞在我幼小心靈中揮之不去的，卻是母親有一次唱出的那首《小麻雀》。母親唱道：「小麻雀呀，你的媽媽呢，到哪裡去了？喳嘰喳嘰喳……」接著歌詞講述了麻雀媽媽指導小麻雀學習飛翔的過程。其間我想不起來是什麼原因，只記得這一對麻雀母子突然失散，小麻雀苦苦尋找著他的媽媽。這首童話似的兒歌真正揪住了我稚嫩的心，內心一直牽掛著找不到媽媽的小麻雀。

在利川，我還做過一次獨一無二的「遊戲」，因為離開利川後，我的童年就沒有在鄉下住過，而這種「遊戲」又只能在鄉下的曠野中玩，「遊戲」的名字叫「放野火」。帶我玩這個遊戲的小夥伴出自當地一個像模像樣的地主家庭，家裡的擺設都非常講究，我時常到他家裡去玩，他父親對我份外關照。很多年後我終於明白，在他父親的心中，我畢竟是一個縣長家的少爺，可是當時我並沒有什麼高人一等的感覺。所謂放野火，就是在冬末春初的季節，田野裡到處有成片的枯草，孩子們揣上火柴，來到遠離住宅的野外，把那些成片的枯草點燃，燒完了一片又急匆匆地奔向另一片，玩得十分盡興。若干年後，當我讀到「野火燒不盡，春風吹又生」的名句時，才感到這真是一種頗具詩意的「遊戲」，可惜這時我已不再是玩這類「遊戲」的小孩子了，住進了城市之後也找不到那樣人跡稀少的曠野了。

有一天，我在家裡翻箱倒櫃時，突然發現箱底裡有一摞印著彩色花紋的信箋紙，上面都是我父親所寫的蠅頭小楷，有許多頁的開頭都寫著「親愛的志芳」這句話。雖然我知道我母親的名字叫陳志芳，但我根本不知道那是我母親所珍藏的、父親寫給她的情書。我只知道這種硬質紙張最適合作「折紙」之用，便將它們折成一隻隻「梭鏢」（一種匕首狀的武器，孩子們用紙折疊成形似梭鏢的玩具），投射向一個個我希望「命中」的目標。沒過多久，母親發現了這些散落在地上的「梭鏢」，拾起來拆開一看，竟然是早年父親寫給她的甜言蜜語。待我稍懂人事之後再回想這件事，我想母親恐怕是擔心這些情書被外人拾撿到後，她那些純潔的初戀情節便會暴露在光天化日之下，所以不好和年幼的我解釋這些彩色信箋紙的內容，只扇了我兩巴掌作罷。

等到學校放了假，當然也是等父親的問題「結了案」，我們全家才遷到恩施（當年的湖北省會）。我們先到萬縣，那晚住在西山公園一棟稅務局的舊房子裡，又是一棟寬闊空蕩，陰風慘慘的房子，有幾分嚇人。我們還聽說，從萬縣到恩施的崇山峻嶺中，時不時有「棒老二」（土匪的俗稱）出沒。那夜我躺在床上，看見我的母親獨自一人坐在小板凳上為擔心一家老小的安危而悄悄地哭泣，我也默默地在被窩裡流淚。

第二天，一家人都坐上了滑竿，外婆抱著大妹，母親抱著二妹，我和大哥共坐一乘滑竿。全家人翻山越嶺，在崎嶇的山道經過整整一天的行程，夜間留宿在一家鄉村旅店。次日，在竹木雜生、羊腸九曲的山道上，我們又行進了一整天。直到傍晚，我們一行人才到達恩施郊外一個名叫朱家坳的小鎮，父親已在那裡等待我們，當晚我們全家都住在這小鎮上的一家旅店裡。

如今我倒有兩個疑問，其一是在沒有互聯網和手機的當年，父親母親怎麼知道對方到達的時日？其二是我怎麼會記得「萬縣西山公園」、「朱家坳」這些生平沒有第二次涉足的小地名？關於前一個疑問，我想是因為父親估摸一算，大概得出了利川到恩施的行程時間，便約了一位朋友陪他在路旁一邊聊天一邊等待，終於等到了母親和我們。至於第二個問題，就像我的各位老友們常常半真半假地誇我的記憶力特別好，可能正是因此我得以記住很多童年往事的細枝末節。

在我行將結束利川雜憶這段文字之前，我不得不費一點筆墨去追憶一位農民老大爺。那時可能我剛滿七歲，正就讀於縣城附近的一所小學。那是一個秋雨濛濛的早晨，我急匆匆地走在上學的石板路上，突然肚子裡一陣絞痛，我還沒來得及解褲帶，就將糞便拉在了自己的褲襠裡。我當然不能帶著一褲子糞便去上學，就在路邊的水田裡蕩了蕩褲子，然後走到路旁一家農舍。當地的農舍將豬圈和廁所合二為一，而廁所的糞池必有一面靠近路邊，那是因為農民給莊稼施肥時，好直接從這個糞池將肥料舀入糞桶並挑向田地。倒楣的我背著書包，光著下身，手裡提著我那條濕漉漉的褲子，站在糞池邊瑟瑟發抖，嚶嚶地哭泣著。

終於尋到一位扛著鋤頭的農民老爺爺從這裡路過，瑟瑟發抖的我向他哭訴了我的遭遇，老爺爺把我帶進他的家裡，他含著微笑在堂屋中間為我燒起一堆柴火，又把我的褲子拿到水田邊洗淨，在柴火邊烤幹，最後把我送到上學的大路後他才轉身離去。他默不作聲地做完所有這一切，而我在利川住了兩年多，留給我最深的記憶並不是什麼「明星雙胞胎」、「當紅巨星」這些虛幻的稱號，而是這位帶著微笑幫助一個陌生孩子的老爺爺。他也是我記憶中唯一的一位利川人。在我日後多年的囚徒生涯中，每每回想起他的質樸和善良，絕望的心境中總能重拾起一絲聊以自慰的溫存。

湖北省立實驗小學

大約是一九四二年，我們家遷到了恩施以後，我和大哥一同轉學到湖北省立實驗小學。這所學校設立在一個名叫土橋壩（又名店子坪）的繁榮集鎮附近。我母親和弟妹住在紅廟鄉的方家祠堂裡，那裡距離土橋壩大約二十華里，這個距離對十歲左右的小學生而言，每天上學放學的路程未免太長了一點。幸好我父親上班的地點在湖北省民政廳裡，而民政廳距土橋壩很近，於是我和大哥乾脆住在父親的機關裡。

當時同學們穿的什麼鞋我都不記得了，似乎很少見到皮鞋球鞋之類的奢侈品，秋冬季節大家大多都穿著布鞋或棉鞋，夏天穿草鞋，我和大哥也不例外。父親定期帶我們去打草鞋的作坊，工匠們量下我倆腳板的長度後替我們「量身定做」。我們穿的是那種以「麻草」作鞋底、以棉線作「鞋耳子」的草鞋，而一般農民們穿的是以稻草作鞋底，以「麻草」作「耳子」（草鞋的左右側各織有五六根「鞋幫」似的細繩，俗稱「耳子」）的「麻耳子草鞋」。相比之下，我們所穿的「線耳子草鞋」要高一個檔次，可以稱之為「貴族」草鞋。

那時我已經是高年級的學生了，對我日後人生產生極大影響的事就發生在這個年代。有一天，父親把我帶到一座圖書館，在那裡，父親幫我辦理了借書證，又教我翻查存書卡片，填寫借書卡。我記得那天我借走了一本安徒生童話，是由葉君健先生翻譯的譯本，這本書我翻來覆去讀了好幾遍，其中有一篇《光榮的荊棘路》我特別喜歡，故事梗概至今不忘。這之後我每隔一兩天就要到圖書館去換別的書來讀，那一整套商務印書館出版的世界各國童話集很快就被我挨個借去讀完。圖書館的阿姨對我非常好，還帶我到書庫裡去看過，這座圖書館坐落在一片樹林深處，它本身就像是一個童話世界。在這片樹林中來來往往的三、四年間，我也一天天地長高，從剛開始踮著腳還書的小孩子到後來不再需要踮腳的大孩子，我幾乎把這座圖書館裡我能讀懂的故事集讀了個遍。我想我一生熱愛閱讀的習慣可能就是從那時慢慢養成的。

抗日戰爭後期物資相當匱乏，學生所用課本和作業本常常是一些小作坊裡手工生產的土紙，毫無韌性，極易破碎。而小學生們都喜歡做一種折紙遊戲，需要用較好的紙，我有時就把父親辦公室書櫃裡的書偷到學校去，撕開後分送給同學們使用。那時，我父親負責的單位叫湖北省民訓會，我長大後才知道，其工作內容簡而言之就是對付共產黨。辦公桌後面立有兩架書櫃，裡面存放著許多我看不懂的書，只記得有的書封面上印有一個大鬍子外國人的頭像（成年後我知道那人便是馬克思）。偷去學校的書大多都來自這兩架書櫃，送給同學們折紙飛機玩了若干次後，有一天一位男性老師把我叫到辦公室去，他手裡拿著一只用我偷來的紙張折成的紙飛機，用嚴肅但並不嚴厲的口吻問我：「你帶到學校來的這些書是哪裡來的？」我只得把民訓會書櫃之類的事交代出。他最後告誡我：「以後不准再把這些書帶到學校裡來。」那時的我呆若木雞不敢不從，因為我完全不知道在大人的世界裡，提防赤化宣傳的任務可不是一件小事。

記得當年我和一群同去上學的頑童都十分喜愛游泳，那年頭的河水清澈無比，令人留連忘返。在我們上學放學的必經之道附近，老天爺似乎特意為我們鑿出一條不深不淺的溪流，每當我們走近溪流邊時，只聽得孩童們一陣歡呼，接著便是一個接一個身體入水的「撲通撲通」聲，大夥兒在水裡打水仗、捉迷藏，玩得不亦樂乎！為此上學遲到在學校挨老師打，放學回家晚了挨家長打可以說是家常便飯。打人的老師和家長還要邊打邊老生常談地問相同的一句話：「你拿一天不挨打行不行？」真是欺人太甚。

寫完這段文字之後，想想我們當年嬉戲玩耍的溪流，在今天的中國土地上，這樣清澈見底的路邊小溪已經不多見了，留下來的又大多遭受了不同程度的污染。我們兒時的那些樂趣，如今田間上學的孩童們恐怕難以複製了。

小學畢業以前，我和大哥都長高了許多，學校距離母親和弟妹們所住的方家祠堂那大約二十華里的路程再不像過去那樣難以跨越。從此我倆便不再住在父親上班的地方，只是中午在父親那裡吃一頓午飯。這樣一來，因為上學的道路漫長，而且中途要經過一段人跡罕至的小路，我倆十分害怕，每天上學不僅要早早起床，放學也得儘快在天黑前趕回家中。因為我倆都害怕在路上碰到「鬼」。有的大人說鬼沒長下顎，也有的大人說鬼走路是跳著行進的，對此我倆都深信不疑。

另外我們也害怕狼。也有大人說，狼吃人之前會跟在人的背後，用前腳在人的肩上一拍，人一回頭，狼對準喉嚨一口咬下。有時放學晚了，走到田野裡時已接近黃昏時分，我倆誰也不願走在後面，以防被狼「拍一下肩膀」。只要道路條件允許，我倆都並肩而行。但又有大人告訴我們說，狼要吃人的時候，狼眼中的人已變成了豬羊之類的家畜，我們同樣對此深信不疑。記得有一次，我又在學校裡調皮搗蛋，老師罰我寫五百個小字才准放學回家。當年的小學生都用毛筆寫字，速度較慢，我在教室裡賣力地寫著，大哥眼淚汪汪地在教室門口等我。終於等到我寫完，我倆一路飛奔趕回家去，但走到那片據說是狼鬼出沒的田野時天還是黑了。夜色中我們兩弟兄被嚇得直哆嗦，戰戰兢兢地反復問對方：「你看我變成羊沒有？」「你看我變成豬沒有？」

由於我的頑皮淘氣，在學校裡被老師打手心、打屁股、揪耳朵簡直司空見慣，但唯有這一次寫五百個小字的懲罰才真正算得上到位之至，那教訓刻骨銘心。

其實地處南方的恩施根本沒有狼，那時父親的朋友們經常誇獎我聰明，那是因為他們並不知道我也一度被他們這些大人的無稽之談嚇得魂不附體。

第一個志願

童年時代，從家住重慶時開始，我就目睹過無數次中國空軍戰機升空迎戰來犯日本軍機的「空戰」。這是當年孩子們最津津樂道的一件事，因為拉響警報時，我們可能還在學校或者是上學放學的途中，沒有了家長的管束，我們便可躲進一個自認為安全、又能看見一大片天空的地方，以便能目睹中、日兩國空軍的飛機在空中追逐搏擊的場景。我們真誠的愛國心總是殷切地希望中國飛機能夠打贏，現在我已不記得任何一場空戰的戰績，因為在資訊不發達的當年人們也很難知道一場空戰的結局。但我卻記得在實驗小學讀書時發生的一次空戰，確切地說，應該是空戰結束後發生的一樁事。

有一架中國戰鬥機被擊落在土橋壩附近的山野裡，我和一群小夥伴趁著午休時間，也跑到現場去觀看。本想去撿幾樣飛機上的零件拿回去當玩具，但突然發生的一件事改變了我們的初衷。那時飛機殘骸附近還彌漫著油脂燃燒過的焦味，有零星士兵在附近保護現場，忽然間有幾位英武的空軍軍官從山下上來，其中有兩個人的手上還提著個木匣子。他們面色沉重表情嚴肅，徑直走到飛機的駕駛艙附近，把那些破碎的鐵塊翻開，尋找著這位烈士的遺骨。一些凝血的肉塊甚至不及一個拳頭大，他們都小心翼翼地撿進木匣子裡。看得出來，他們的眼睛裡有淚光，也看得出來，淚光的後面噴發著復仇的火焰，咬緊著的牙關告訴我們，他們心中的誓言：「此仇不報，誓不為人。」

這件事，這個場景，對幼年的我的影響著實太大。

如果認為那些零零碎碎的屍塊嚇著了我們，那就大錯特錯了。我清楚地記得，直到抗日戰爭結束以前，我立下的志願就是要當一名空軍戰士，我不僅多次告訴長輩們自己的青雲之志，還把它寫在作文本上。甚至我還想過，如果有一天，我能夠為國捐軀，我的戰友能噙著淚水為我收屍，那將是一種幸福。應該說，這種想法雖然有幾分孩子氣的天真，但多多少少也帶著點早熟的氣息。

我父親有一位名叫董冰如的朋友，他經常戲稱我是他的乾兒子，他甚至多次這樣叫喚我，我卻從來沒叫過他為乾爹，因為我確實不好意思這麼叫。但我十分親近他，因為他多次向我承諾，待我初中畢業，他就送我到成都去讀「空軍幼年學校」。只不過抗戰勝利後，這位「乾爹」去了上海，辦了一個「華僑通訊社」，在那裡擔任總編輯。我們全家則搬到了武漢。那時我又迷上了集郵，我以為華僑通訊社和「通訊」二字沾邊，就一定有很多外國郵票，於是寫信找他討要幾張，他卻回信叫我先寫一篇作文給他看看。後來我才慢慢知道讀什麼空軍幼年學校、寄什麼外國郵票，都是大人逗小孩子玩玩罷了。但抗日戰爭勝利後，他還是部分兌現了當年的承諾，至少給我寄過三次郵票。

今天，我不在乎大陸主流輿論怎樣歪曲那場早已遠去的抗日戰爭，說什麼「國民黨假抗日，真反共」。拋開這些不談，我只是深切地感受到在我們的童年時代，在國民政府治下所受的教育，絕對是貨真價實的愛國主義教育，絕對是正義凜然地打倒日本帝國主義的教育。我們學校有一位名叫謝崇武的小書法家，有些老師，也有些同學的家長到學校來請他寫字，我每次看見他都是秉著民族英雄岳飛的風骨寫就「還我河山」四個大字，而「岳母刺字」的故事更是家喻戶曉。

我永遠也忘不了老師為我們朗讀法國作家都德的那篇《最後一課》時教室裡鴉雀無聲的場景，同學們被課文中的愛國情操感動得熱淚盈眶；也忘不了伴奏著「我的家在東北松花江上……」這首愛國歌曲音律的，竟是孩子們的哽咽。孩子們唱著愛國主義題材的歌曲，翻山涉水走家串戶為前線戰士募捐寒衣，甚至我們自己發明的種種小孩子之間的遊戲，也無一不貫穿著抗日的主題。今天細想起來，這些溶於血液，深入骨髓的愛國主義情結，這些國家興亡，匹夫有責的人格操守，早已為我未來的命運埋下了伏筆。

作者和小學同學海軍裝備部少將副部長管維拉合影，一九九一年攝於北京管維拉家中（左為張先癡，中為張先癡太太楊文婷，右為管維拉）

實驗小學的同學們

在剛剛擺脫舊式私塾教育，普及現代教育的上世紀三、四十年代，湖北省立實驗小學應該是在湖北省辦得最好的一所小學。作出這一判斷的理由也許有些可笑：湖北省教育廳廳長張伯謹的兒子——戴著一副近視眼鏡的張以涵有一學期和我共用一張課桌。寫這本書的時候順便在網上查閱了一下這位老同桌的下落，沒想到他現在已經是美國加州大學洛杉磯分校的終身教授，我由衷地為他的成就感到高興。

在我和他共同上學的那段時間裡，我不止一次到他家去玩過，他父母是河北人，印象最深的是他家裡養了很多鴿子。與他分別多年後的一九四八年，我在上海《大公報》上曾讀到張伯謹就任北平市副市長的新聞，既然他早年是湖北省的教育掌權者，就不可能把自己的兒子送進一所不入流的學校，更何況那年頭學校本來就很少。

更有甚者，接替陳誠而擔任第六戰區司令長官的孫連仲上將，他的兒子（名字忘了）也在這所學校就讀，留下特殊記憶的原因有二：其一他是全校唯一有警衛員（當年的稱呼並非警衛員，似乎是稱作衛士）陪同上學的「高幹子弟」；其二是有一次我有什麼事找我父親，有人告訴我說父親去打網球了，我就去了網球場找到我父親說著什麼事。這時，沒想到和父親對打一場球的大漢提著網球拍走到我面前，用他那北方大漢的嗓門對我說：「你這個小傢伙，敢在學校裡打我的兒子。」雖然面前站著這個赳赳武夫，但因為有父親在我身邊，我也不覺得害怕。事後我向父親詢問他的身分，才知道他是孫連仲上將，也就是湖北省的「一把手」。我只記得父親為我打了上將兒子一事沒說一句話，既沒有說打得好，也沒有說打不好。至於究竟打沒打過，或者為什麼打，記憶裡只是一片空白。但我卻記得站在孫連仲上將身邊的那個士兵就是陪同他兒子上學的那名警衛員，顯然是他在同學老子面前告了我一狀。

雖然學校裡有這些湖北省頭面人物的子弟，我卻從不認為這是一所專供「高幹子弟」就讀的「貴族學校」。班上有一個名叫王太福的同學，他家裡就開了個造雨傘的小作坊營生，我多次看見他父親蹲在作坊的地上製作「桐油傘」，印象頗深。類似他這種平民家庭出身的子弟比比皆是，總之，那年頭人們的等級觀念絕對沒有中共建政後這般森嚴。不過，同學中絕大部分都是公務人員的子弟，他們的父母都是逃難到後方來的「愛國者」倒是不爭的事實。

我對當年一起同路上學的一群小夥伴印象頗深，那時候我並不知道這些同學許多都是名門子弟。例如著名作曲家江定仙的兒子（又好像是侄兒）江紅生，陸軍中將韓濬師長的兒子韓乃義，著名女高音歌唱家管喻宜萱的兒子管維拉，都是我的同班同學。上學放學的途中我們有時要一路打打鬧鬧走十華里左右，特別是這位管維拉，他父親管澤良是鼎鼎大名的美國康乃爾大學的農學博士，時任湖北農學院的院長，母親則是第一個將《康定情歌》唱得家喻戶曉的歌唱家管喻宜萱。他家就住在農學院裡，是我上學放學的必經之道，我甚至還幾度到他家裡去玩過。

然而記憶有時也會犯下作弄人的無心之過。一九九二年，也就是和這些同學離開四十多年以後，我從四川應聘到北京去工作，突然心血來潮地給中央音樂學院早已離休的喻宜萱院長寫了一封信，告訴她我和她兒子管維拉是兒時的遊伴，很想和他見見面，不知道他現在在哪裡。老人家很快就給我回了信，告訴我管維拉現在擔任海軍裝備部副部長，最近被授予了少將軍銜，信裡還留下管維拉的位址和住宅電話，使我高興萬分。那個週末，我迫不及待地帶著妻兒到公主墳海軍大院去看他。在門衛室辦完有關手續，一通電話聯繫以後，這位管部長親自到門口來接我們。因為他臉型輪廓仍留有很深的少年時代的痕跡，我一眼就將他認了出來，而他望著我，面部表情卻是一片茫然。到了家中以後，我向他講起許多兒時的遊伴，他竟然一個也記不起，使我異常失望。幸好我記起同學中有一個最漂亮的女孩，名叫彭啟婉，她父親是淞滬保衛戰中赫赫有名的彭善中將。抗戰勝利後，彭善將軍在漢口擔任武漢警備司令，是我父親的好朋友，因是世交，便知道這位小女孩在家裡的小名叫田田。我們這一群頑童顯然屬於老一代的「追星族」，將這位彭啟婉暗自定為偶像，也就是共追之「星」。我們上學的路邊有一汪泉水，不知是誰給這汪泉水取了個名字叫田田水，路過時眾追星族都會自覺俯身下去喝幾口，以表對田田的耿耿忠心。另外有一撥頑童也是田田的崇拜者，在得知我們幾個的所作所為後醋性大發，有一天上學時竟提早趕到那裡，在田田水裡屙幾泡尿。我們當然不知水質已發生變化，仍照舊去表忠心，事後得知了這個惡作劇，氣得我們幾個捶胸頓足。幸虧這位當今的少將還能記起共飲這泡尿的同甘共苦，這才使得我們在他夫人操辦的豐盛家宴上頻頻舉杯而不顯得太尷尬。

前文我寫了一句：「記憶也常常犯下些捉弄人的無心過錯。」這裡不妨順便再舉一例以證實此說不虛。此事發生在一九九二年盛夏，我因公出差去了蘇州，那裡也有許多我的老同學，只不過都是五〇年代在解放軍軍事院校裡相識的同學。老同學間電話一通，有些比較熟的就見見面，交談一些四十年間各自領教的酸甜苦辣。恰好有一位已在香港定居的老同學回蘇州探親，捎信來說他名叫張觀仁，是我當年最好的朋友，並且一定要在蘇州一家高檔酒樓設宴歡聚。而我對張觀仁這三個字似乎有點印象，但和他的交往我卻忘得一乾二淨，見面之後他費盡九牛二虎之力回顧我和他交往的一些細節，又不厭其煩地重述我曾經給他擺過的龍門陣（四川方言，意即聊過的天）。這些龍門陣我一聽便知道決非「盜版」，但還是無法喚回我那已在九霄雲外的記憶。當我看著他拿出信用卡來買單的時候，我的臉上寫滿了遺憾，卻又找不出一句安慰他的話。

因此，一九九二年以後，我再也沒有尋找老朋友的勇氣，我無法對別人或自己所遭遇的尷尬境地無動於衷，畢竟在漫長的人生路上，能夠與兒時的玩伴共用同飲一泡尿這樣別致的記憶，那概率實在是太低太低了。

想不到就是前文提到的這個田田，也就是今天的彭啟婉老太太，後來為了核實一些實驗小學的事，我還打電話到廣東江門市她的家中，中斷幾十年的交道又重新連接起來。我家和她家是世交，往後另有講述她的章節。

湖北省民訓會

本節初稿寫於上世紀九十年代初，該稿在寫罷《湖北省立實驗小學》這個章節後，便依次寫了《實驗中學二、三事》的段落。這次修改中，我想起我的童年時代，有好幾年都住在民訓會裡，在那裡面工作的諸位長輩，多多少少對我還是有過些影響的，況且他們也是那個時代中獨特而又鮮明的小小一部分，我便決定補上這個章節。不過剛一提筆寫出「我估計民訓會是一個專門對付進步人士的特務機關」這句話，又陷入思忖之中。什麼「特務機關」、什麼「進步人士」，那都是中共慣用的語言伎倆。大陸人民長期浸淫在中共構建的語言系統中，詞語的暗含之意潛移默化地演變成了人們脫口而出的「常識」：如我們耳熟能詳的「解放前」、「舊社會」等等，無一不是使得人皆成為「謊言重複一千次便成真理」的受害者。我將盡力避免在本書中重蹈覆轍。

抗日戰爭時期，由於國家經濟困難，根本無力修建什麼辦公大樓，就算有座大樓，也不過是給日本飛機提供一個轟炸目標。總之，湖北省民政廳就設在土橋壩這個小鎮的附近，那兒有一座「大地主」（同樣也是中共語言系統中的慣用詞）的四合院，寬大的正廳和周邊錯落有致的廂房可以證明其家財不菲。而名不見經傳的民訓會裡的十餘個工作人員，佔據在這座四合院的「邊角餘料」裡，五間木質的穀物倉房改作宿舍，另外加上四間是長工、僕人居住的小房間充作辦公室（室內無地板，所以估計為「下人」所住）。

父親、大哥和我三人共住一間倉房，裡面有兩張單人床，我和大哥同睡一張床。頭一晚入睡之前，父親把我和大哥叫到床邊，他取出一塊方形布料充作「包袱皮」鋪在床上，再將幾件疊好了的換洗衣服放在「包袱皮」中央，然後把這「包袱皮」的四角卷起收攏打成疙瘩，說萬一日本兵半夜打來，可以背著這包袱去「逃難」。由此可見當年國情之危急，連幾歲的孩子也躲不開威脅。似乎是為了調和這恐怖的氛圍，不知父親從哪裡找來一張米老鼠的畫像，貼在我們床對面的木質牆壁上，這時大約是一九四三年左右，可能有人懷疑那年頭米老鼠這一卡通形象是否已經出現，但我堅信我的記憶沒錯。

我至今能記起那間辦公室的簡陋佈置，幾張辦公桌後面就是靠近牆壁的兩架書櫃，除此之外別無他物。我還能記起辦公室裡坐著的一些工作人員的名字，坐在門邊的是一個中年男子，卻取了個極其女性化的名字叫葉芳，他大概是負責收發和抄寫文件的「文書」。那年代有句口頭禪用來諷刺無能的人：「文不能等因奉此，武不能稍息立正」。而這位葉芳前輩就是專門書寫等因奉此的角色，他寡言少語，終日手執毛筆很老實地坐在辦公室門口。我對他的特殊印象是和他分別後，我見過的人成千上萬，卻再也沒見過誰的嘴唇比他更厚。

還有一個名叫龍茂騰的先生，此公身體魁梧壯實，像個練拳擊的運動員。我對他留下印象的原因說來可笑，一九四七年，我從漢口坐輪渡過江到武昌上學，輪渡碼頭上四處掛著支持龍茂騰先生增選立法委員的助選標語（似乎在現場還看見過他的身影）。那時我認為立法委員是很大的官，而我父親的部下不可能有這麼大的官，反而加深了我對這個名字的印象。

田少常在恩施時是個少校，我小學畢業時，像當年流行的做法那樣，每個同學都精心製作一本紀念冊，請同學、老師或相識的長輩們在上面題詞留念。一般都是「鵬程萬裡」、「學以致用」這類美好的祝願，而這位田少常先生卻工整地寫下了「後生可畏」這個雙關語。表面上似乎是讚頌我前途無量到令人敬畏的程度，骨子裡卻是想說我調皮搗蛋，在辦公室裡胡攪蠻纏令他感到可怕，而這恰巧是他有苦難言的真正本意。

感謝這個「後生可畏」，讓我在四九年中共建政後，還過了五、六年結婚生子的正常日子。直到反右運動將我打入另冊，短暫的正常生活才宣告結束。因為在周邊的長輩中，我大哥一貫以忠誠老實贏得良好口碑，而我的貪玩好耍不好好讀書是他們眼中的事實，也許是田少常為了他的仕途順暢，故意拉攏我大哥成為他的部下，藉此爭取父親對他另眼相待。一九五一年，時年十八歲的大哥正在「中國人民志願軍」擔任隨軍英語翻譯，前線的激烈戰事中，他突然被調回團部，不由分說地押往黑龍江省綏濱縣梧桐河勞改農場。原來那位田少常先生，在抗戰勝利「復員」到漢口以後，創建了一個名叫「中流通訊社」的特殊機構，將我這位「忠厚老實」的大哥弄去填了一張表格，正式招聘為「通訊員」。中共建政後，田少常主辦的「中流通訊社」定性為「特務組織」。「敵偽檔案」中鐵證如山的通訊員張先強，由「志願軍」翻譯搖身一變成為「潛伏特務」，未經過任何法律程序，被關押在這座勞改農場裡並就此放了二十五年的牛。直到毛澤東死後，才「落實政策」（他至今不知是哪條政策）調他去當地一所中學當了一名英語教師，與一個早已失去生育能力的老女人結為夫妻，藉此了度餘生。

還有一個名叫成己仁的少校，他是我父親的副官，他的「武裝帶」（一種斜掛過肩的寬皮帶的通稱）下面，掛著的一把「成仁劍」倒是我經常把玩的「玩具」（實際上只是一把稍長一點的匕首，據說是黃埔軍校學生畢業時由校長所贈，依稀記得刀柄上刻有「不成功便成仁——蔣中正贈」的字樣）。抗戰勝利後他「復員」到了武漢，當了漢口看守所所長，不過我還是照舊叫他成副官，後來父親身邊又調來了一位石副官，但我還是繼續叫他成副官。一九四九年，我與父親鬧翻離家出走後，母親曾派他來找過我，我當街持槍威脅他，叫他滾蛋，這是後話。

近年來由於科學的昌明，人類社會出現了一些新詞彙，如性侵犯便是其中之一。早年不曾聽過這一詞彙。在我八十歲的時候，還能清楚地記得生平第一次、也是我生平遭遇的唯一的一次「性侵犯」。那是我八歲或者九歲時，民訓會有個工作人員名叫湯德英，他是個木刻愛好者，偶爾也有木刻作品以湯英為筆名在報上發表。每當他在辦公桌上雕刻他那些作品時，我都喜歡好奇地在一旁玩耍他那些樣式各異的雕刀，於是便和這個年近三十的叔叔很熟悉。在我父親不在單位住宿的某個夜晚，他把我騙到他的床上，半夜裡他壓在我的身上運動著。我記憶最深的是他最後替我揩拭我的大腿內側出現的許多黏糊糊的什麼東西，直到我成年後才知道那是他體內泄出的精液。自那以後，他再也不敢對視我純真的雙眼，不全是羞愧，更多的是怕我向父親告發他下流的行為。而我那時根本不知道這一切意味著什麼，也沒感到自己受到過什麼傷害。

抗日戰爭勝利後，民訓會的人都「復員」回到了武漢，我聽說湯德英叔叔已經在《武漢日報社》當了一名編輯，一次經過這家報社時，我還特地去看過他。那時我雖已十三、四歲，站在門邊用童真的聲音喊他的名字。多年以後，每每回憶起來，他抬頭看我的樣子，閃出的眼神仍然是羞愧和畏懼，他可能擔心我長大成熟，懂得了那天晚上他壓在我身上的含義……

根據近年來接觸到的一些大陸史學著述，民訓會由陳誠將軍組建，在第六戰區專門鎮壓共產黨地下活動的決策領導機構，是第六戰區民眾訓練委員會的簡稱，也是第六戰區黨政軍聯合會報會秘書處的代名。今天我敢肯定的是，因為民訓會相對特殊的工作性質，一九四九年後各位民訓會的長輩若還有留在大陸的，幾乎不可能躲過因此招來的殺身之禍。

第六戰區青年訓導團

父親除擔任湖北省民訓會總幹事以外，還兼任了第六戰區青年訓導團的教務長（或者是其他的負責人稱號，記憶有點模糊）。所謂的青年訓導團，實際上就是國民黨改造那些有親共傾向的青年人的部門，當時的團長就是鼎鼎大名的蔣中正。我不知道全國各戰區是不是都設有類似的「青年訓導團」，更不關心是不是每個團的團長都是蔣中正，這一切對一個十歲左右的孩子來說根本不重要。

我只記得那時的青年訓導團設在方家壩。那是一個相當邊遠的鄉鎮，體諒到我父親日日翻山越嶺去工作，上面還專門為他派來兩名專職轎夫：兩個身強力壯的「農民工」。每當訓導團的學員開娛樂晚會時，兩個轎夫就會提前到方家祠堂的家裡來接我和大哥，兄弟倆體重加起來估計也沒超過父親。在方家壩看完晚會後，我們在父親的臥室裡睡一宿，第二天再回家上學。

一九四六年，我在武昌讀湖北省立實驗中學初中二年級時我已開始迷戀上新詩。當時曾經和一個綽號叫曾胖子（我費盡九牛二虎之力也想不起他的全名）的同學十分要好。他父親就是我暗自欽佩、大名鼎鼎的詩人曾卓（一九五四年被冤為胡風分子受盡折磨）。曾胖子告訴我說，一九四四年，他父親被弄到方家壩青年訓導團裡待過，當時年幼的曾胖子因無人照料也跟著父親短暫地待在方家壩的訓導團裡。曾胖子對我說這話時，我已參加了中共的週邊組織——「武漢學生聯合劇團」，所以對當年的「進步詩人」深懷敬仰之情。我和曾胖子的家都住在漢口且相距不遠，曾幾度到他家去玩，但從未見到過曾卓先生。但在曾先生的寫字臺上，我卻看見一本正在創作中的書稿，不過那是畫著舞步指導圖案的交際舞入門工具書。我成年後加入到中共體制內，習得了中共開展工作的一些「潛規則」，懷疑當年曾卓先生有關舞步的研究，是故意放在寫字臺上作為偽裝，讓追蹤偵察的「特務」降低懷疑。

清江是流經恩施的一條主要河流，河灘上散留著一片片小卵石，有些卵石上存有天然形成的彩色花紋。「青年訓導團」的學員們常常到河灘上全神貫注地低頭尋覓，把那些花紋奇特的卵石挑揀出來，帶回去打磨成一枚枚印章。一九四四年，「青年訓導團」的學員們將磨成的工藝品印章彙集在一起，在恩施縣城內舉辦了一場面向公眾的展覽和拍賣會。展廳的入口處，有我父親親筆書寫的、大約三百多字的有關印章的介紹，玻璃展櫃裡存放著各種大小、色彩、花紋各異的印章，有些還取著個頗有文化品味的名字，使少年時代的我十分嘆服。

我記得那時「青年訓導團」的學員們都穿著黃色的軍官服，留下這個印象的原因是我所就讀的湖北省立實驗中學也給每個學生發冬、夏兩套服裝。其冬季棉衣是質地很差的灰色土布士兵服，領回家還得讓家長拿到裁縫店修改。這不僅是尺碼大小不合身的問題，更重要的是要讓裁縫修修補補，防止衣內棉花全部下墜到衣服下擺。而「青年訓導團」的學員們所發的衣服似乎質地就好得多。

我對「青年訓導團」有幾樁特殊的記憶：

其一是我記得在一次文藝晚會上，表演者唱了一首名叫《孤島天堂》的歌，十分感人，歌詞由蔡楚生創作，我以後也找來學著唱過。開頭的幾句是：「這裡是地獄，還是天堂？這十裡洋場，圍湧著險惡的巨浪，島上的五百萬人吶，是歡樂還是悲傷？……」據說這首歌所描繪的是淪陷區上海的真實寫照。若干年後，隨著自己社會見識的增長，回憶自己在青年訓導團看的晚會節目，那些歌曲、舞蹈大多抒發的是抗日救國的情懷，其中很大一部分還是由共產黨左派人士所創作。如果拿我日後作為意識形態上的異端分子在勞教隊裡「享受」的寬容度作比較的話，不得不說國民黨的青年訓導團實在是太過於「寬大無邊」了，竟然允許這些滿腦子紅色思想的學生們按照他們的意願排演任何節目。這幾乎等同於我可以在勞教隊裡堂而皇之地歌頌蔣中正。由此可見，國民黨在意識形態上的管控其實是相當鬆散的。

其二是有一個青年訓導團的學員帶我去估計是小賣部的商店門市，他把我抱到櫃檯上坐著，讓我自己選擇想吃的糖果。

其三是我曾看到一個被「關押反省」（又是共產黨的革命詞彙，國民政府時期是怎樣說的我也弄不清）的學員，他獨自一人被關在一排木質柵欄的房間裡，門外有士兵把守。這位被關押的「學員」在裡面大吼大鬧，喊了些我聽不懂或者是忘掉了的口號，在此也無法表述了。如果用我的生活經歷為這個喊口號的人下一個定義的話，大概就是中共監獄裡的「反改造分子」了。

當年這個「青年訓導團」是為了「訓導」曾卓那樣的左傾青年，他們或者是中共地下黨員，或者是中共的同情者。今天，我並不打算對這幾百位熱血青年所從事的工作本身作出什麼是非判斷。我唯一可作的事後諸葛亮似的斷言是，中共建政以後，這些人無一不是那些花樣繁多的政治運動所整肅的對象。哪怕他們中曾有人一度混得個一官半職，但身心受創之後，在恐懼之中，若能得到一個壽終正寢的結局，已算是百裡挑一的了。以曾卓先生為例，他於一九五五年受胡風案的牽連，接連遭遇被捕入獄、下放農村的種種人生變故。一九九二年，我回到故鄉武漢，住在《湖北日報社》的友人家中，曾一度想到湖北文聯去拜會年事已高的曾卓先生，因為時間太短，未能成行，至今成為我人生中的憾事。

一九五七年，我被打成右派，此後勞教勞改，經歷饑寒勞苦、長達二十三年生不如死的折磨。九死一生之後再回想起當年青年訓導團治下的那些親共學生們自由自在，衣食無憂的生活，我幾乎產生一種錯覺，覺得自己是不是記錯了。真不知是該為昨日的他們感到高興，還是該為自己的今天感到悲傷。

實驗中學二三事

大哥自幼比我老實安分，讀書也很用心，成績當然也遙遙領先於我，但他運氣卻每每不如我。初中入學考試以後，我和大哥一起到實驗中學去看榜，對著榜上那黑壓壓的一片名字，我對自己的水準還是有點自知之明，於是從最後一名倒著往上看。大約在五十名左右的位置看見了大哥的名字，心想壞了，我肯定落榜了，因為我不可能考出比大哥更好的成績。正對即將到來的一場皮肉之苦感到不安時，大哥卻指著榜上的名次對我說：「你考的是第三十一名。」

這所設在當年臨時省會城市恩施的省立實驗中學，肯定是全省最好的學校，坐落在距縣城不遠的「城鄉結合部」。像所有抗戰時期的學校一樣，房屋簡陋，也缺乏教學設施，全校只有一台顯微鏡便是一例，我也是在這台寶貝上第一次觀察到一個植物的細胞組織切片。但學校的教學品質仍屬一流，因它畢竟薈萃了眾多當年湖北省的一流教師。遺憾的是，我和所有調皮的學生都有一個共同點，那就是喜歡給我們的任課老師起綽號，到如今也只記得老師們的綽號，而忘記了他們的真實姓名：校長何黑皮，教務主任匡冬瓜，生物教師阿米巴，英語教師鄒BOY（女性）……。現在想起他們的音容笑貌，我仍舊充滿敬愛之情，他們的奉獻精神，他們紮實的教學功底，讓我終身受益，也讓我佩服得五體投地。

這是一所全封閉的寄宿制學校，除少數走讀學生以外，所有學生只有在每週六下午可以回家，周日下午再返回學校。抗戰時期各所學校辦學皆十分不易，實驗中學的校舍嚴重不足，男生全部被安排住在禮堂裡，分上下鋪，床鋪之間的距離極窄，且下鋪為兩個人合睡，我便和大哥同睡一張下鋪。入學的頭一晚我就在床上來了一泡尿，不巧床鋪又正好挨著過道，我很害怕被過往的同學發現而引來一陣嘲笑，那一宿弄得我十分狼狽。

也許是年齡的關係，我特別地依戀家庭，每個星期天下午我都極不情願回學校去，好幾次都是我父親拿戒尺把我打出家門，那段時間我蒙受的痛苦也真是一言難盡。

如前文所敘，這是一所公立學校，公到連伙食、服裝都由國家供應，在日本侵略者攻佔了大部分國土、國內經濟幾近崩潰邊緣的困難處境下，國民政府的這一舉措，真可謂難能可貴。但伙食品質和服裝品質都很差，三頓都是玉米飯，我十分不習慣。特別是菜，經常出現在餐桌上的菜竟然是我深惡痛絕的黃豆芽，令我難以下嚥。那時許多同學週末回家都從家裡帶些「私菜」到學校來食用，如鹹鴨蛋、豆腐乾炒肉丁之類，令我十分羨慕。當我向父母提出這個要求時，父親首先表了態：「帶什麼私菜，小孩子吃點苦有什麼不好？」他一錘定音之後，我從此不再敢提此事。

雖然這是一所封閉式學校，但校園四周並未修築圍牆。學校附近住有幾戶農家，我曾多次到這些農戶家去買些下飯菜，如豆豉，泡菜。最多的是農戶家自己做的「水豆豉」，我甚至買來當零食吃，久而久之，我竟養成了吃這些零食的習慣，沒有錢時就找他們賒欠。每個週末回家，父母也會給我們為數不多的零用錢。某個星期天返回學校以後，我發現身上的全部零用錢也不夠還付所欠下的零食賬，便打定主意去偷一個同學的零用錢。

怎麼偷的，偷了多少，我已回憶不起。只記得這位同學發現丟了錢、便立即報告了老師。那時我們正在上晚自習，老師令我們起立列隊，然後宣佈了這件事。我站在佇列裡渾身發抖，很害怕當場進行搜身檢查，備受羞恥心的折磨，簡直覺得要熬不下去了。我甚至認為老師一定懷疑偷錢的人就是我，既因為我最調皮，也因為我上課時偷吃水豆豉被老師當場發現訓斥過。沒料到的是，老師對大家說：「我希望拿（他刻意避開了那刺耳的「偷」字）了別人錢的同學能自動把錢交出來，我們不再作追究。」幸好那年頭的燈光昏暗，沒人看見我把錢扔在地上的動作，使我僥倖逃脫了被現場捉出來丟人現眼的下場。

當我體驗過偷東西所遭受的精神折磨以後，也就從此不再想竊取別人的任何東西了。更使我至今欽佩的是這位真正懂得教育之精髓的老師。他想了一個兩全其美的辦法，既保護了我的自尊心，把我拉回善良的道德操守中，使我不至於陷入破罐子破摔的那種自暴自棄境地，同時又幫助那位同學找回了他丟失的錢財。

此外，我還曾在家裡因為偷東西而闖過一次禍，是我偷拿了母親的一隻鐲，而實際上它又不是一隻真正的玉鐲，而是個不值幾文的假貨。它原來放在家中一個放置雜物的抽屜裡，我想偷出去賣掉換幾個錢買零食吃。但當我拿出去向人兜售的時候，對方要不然只換給我一個燒餅，要不然就根本不要。這樁醜事後來被我大哥發現，我知道他肯定會把手鐲拿回去上交。父母親一見手鐲必知原委，我回家肯定會被痛打一頓，那個星期天我就不敢回家了。大哥回去後，母親還是叫大哥給我帶來了零用錢，他對我說父親怎樣怎樣罵我，又說我在家裡偷東西就不准我回家，父親的氣話我竟然也就信以為真，也就真的住在學校裡不回去了，直到那一學期結束。

實驗中學其他事

大約是一九四四年，那時我仍在湖北省立實驗中學讀書，學校附近的恩施機場忽然迎來了許多先進的飛機，每天都有很多架戰鬥機在機場起飛降落。後來我們得知，這支飛行大隊的全稱叫作美國空軍駐華特遣隊，就是大名鼎鼎的美國飛虎隊——低空盤旋的P四〇鯊魚式戰機、P五一野馬式戰機、P三八閃電式戰機，同學們對飛虎隊的各式戰鬥機皆瞭若指掌。我們那位年輕漂亮的英語教師鄒boy的男朋友，就是一位身材魁梧的中國空軍軍官，我只看了這位穿著皮茄克的空軍軍官一眼，英語成績就直線上升，很快地成為班裡的尖子生。當鄒（Boy）老師問我怎麼進步這樣快時，我很想說因為你的男朋友是空軍，而我從小時候起的偶像就是空軍，但我怕這樣說不禮貌，只好換了個說法搪塞過去。

學校高中部有一位英語教師名叫楊「神經」（實在對不起，仍然是綽號），他與飛虎隊的一些美國飛行員交上了朋友。有一次，一位美國飛行員到學校來找這位楊老師時，校園裡突然拉響了防空警報，全校師生立即轉入到防空洞。可能是這位飛行員見慣不驚的緣故，他就站在防空洞的洞門口，楊老師出於禮貌也「勇敢地」陪同這位飛行員站在洞口，第三個站在洞口的人就是我：因為我實在是太崇拜空軍了。

他們倆一直用英語交談著，我豎著耳朵聽，卻一個單詞也聽不懂，只看見這位身材高大的飛行員掏出手絹揩鼻子，揩完了竟順手扔在地上。在四十年代，通常有教養的人衣兜裡都裝著一張布制手絹，以便擦拭口鼻的排泄物。再富有的人似乎也沒有如此奢侈的必要，將用過的手絹隨手扔掉。我湊過去仔細一看，原來這個印有花紋的手絹竟是紙質的，這種前所未見的新鮮玩意兒促使我的好奇心頓時膨脹起來。不一會這位飛行員又摸出香煙，點火的時候我發現，他的火柴盒也和我們平日裡見到的火柴盒迥然不同。它是用硬紙殼折疊起來，卻又在介面處嵌有一條黑色的擦皮，火柴棍是用更厚的紙殼做的。他扯下一根火柴，在擦皮上一抹，一甩手點燃口中的香煙，幾個瀟灑的動作一氣呵成，看得我目瞪口呆。

就像我的好奇心在繼續膨脹一樣，他倆也繼續用我聽不懂的英語快速地交談著。終於我的好奇心膨脹到了極限，便用我剛剛學會的英語衝著楊老師臨時拼湊了一個簡單的疑問句：「What is he say?」（他在說什麼？其實我說出口的是一個病句）似乎他倆也立刻聽懂了，便放聲大笑起來，毫不懼怕敵方的飛機也會聽見。這時飛行員用他的大手摸著我的腦袋，楊老師看在這個動作的份兒上，用中文對我說：「他告訴我，昨天我們有一架飛機，從前方飛回來時，飛行員已經受了重傷，但是他還是成功地飛了回來，安全地著陸，他的駕駛艙的四周，濺滿了鮮血……。」這時，我想起了那架墜落在土橋壩山野裡的中國戰鬥機，特別是那位犧牲的飛行員散落在駕駛艙裡的遺體，更加堅定了我要當空軍的決心。

不久，一個消息在全校掀起了軒然大波：蔣中正委員長號召十萬青年學生從軍，這就是以後的那批青年軍。我想，任何一個企圖奴役中國的侵略者只要能看一眼那些熱血青年們誓死報國的決心，就知道他將面對的是一個誓死反抗外族懾服的民族。我們學校高中部有的班是全班報名，有的年級是全年級報名，我們這些十二、三歲的低年級學生，一個個也是摩拳擦掌，遺憾的只怨自己年齡太小。

抗日戰爭勝利後，內戰爆發，戰爭性質由此改變。中共建政之後，這些青年軍的命運也隨之改變，通通降格為「階級敵人」，一律成為「關（關押）管（管制）殺（處死）」的反動派，其是令人扼腕歎息。但從這些單純的青年學生當初為抗日而從軍的動機來說，他們仍然是崇高的，那一片赤誠的愛國之心，在中華民族的列祖列宗面前，應該毫無愧色！

二〇一五年的九月三日，在北京舉行的反法西斯戰爭七十周年閱兵典禮上，一些仍然健在的國軍老兵獲邀乘坐觀禮車加入檢閱部隊。我在黃埔軍校同學會認識的老同學劉中柱雖已年屆九十五歲高齡，但還是接受了邀請，從四川出發前往北京，在閱兵儀式中乘坐五號觀禮車經過廣場。我們私下裡戲稱他這一趟進京接受檢閱是被請去「裝點門面」，事實也確實如此：每一位抗戰老兵均可得到五千元的慰問費，全程入住北京最高檔的賓館，每人身邊配給五個專職接待員供他們使喚，可以說是給足了面子。但光鮮背後的經歷卻令人歎息，中共建政以後，這些今天被尊為英雄的國軍抗戰老兵中，很少有人躲得過判刑、勞教、勞改、甚至捆綁吊打的種種折磨。僅就劉中柱而言，一九五七年，他被劃為極右分子，送往四川省沙坪農場勞教八年。之後回到成都，長期處於管制之中，只能從事送煤炭、挑擔子這類體力活。直到一九七八年，他才經改正恢復了工作，平靜地從崗位上退休，每個月領一點微薄的退休金。劉中柱算是這些不幸的國軍老兵中屈指可數的幸運兒：在政治鬥爭的血雨腥風中得以保命，八年勞教中的饑寒與繁重勞動沒有將他壓垮，出獄之後還能返回大城市繼續謀生，比起很多國軍老兵，尤其是那些晚景淒涼的農民出身的軍人，他算是非常幸運的了。

行文至此，我不得不再說幾句題外話，這也是我的肺腑之言：

一九四九年，我參加了中國人民解放軍，那時的部隊上級在講授中國革命史時教育我們：「抗日戰爭時期，國民黨政府執行的是假抗日真反共的政策。」雖然這一說法與我童年時代耳聞目睹的真實情況相去甚遠，但不知為什麼，我竟然也深信不疑，也許僅僅是因為它來自權威之口。還記得那時軍政大學的教員在課堂上這麼講過：「抗戰勝利以後，蔣光頭（這是中共對蔣介石起的侮辱性綽號）立刻從峨眉山上下來摘桃子（意即勝利的果實）。」雖然我不曾見過這位光頭怎樣下山怎樣爬樹又怎樣摘的桃子，但我當時聽到這樣的說法，也仍然全盤接受。「歷史只不過是任人打扮的女孩」這一論調在當時是備受批判的反動思想，我以為主張批判這個論調的人是絕不會打扮歷史的，所以我當時始終對中共的敘述深信不疑。

學那部革命史的時候，我剛滿十七歲，這部回憶錄寫到此處的今天，我已經八十四歲。在政治漩渦中幾近滅頂的我，也在過去反復襲來的政治激流中看清了歷史的真相，此時真實的想法是：「抗日戰爭時期，假借抗日這個神聖的名義，而趁國難之機行一黨之私來奪取統治權力的這種卑鄙小人，肯定是有，但是他的名字絕對不是什麼蔣光頭。

實驗中學的同學們（一）

大約是入學三、四個月以後，我已經擺脫了剛進中學時還要尿床的那種狼狽狀態，調皮搗蛋的本性又開始露出原形，知名度也大大提高，甚至連我的父母也對我刮目相看。有位老師在課堂上惡狠狠地訓斥我說：「你父親叫我儘管揍你。」這意味著為了對付我這個淘氣包，家庭和學校之間的「統一戰線」已完全形成。

那時正是「皖南事變」以後。新四軍軍長葉挺被囚禁在恩施，我父親當時正擔任湖北省民訓會總幹事，是囚禁葉挺的負責人之一。葉挺的子女也都在實驗中學讀書，哥哥年紀比我們大很多，正在讀高二，妹妹則和我一個班。實驗中學也像我之前就讀的實驗小學一樣，軍長師長省長廳長的子女多如牛毛。為什麼我唯獨對葉挺軍長家的孩子記得特別清楚呢？其中另有原因：

其一是，只有他們家的女兒是由背著「盒子炮」的警衛員陪同來上學。我們在教室裡上課時，那名警衛員就在過道上走來走去，而我又喜歡東張西望，對這個軍人和他護衛的「千金」印象頗深。這其實和實驗小學裡只有孫連仲上將的兒子由警衛員陪同上學差不多，讓人一眼就能記住。

其二是班上所有同學所穿的衣服都是用土裡土氣的灰藍色粗布縫製，唯有葉挺女兒的衣服總是鮮豔奪目，在校園裡顯得尤其與眾不同。我依稀記得她還有一個弟弟，但印象不深，之所以記得這位女同學，除了她的豔麗的服裝和隨時守護在旁的警衛員以外，還因為一個特殊的細節：

我們學校操場下面有一條小河，當時正是山洪暴發的季節，平日裡河水十分充沛。我因為之前在家中偷了玉鐲不敢回家，沒法換洗衣服，便常常在中午休息時到河裡去游泳。下水之前先脫下衣褲在河水中揉搓一番，再拿到河邊的灌木上晾曬。在大夏天的烈日下，我游完幾圈，衣服也就曬乾了，上岸穿上就可以去教室上課。但偏偏就在我每次下河游泳的時候，這位姓葉的女同學便帶著警衛員出現在操場邊，不遠不近地觀看我在河裡游泳，還時不時地指手劃腳和警衛員說一些被水浪聲蓋過的話。哪知道我浸在水中只露出個頭，下半身卻連褲子都沒穿。葉同學的圍觀常常把我搞得萬般無奈，她非要等到聽見了上課鈴響才緩步離去，我也只有趁此時機趕緊上岸，套上早已曬乾的衣服飛奔回教室。她此舉並不是故意為難我，因為她顯然沒發現我的全身上下裡裡外外的衣服都曬在岸邊的灌木叢上，雖然那時我們都才十一，二歲，但畢竟男女有別啊。

那學期的暑假我仍然沒敢回家，住在學校裡。葉挺家那位高二的老大哥也沒有回家，老大哥當然不需要警衛員跟著。漫長的暑假裡，偌大的禮堂中空空蕩蕩地只住了我和他兩個人。由於初一和高二的學生之間沒什麼共同語言，所以我們兩人僅管同居一「室」這麼久，彼此間竟然一句話都沒有說過。

高年級的學生理應睡在上鋪，但既然到處是空床，他就搬到下鋪來。我可能是因為下鋪睡得太久，想變個口味嘗嘗上鋪的味道，就搬到上鋪去。我和他的床鋪正好斜對著，有天中午我倆都在睡午覺，不知是哪個淘氣鬼偷偷地跑進來，用毛筆在我和他的臉上畫了個大花臉，醒來後他看著我好笑，我看著他也好笑，這便是那個暑假裡最有趣的記憶。

中共建政後，我曾經讀到一篇關於周恩來的課文，說有一次飛行途中，飛機出現機械故障。緊急情況下，機組成員決定給機上乘客發降落傘，但飛機上的降落傘恰恰又少了一副，周恩來便堅決不要，命令把自己的那副降落傘讓給葉挺將軍的女兒……。讀這篇大作時，我畢竟年輕幼稚，對文中所表現的周恩來的高尚情操佩服得五體投地。那時我暗自思忖了一下，文中描寫的一九四六年，也差不多是我和葉挺的女兒在實驗中學同班讀書的時候。直到很多年後，我也因為出差飛來飛去，有了乘坐飛機的經驗，才慢慢意識到從飛機上背著降落傘往下跳真不是課文中所描繪的那麼簡單。跳傘是需要經過嚴格的軍事訓練才可以掌握的一項高難度技能。近年來，偶爾在網上看到來自朝鮮的官方敘事，講金日成用步槍擊落美國飛機。雖然來源的真實性存疑，但以如此這般背離常識的手法編造國家領導人的故事，背後的邏輯與那篇課文並無兩樣。當然，和眼下大陸鋪天蓋地的抗戰電視劇中我軍將士比比皆是的「壯舉」比起來（典型如向半空中的日本軍機扔手榴彈，國軍裝備帶鐳射制導的現代武器參戰等），周恩來讓降落傘給葉挺女兒的故事就顯得相形見絀了。看到這些，我才茅塞頓開，原來只要是革命文藝需要，沒有不能杜撰的故事，於是也就不再為我那位同班同學當年在飛機上的經歷感到後怕了。

我不知道是否有讀者懷疑這一章節的真實性。被俘的葉挺將軍家裡還可能留著背著駁殼槍的警衛員嗎？他的子女還能進入省內一流的學校就讀嗎？我不管讀者的看法如何，我只相信我的記憶。十多年前，報紙上曾登載過葉挺的某個兒子在深圳的一家公司當老總，如果有機會，或許可以去問問這位年紀不小的「紅二代」（大陸民間對中共元勳後代的統稱），一九四五年他妹妹是否在恩施讀初中一年級，上學時是否真的有背槍的警衛員陪同。

實驗中學的同學們（二）

實驗中學的同學中，與我交往時間最長，而且印象最深的是一位名叫黃寶琪的女同學。有一次學校進行智力測驗，在考場上，老師臨時安排了座位，我恰好和她同在一張課桌，考試的內容與授課的內容毫無關係，只是對學生的智力情況進行一番測試而已。考試中她不斷偷看我的答案，本來這種測驗根本與成績無關，完全沒有冒險作弊之必要。我看她做賊心虛的樣子心生憐憫，便擺出一副「憐香惜玉」的姿態，乾脆把每一頁答完的試卷紙推到二人的「邊界線」上，讓她看個夠。最後成績公佈時，我和她的名字緊挨在一起：因為我倆考了完全相同的分數——七十四分。這個分數在那次智力測驗中算是出類拔萃的高分，事後我認為她這種一字不差照抄鄰座答卷的「智力」，本應該判個不及格。

一年多以後，也就是抗日戰爭勝利後，我們都「復員」回到了武漢。這時她已轉學到位於漢口的一所女子中學。有一次我和她在街頭偶然相遇，她對著我嫣然一笑，似有深長的意味。那時的黃寶琪已相當漂亮，和她成為好朋友之後，我才知道她父親名叫黃格君，和我父親也是朋友，新近當選為第一屆國大代表。那時我根本不知道「國大代表」這四個字是什麼意思，對此也毫無興趣。那次街頭相遇後我們交談了一小會兒，似乎也沒找到更多的話繼續聊下去，便匆匆告別。那時我在武昌讀書，與漢口隔江相望，所以這之後與她的交往並不多。

等到我初中畢業以後，年齡漸長使我對異性產生了某種遐想，我們的交往才又多了起來。怎麼開始的我已回憶不起，總之她家住在距離「上海電影院」很近的保華街，我好幾次藉著看電影的機會跑到她家裡去玩。大約是一九四八年左右，有一年的整個暑假裡她幾乎每天都往我家裡跑，那時我家除了一部小臥車以外，還有一部吉普車。因為光是兄弟姊妹就有六、七個，如果全家出行，一部車顯然裝不了這一大家子人。兩部汽車的前擋風玻璃上都貼有一張巴掌大的「特別通行證」。我父親喜歡游泳，也鼓勵我們多去游泳，事實上我們全家人（除母親和最小的弟妹外）都游得很好。而黃寶琪也很喜歡游泳，她每天中午到我家來吃午飯，飯畢後則由司機駕駛貼著通行證的汽車，載我們穿過由警衛士兵把守的「華中剿匪司令部」（依稀記得其所在地名叫三元里）的大門，我們在白崇禧的那幢辦公樓的後院下車，那裡並排著兩座常常空無一人的游泳池。

那時我和黃寶琪年齡相仿，都在十四歲左右，但黃寶琪比我稍大一點，應該說我們兩人在談戀愛方面都還處於懵懵懂懂的前啟蒙狀態。有時候，向來嚴厲的父親也要講些小孩子似懂非懂的玩笑話逗弄我們。有一次在家裡吃飯的時候，他問黃寶琪：「你看我這幾個兒子哪一個長得最漂亮？」黃寶琪害羞地沒有作答，只是咬著筷尖直勾勾地盯著我看，看得我一臉尷尬，頗為羞愧，父親見狀當即大笑起來。還有一次，也是吃飯的時候，黃寶琪對我父親說：「張伯伯，我天天在你家吃飯，真是有點不好意思呢。」父親聽罷說：「沒關係，十年以後再算帳。」父親這些話裡有話的玩笑成為了我和黃寶琪自由自在交往中的小插曲，我們聽著也似懂非懂，當然，年齡與心智的局限也使得我們始終未再作出更進一步的嘗試。

共軍攻佔武漢以前，我們兩家又先後搬遷到重慶。那是一九四九年的夏天，衝著「他鄉遇故知」的那股興奮勁兒，我倆相約著去南岸的南溫泉遊玩，那裡有一個聞名遐邇的溫泉游泳池。那天游泳池裡沒幾個遊客，在這裡，我生平第一次，也是唯一的一次對一個純情少女做了一個「準流氓」的動作。游泳池邊有一副鐵質扶梯，當時我正站在扶梯下方臨近水面的梯級上，而黃寶琪正站在高我幾階的梯級上。我抬起頭來張望時突然發現她腋下長著些灰黑色的毛，想也沒想，順手就去扯。她向我伸出的手臂打了一巴掌，臉上露出慍怒的樣子，意思是叫我住手。我也就中止了這個「準流氓」玩笑，隨後我們很暢快地繼續游泳，玩得很開心。傍晚前，我們登上從南岸返回重慶的輪渡，坐定以後，黃寶琪從她的手袋裡取出一張相片遞給我。相片上的她笑容滿面地斜躺在一個草坪上，我翻過來看到背後題寫的幾個字，似乎有點語法問題。她寫的是：「送給：青梅竹馬。」揣上這張相片，我們在輪渡的碼頭道別，從此以後，我和她再也沒有見過面。

我在前文《實驗小學的同學們》的章節裡，曾提到一個乳名叫「田田」的女同學，如今她已是定居在廣東省江門市的彭啟婉老太太了。我們是最近幾年才通過電話重新聯繫上的，我因寫這本書涉及到不少記憶模糊的陳年舊事，時不時打電話向她求證一些細節，她兒時也是黃寶琪的好友。二〇一三年三月十五日，我問她黃寶琪到臺灣後的情況，她說黃寶琪後來在臺灣嫁給了一個海軍軍官，但還不到三十四歲她就因病去世了。更遺憾的是，她弟弟三十多歲時，有一天在家裡睡午覺，枕頭下面露出的一支手槍被她弟弟的兒子看見。這個十歲大的兒子竟像玩遊戲一樣舉起手槍瞄準父親扣動了扳機，將自己的父親擊斃在床上，我相信這個新聞在當年的臺灣報紙上肯定一度炒得沸沸揚揚。

回想起童年的純真交往，人世及命運的跌宕無常，真令人唏噓慨歎！

實驗中學的同學們（三）

上文提到的彭啟婉老太太，如今已屆八十高齡。我讀實驗小學時，一群頑童扮作追星族，背地裡喚著她的小名田田（估計應是「甜甜」二字），將她視為共追之星。在天真無邪的歲月裡，或因班級不同，或因男女有別，記憶中我好像從來沒和她說過一句話。抗戰勝利後，我們都隨大流「復員」回到了武漢，眼看著年齡的漸長，慢慢開始留意一些原來從未在意的事，我才知道她是武漢警備司令員彭善中將的大女兒。彭善將軍是我父親的同僚，也是我父親的好友，彭啟婉也知道我的父親是誰，所以我們兩家人算得上是世交。

一九四七年六月，武漢大學的學生在左翼思潮的煽動下發起一場大規模的罷課鬧事，事件中有若干平民遭武漢警備司令部的士兵射殺。日後彭啟婉曾告訴我，父親彭善因此事件而被追責，職務升遷的事宜也被擱置下來。我當時就知道，因為死傷平民中包含學生與學校教員，蔣介石非常重視。當時我父親是中統（國民黨中央委員會調查統計局）華中區負責人，地下黨的活動也在他的監視職責之內，所以事件發生以後，他曾專程前往南京向蔣介石當面彙報此事。我印象尤深的是，彙報完畢後，父親帶回一張蔣介石親筆題贈的戎裝相片。

每次在街上或者學校裡遇見彭啟婉，我們只是相視一笑，就算打過招呼。之所以從來沒有面對面和她說上一句話，實在是因為沒有機會。直到七老八十的今天，為了撰寫回憶錄，也希望能尋訪到更多的老同學，從與他們的交談中，梳理一些往事，才在當年實驗中學的另一位老同學艾伏生那裡知道了彭啟婉的電話，就這樣，當年的追星族一員總算和「大明星」說上了話。

近年來有一部名叫《一寸山河一寸血》的紀錄片流傳甚廣，講述的是抗日戰爭時期國軍在正面戰場上迎戰日軍的真實歷史事蹟。紀錄片在介紹淞滬會戰時，開篇即由當年的指揮將領之一彭善將軍作了戰況簡介。我對這位出身於黃埔一期的著名國軍將領抱有複雜而矛盾的情感：一方面我應尊稱他為伯父；另一方面，父親的同僚中確有太多同彭伯伯類似的長輩，在一九四九年國民黨敗退臺灣時帶著年輕貌美的姨太太遠走高飛，而扔下年老色衰的原配夫人拖著一群「反革命狗崽子」，在新政權血雨腥風的政治鬥爭中替他們的「畏罪潛逃」的親人贖罪。

我一生目睹了太多類似的人間悲劇，曾一度想為這群「負心漢」特意寫一本紀實文學，出一口惡氣，但最終因為與彭啟婉的一次電話長談而打消了這個念頭。那些一家人離散飄零的往事與我毫無瓜葛，我不過是一個旁觀者，而那些我意圖指責的人早已遠去，任由我怎樣評說奚落，他們都只能沉默以對。我想沒有人願意自己的人生落到妻離子散的地步，那其中的苦楚與無奈，也只有他們自己知道。想到這些，我便知道以我所知所感能寫出的短小故事，與這些故事本身，那一段又一段漫長的悲劇比起來，是多麼的膚淺與偏狹！

為大女兒取乳名「甜甜」，可見青年時代彭將軍夫婦的恩愛與對孩子的「舐犢情深」。誰能想到，隨後的八年中，彭伯母接連生下好幾個孩子，大多不幸夭折，算上彭啟婉，總共才三個女兒活下來。須知傳統文化中「不孝有三，無後為大」中的「後」特指兒子，女兒是不能「傳宗接代」的。不知是不是因為彭將軍深諳此理，便使出金屋藏嬌的伎倆，悄悄地娶入一位側室。一九四九年深秋，由武漢逃至重慶的國民黨高官們各自安排了退往臺灣的路徑，彭將軍給夫人送去幾張飛機票，並告知第二天將派汽車來接他們上飛機。第二天，當彭夫人帶著三個女兒準備登上接他們去往機場的汽車時，卻看見那如花似玉的的二房太太早已捷足先登穩坐車中了，大夫人一怒之下竟將手中的幾張機票撕成碎片扔在了地下，這一扔竟等同於把她自己和三個女兒一同扔進了地獄。

一九五一年，我參加解放軍後調到重慶，就讀於解放軍第二通信學校，造訪了同樣是家族世交的鮑厚澤兄，他當時正在位於重慶的西南美術專科學校讀書，與彭啟婉不僅是世交，而且是黃陂縣同鄉。特別值得一提的是鮑厚澤的父親鮑步初，這位空軍上校也是一個帶著年輕太太飛去臺灣的「負心漢」，故鮑厚澤與彭啟婉更有同病相憐之感。鮑厚澤帶著我一同去看望了住在四德村的彭伯母，那時的彭啟婉正就讀於重慶立信會計學校。五七年我和鮑厚澤兄都被各自單位劃為右派分子，隨後二十三年生不如死的煎熬自不待言。右派「改正」後，因鮑厚澤兄患肺癌早逝，我遺憾未能與他謀面。

彭啟婉從會計學校畢業後，一開始分配到四川省商業廳工作。隨著大陸「階級鬥爭日益尖銳複雜」，彭啟婉便被層層下放，屢屢受到審查問責，直到退休前，她已淪落到一個鮮為人知的邊遠山區鹽源縣，在糧食局當一個會計。她的婚姻也多多少少留下遺憾，母親曾諄諄告誡她一定要嫁給一個工人，與工人階級出身的男子組建家庭在當時可說是相當「政治正確」的風尚，但對一個知識份子氣質十足的姑娘來說，聽從母親的教誨順從這一風尚又該是多麼的委屈和艱難。

彭啟婉的母親因善良寬厚的品行而頗得街坊鄰居們的愛護。但就是這樣一位受到鄰居們真誠讚頌的母親也沒有熬過文革，在貧病交加之中撒手而去，留下彭啟婉和她兩個年幼的妹妹。據我所知，彭啟婉的兩個妹妹日後在事業上也因家庭出身的原因屢屢受到政治波及，總之，這個家庭經歷的是具有最「中國特色」的生存方式。

大陸改革開放以後，彭啟婉的舅舅曾專程從臺灣來到香港，特意約彭啟婉在香港見面。在賓館裡，舅舅撥通了接往臺灣的長途電話，八十高齡的彭將軍在電話的另一端。接通後的十多分鐘裡，聽筒中只傳來老人的唏嘘抽泣聲，那分明是愧疚、是悔恨、是一個男子漢不能保護妻女的自責。彭啟婉也當場淚如雨下，這是中華兒女共同承受的撕心裂肺之痛。雖然彭將軍去臺灣以後，新夫人為他生下了二女三男，彌補了他「不孝有三，無後為大」的遺憾。但對留在故土的妻女所遭遇的艱難處境，他雖然不是直接的施害者，但終有難以推卸的道義責任。

彭善將軍以九十九歲的高齡病逝於臺灣。近年來在與友人的閒聊中聽聞，一九七七年七月七日從福建晉江機場駕駛戰鬥機叛逃到臺灣的大陸空軍飛行員範園焱，在臺灣落地後得到了臺灣當局許諾的四千兩黃金以及二千四百萬新臺幣的獎賞，並以英雄的身分與一位如花似玉的臺灣女子結緣成家。有意思的是，這位女子名叫彭啟鈺，正是我這位老同學彭啟婉同父異母的妹妹。據說流落到臺灣的彭善將軍因為家庭人口眾多，也一度陷入過經濟拮据的處境，正是得益於這筆數目驚人的獎金，他們全家才從困境中轉危為安。

與彭啟婉同樣留在大陸的妹妹中，其中之一日後成為了一位小有名聲的女高音歌唱家。只是因為她的父親是身在臺灣的國民黨高級將領，她的職業生涯也就被迫處在「海外關係」這頂大帽子的陰影之下。她在各類歌唱比賽中都因為政治原因拿不到比較靠前的名次，始終只不過是一位二三流的「文藝工作者」罷了。她後來嫁給了國民政府時期的漢口市市長徐會之留在大陸的兒子（名字記不得了）。徐會之還是我的黃岡同鄉，他於一九五〇年年底經香港去往臺灣，但隔年便在臺灣被發現其實為共產黨的奸細，經蔣中正的親自批示而被槍斃。據說槍斃徐會之之前，曾有許多國民黨高級將領諫言蔣中正刀下留人，因為徐會之畢業於黃埔一期，前去求情的人念及老同學的那份情誼，不願看到這位黃埔元老落得身首異處的下場。但蔣中正在大陸受共諜之傷害太深，決意已定，由不得同僚們婉言相勸。徐會之死後，他的骨灰於九十年代輾轉回到大陸，分別存放在北京八寶山革命公墓和武漢九峰山烈士陵園。

彭啟婉的母親一直待我很好，一九五一年我在解放軍通訊學校學習時，有時星期天我會順路去四德村看看她。每次她都不忘記塞給我五毛錢（舊幣），而當時我一個月的津貼費也僅僅只有八毛錢。有一天她突然悄悄地對我說，你爸爸來找過我，他裝扮成一個乞丐的模樣。

二〇一三年我和彭啟婉通過電話之後，曾向居住在四川音樂學院的二妹提及此事。我二妹突然告訴我說，母親臨死前告訴她，父親就是在彭啟婉家中求援時被彭啟婉向當地派出所檢舉而被捕。二妹同時勸我說，二哥，父親已經去世幾十年了，你就不要再去找彭啟婉追究這些事了。

二妹的這幾句話使我忽然想起，一九九五年我隨妻子在武漢經商時，有老同學告訴我，彭啟婉就住在市內水果湖附近。我曾經兩次請人帶信給她，想與她見面敘舊，但她始終拒絕見我。我想可能正是因為檢舉我父親一事讓她心中有愧，而不好意思見我。雖然我們通電話時都談笑自如，但各自在心靈深處的陰影卻很難消除。不過老實說，一九五一年時，我這一代年輕人在被共產黨的洗腦教育搞得六親不認的情況下，如果是我遇見父親，說不定我也會和彭啟婉一樣幹出這些荒唐的事來，更何況彭啟婉的身生父親拋棄了她們母女四人逃往臺灣，國仇家恨在她心中更是難以忘卻。

實驗中學的同學們（四）

二〇一三年二月十四日下午，我接到一個來自廣州的陌生電話，聽筒裡傳來夾著湖北口音的廣東話：「你做夢也想不到我是誰。」接著他便自報家門說：「我是艾伏生。」我當然記得這個名字，他是我在湖北省立實驗中學讀初中二年級時的同班同學。掐指一算，那已是六十六年前的事了，我至今仍記得他的乳名叫「伏伏」，這個名字意味著他出生在揮汗如雨的「三伏天」。他告訴我，眼下他定居在廣州，妻子五年前已病逝，孩子們早已另立門戶，他身邊有一位護工照顧生活。又說他在互聯網上看到一篇提到我的文章，知道我在四川曾經被劃成了右派分子，說他有一個妹妹定居在重慶市，便叫他妹妹去右派受難群體中打聽一下我的下落（反右運動時，重慶只是四川的省轄市，右派在省內集中處理）。恰巧重慶的右派難友們有一個定期的清談聚會，妹妹去會場探問到三兩個認識我的難友，得知了我的電話號碼。

這通長途電話可能是我生平接聽時間最長的一個。以至於在聊了一個多小時後，我竟耐不住性子問他：「你們這類享受優待的『離休幹部』，電話費是否也像醫療費一樣實報實銷？」他模棱兩可地回答說無所謂，然後繼續侃談。六十六年的漫長歲月裡，我們又處在這個政治變局的大起大落之中，難以預料的國家，及我倆命運的跌宕、雙方親人的生死、我們兒時玩伴的吉凶禍福，無一不在電話裡唏噓感歎之中。所幸他本人能在一場場人心險惡的內鬥中平安著陸，雖無權無錢，但也與世無爭。放下電話，我的心緒久久難以平靜，第二天清晨，我又給他打去電話，感歎道：「一次電話長談，真有恍如隔世之感！」

此後我們偶爾通電話長聊，相互印證和補充各自對中學時光的記憶。與他的聊天使我產生了一種特殊的感慨，原來人們的記憶有很強的選擇性：艾伏生說，在漢口時，他曾經在我家住過一夜，印象最深的是第二天早飯前我們家中每人都要喝一碗牛奶。這麼多年過去了，要不是他提醒我這個細節，我肯定想不起當年家中還有這麼一個生活習慣。而我牢牢記住的卻是他父親和他大哥這兩位「進步人士」的特殊背景，特別是他大哥艾知生。我一直因他兄弟兩人年齡差距太大而懷疑他們是同父異母所生，電話上他向我證實確實是同母所生。艾知生在國民政府時期就考入清華大學，祕密從事地下工作，文革之後還曾擔任過清華大學的副校長，八十年代出任廣播電視部部長。當年人民日報的頭版頭條經常出現艾知生的名字，我每次在報紙電視上看到這個名字，還疑惑這也許不是我那位初中同學的哥哥，湊巧是其他同名同姓的人罷了。因為在我的生活經驗中，目睹身邊可以被稱作早年「地下黨」或者「進步人士」的人，能得「善終」者可以說是寥寥無幾。當我在電話上直截了當地說出我的疑惑，詢問他的哥哥怎麼會當這麼大的官時，他回答我說：「他可憐得很，一輩子提心吊膽，連話都不敢大聲說一句，只活到了六十多歲……。」

艾毓英是他們兩兄弟的父親，也是國民政府時期湖北省內頗有名氣的「持不同政見者」，曾任湖北省參議會參議長。那年代參議會的那些參議員很多都是具備獨立見解、富有批判精神的知識份子，這些人對於參政的態度也不難想像。這裡不妨舉一個艾毓英先生「參政」的實例，雖然那時的艾毓英先生已不是參議長，而是「社會賢達」或「知名人士」了。

一九四九年初夏，我父親的眾多部下陸續由武漢抵達重慶，有時他們也到我家來聊天，我在一旁聽他們說起：湖北省主席朱鼎卿在撤離省政府之前，「進步人士」艾毓英曾前去當面奉勸朱主席投降中共。朱鼎卿怒不可遏地抽了他一記耳光算是回答。幾年以後，我在中共編印的一本國民黨起義將領的名單上還是讀到了朱鼎卿三個字，當時我倍感其妙，怎麼也猜不透這中間發生了什麼？再後來，我這個以「進步學生」自詡的「革命者」，因家庭出身的原因被打成右派分子，並遭遇牢獄之災。我在一座位於邊遠山區的監獄裡，巧遇了七十高齡的艾毓英老前輩，還有過一場令人哭笑不得的長談。

一九五七年我成了右派，被送去勞動教養，三年後我從勞教隊越獄逃跑。捕回後以「叛國投敵」罪判刑十八年，送到雷馬屏勞改農場服刑。這座農場被勞改分子按諧音戲稱為「你媽批」農場，當然，農場的這一「綽號」是絕對不能讓管教知道的。

在我服刑滿一半刑期後，從管教那裡騙得了一點信任，被安排去做噴灑農藥的活兒。我經常使用一台以小型汽油機為驅動力的噴霧器從事噴灑農藥的勞動，它時不時會出現些故障，但我手邊缺乏備件，往往只有背著它走到場部的機修車間去找配件。我有時也謊稱機器有毛病，需要去找配件來修理，好乘機在這個縱橫幾百里的大型農場裡到處溜達溜達。在到機修車間的必經之路上，有一座關著不少右派分子的農場醫院，那裡有幾位我的右派鐵哥們。

那天大約是一九七四年的某日，我背著修好了的噴霧器正走在返回住地的路上。忽然醫院門邊的一張壁報吸引了我的眼球，在洋洋灑灑的詩文中出現了一首名為《清平樂》的古體詞，往下看，落款作者名叫艾毓英。這是一個很難同名同姓的名字，而我知道我中學時的好友艾伏生的父親就叫這個名字。我立即轉身去找醫生黃倫，他是我的好哥們，也是一名右派，我便向他打聽這個艾毓英是何許人也。原來在文革期間，國內搞了一次「戰備疏散」，所在地位於北京等中心城市的勞改隊紛紛遷至交通閉塞的叢山峻嶺之中，大涼山裡的雷馬屏農場就收下了不少北京清河農場之類地方的勞改要犯和刑滿就業人員，總之就是那些被統稱為「階級敵人」的在押人員。而寫詞的艾毓英，就是從某中心城市押來的典型勞改犯（即被送勞改前官階不低的人）之一。

黃倫醫生把我帶到了艾毓英老人的房間，那時他已是年近七十的老人，但不像一般犯人那樣要參加班組的體力勞動，而是在醫院擔任圖書管理員。他對我的談話十分有原則，我說了很多國民政府內頭面人物的名字，包括我父親以及一些當年活躍在湖北省裡的高級官員，他們都是我幼年時代喚作叔叔伯伯的人。他沒有對這些人中任何一位發表任何意見，事實上我知道他和這些人要麼打過交道，要麼相互熟識，但他表現得就好像沒聽見我的話一樣，始終緘默不語。甚至當我問到我的同學艾伏生的下落時，他仍就是一言不發。經過我喋喋不休地在他耳邊嘮叨了幾十分鐘，他應該確認了我是來自湖北的「知情人」，而非前來窺探口風回去表功的小人。他的老練、他的滴水不漏令我佩服得五體投地！

作為長輩，他對我的淳淳教導是這樣兩句話：「我們相信毛主席，要相信到迷信的程度；我們服從毛主席，要服從到盲從的程度。」其實我知道他只是在複述柯慶施的那句名言罷了。我對著他的眼睛不斷地點頭，心想從他這裡什麼也打聽不到，便起身告退了。

不久，政府宣佈對在押的國民黨縣團級以上的官員進行特赦，艾毓英老先生得到釋放後，被安排在樂山市政協工作。沒幹幾天，他又隻身前往北京，申訴他的冤情。最後也如願得到一個更為優厚的處置：調回湖北省政協，當上了政協副主席。

艾伏生在電話上告訴我，他父親患病時，他曾前去探望，父親對他說：「在勞改隊，我曾遇到過一位你的同學，他名叫張先知。」艾伏生問他，這個老同學犯了什麼罪啊？他父親回答道：「他們說他是南斯拉夫的間諜。」艾伏生當即表示，這絕對不可能。

共軍攻陷武漢後，艾伏生興高采烈地加入解放軍，曾有過一段如魚得水的輕鬆快活日子。隨後部隊裡開展了三查三整、民主運動等以清查個人歷史、家庭出身背景及社會關係的整肅運動，雖然有他兄長這個地下黨員作為紅色保護傘，但也抵消不了父輩既是地主又是官僚的「累累罪行」。終於在一九五四年，即貫徹中共中央十人小組清理內部人員文件規定，對內定的「血仇分子」、「漏網反革命」、「海外關係複雜」等等類型人員進行清理時，艾伏生被轉業到地方商業部門，又逐級調至建築行業搞財會工作直至退休。對此，艾伏生不無驕傲地跟我說，常言道，常在河邊轉，難免不濕鞋。我管錢幾十載，卻兩手清白問心無愧，委實不容易啊。

從淪陷區來的叔叔姑姑

一九四四年，父親同父異母的一個妹妹和兩個弟弟，即我的四「叔」張家蘭、五叔張家馴和六叔張家驤，經由國民黨的地下工作者安排，從淪陷區湖北黃岡轉移到大後方恩施。他們為了滿足我們的好奇心，教我背誦一些他們在淪陷區學校裡學的日語字母，還講了一些企圖逃往後方的中國人，被日本憲兵抓去坐老虎凳、灌辣椒水的真事，我聽後對日本鬼子的仇恨也更進了一步。但有一天，六叔又對我說，有些日本兵很喜歡小孩子，經常還給小孩子發糖吃，一時間我也犯起糊塗來。

那時他們都還未成年，到達恩施後隨即入學。當時的女中所在地名叫核桃壩，男中所在的地名我已記不起了。我記得節假日他們從學校裡回來的時候，身上穿的都是抗日戰爭時期國民政府給學生發的灰色軍裝，也就是我所穿的那種粗灰布衣服。

那些日子裡我印象最深的一樁生活細節是在家裡殺魚。不知道是我爸爸的哪一位朋友給我們家送了一條非常珍貴的娃娃魚，據說這種魚的味道非常鮮美，它的皮很厚，宰殺它要比宰殺別的河魚難很多。五叔和六叔的年齡相對大一點，身體壯實，想辦法殺死這條娃娃魚的重任就交給了他倆。我和大哥出於好奇，緊跟著他們去到屋後。五叔把這條娃娃魚掛在一棵樹上，抓起一把鋒利的尖刀就往它的脖子上刺去，可是娃娃魚的皮太厚，刀刃竟然沒有刺進去，又因為它吊在樹上拼命掙紮，一時找不到下手之處。最後的解決辦法竟然是他倆燒起一個火把，把它活活燒死在樹上。娃娃魚在火上燒炙的時候，發出像小孩子哭泣般的叫聲（「娃娃魚」也因這個叫聲而得名），聽起來十分可怕。做成了盤中菜肴後，吃起來什麼味道我已經不記得了，但這是我生平第一次也是僅有的一次食用這類瀕危滅絕的珍稀物種。除了殺魚這麼殘忍的事，五叔和六叔有時也唱一些有趣的學生歌曲，特別是那首用當年很流行的民間小調《十想》改編的歌曲：「……一想我的她，她在核桃壩，每個星期放回家，就把kiss打……」

抗日戰爭勝利以後，當年的那批熱血青年但凡願意讀書的，各自返回學校繼續讀書，其餘的人則留在軍隊裡繼續服役。抗戰結束後不久，內戰隨即爆發，青年軍作為國民黨的軍隊，也不可避免地加入了這場同胞互戕的戰爭。

正因如此，在一九四九年以後，為了鞏固政權，共產黨開展了一系列諸如「土改」、「清匪反霸」、「鎮壓反革命」、「肅反」、「反右運動」等的政治運動。這些當年抗日救國的優秀青年被打成反動軍人，加以各種罪名，遭受了各種各樣的打壓，迫害與整肅。

就以我這三個「叔叔」而言，一九四七年，英俊的六叔在東北戰場被俘後加入共軍，不久便編入解放軍長春軍事師範學校，中共建政後他輾轉調入昆明軍區。一九五八年，六叔以昆明軍區司令部軍訓處參謀的身分轉業到貴州甕安縣的一個窮鄉僻壤，具體的工作是響應當時國家「大煉鋼鐵」的號召，整天守著黃泥糊的小高爐，煉些冷冰冰，黑乎乎的鐵坨坨。但他自個兒卻連肚子也填不飽，日子過得緊巴巴的。一九五九年，他又再一次遭遇下放，歷時一年。一九六〇年，六叔被調到縣科委工作，一九六二年又調入甕安中學任總務主任。但一九六六年的文革開始，他就被打成「走資派」，兩根幾十斤重的鋼釺架在脖子上，被「群眾」拉出去遊街示眾。每次開批鬥會時，他都偷偷地先猛灌幾口烈酒，讓自己陷入沉醉，批鬥會場上也就少些痛苦。「從此，借酒澆愁也就成為他生活中唯一的精神寄託。但這樣的生活方式勢必深深地傷害了他自己，還不到六十一歲，他就抱憾離世了！」（此處引自六叔女兒的親筆信）

五叔很早就離開了青年軍回到了武漢。中共建政後，他便在湖北省丹江口水利工程公司當了一名電工，由於是青年軍出身。在一九五七年反右運動中的他並未劃為右派分子，而定性為反黨壞分子，且不說在待遇上備受歧視，連組建家庭這樣的私事也處處受人另眼相看，拖到三十二歲時才娶了一個一字不識的農村姑娘為妻。在歷次政治運動中，五叔都是被重點審查的對象。單位日常事務中，但凡如清掃廁所、搬運垃圾等等這類平常人不願意去做的工作，都一併扔到他頭上。好不容易等到改革開放，右派終於得到改正，他也才得以恢復正常生活。只可惜那時他的身體早已被折磨得蒼老衰弱，心智也在歷次運動中被掏空，還沒到六十二歲，我的五叔便黯然離世。（此段內容由五叔的女兒在電話中告知）

至於「四叔」這位青年軍女兵，她身高一米七以上，年輕時身材極為挺拔，面色紅潤，長得十分漂亮。一九四五年美國總統羅斯福因腦溢血突發離世，在當年的陪都重慶，國民政府為這位偉人召開了隆重的追掉會。追悼會開場時，八名青年軍女兵合力抬著一個大型花圈步入會場，這其中就有我的四叔。中共建政以後，像有她這樣家庭出身和個人歷史的人幾乎很難與此起彼伏的政治鬥爭脫開干係，但四叔似乎一直過著與世無爭，且不受叨擾的寧靜生活。她曾經在西安開過照相館，十多年後又輾轉流落到新疆喀什，承襲祖傳醫術，在一家醫院裡當中醫醫生。根據祖父的遺訓，凡家中女孩學了祖傳的醫術，便不得嫁人，以免家傳秘方洩露，因此她也就終身未嫁。一九八〇年我平反出獄後，和母親共同居住在四川南充。這時四叔從新疆來到湖北老家探望親人，返疆途中，專程到南充來看望母親，並將母親接去新疆與她共同生活了幾年。二〇一二年，四叔在喀什的某座養老院去世，享年八十八歲。

千里之行

一九四五年八月十五日，日本向美、英、中、蘇四大同盟國宣佈無條件投降。在那個中華民族揚眉吐氣的日子裡，恩施城裡所有商店的鞭炮都被搶購一空，大街小巷炮竹聲通宵達旦，歡聲笑語不絕於耳。而遠在城郊的校園裡，所有同學都被城內傳來的敲鑼打鼓聲感染，個個心潮澎湃，無不為這場曠日持久的民族災難的結束而倍感激動。當晚，我和幾個同學在操場上的一架雙杠旁邊興高采烈地鬧了一個通宵。

人們普遍相信，正是因為美國空軍在日本長崎、廣島兩座城市各投下一顆原子彈，這種殺傷力空前的新式武器加速了日本的潰敗與投降。依憑美國空軍的這份功勳，只要恩施飛機場的美國飛行員出現在大街上，都會受到中國老百姓的鼓掌歡迎。飛行員們也會翹起大拇指，用美式中國話說一聲「頂好！」哪怕是在陌生的中國人之間，只要無意間四目相視，也都會在笑臉相迎的眼神裡傳遞著「恭喜！恭喜！」的話語。還有傳聞說，有的酒館飯店免費請所有來客喝酒，有些商店半價義賣慶祝勝利。我們這一代人見證了這場舉國狂歡。在中華民族反抗外敵的歷史上，我們絕對是前無古人、後無來者的幸運兒，值得我們終生自豪！

抗戰勝利的當口有兩個最流行的詞彙，一個是「復員」，另一個是「接收」。「復員」是指因戰爭遷到後方來的機關、團體、學校，將遷回抗戰爆發前的原地址；「接收」是指國民政府的官員被派遣到日軍佔領過的地區即「淪陷區」去接收日偽政權應交還的政治機構和物資財產。兩件事似乎都迫不及待，各行各業立馬行動起來。我們這所學校也決定遷回戰前所在地湖北省武昌市，許多學生都先行隨他們的家長「復員」走了，沒走的學生繼續留在學校上課，待日後隨學校一同「復員」。我的父母帶著四個小弟妹先行去往武漢，留下我和哥哥隨同學校「復員」過去。父親臨走前委託他的兩個朋友照顧我們，其中一個叫夏秋樵，他是湖北省的參議員，好像是湖北省安陸縣人。星期天我們兩兄弟就到夏伯伯家裡吃飯，也由他給我們發零用錢。此後很多年我們兩家都有來往，他的大女兒夏長惠一直是我大妹的好朋友。

從恩施到武漢，人們常走的路線，是先乘汽車到靠近長江的巴東縣，然後在巴東上輪船順長江而下。我聽大人說，那時的巴東是一個僅僅只有一條街道的小縣城，根本沒有直航的輪船開出，只能寄希望於自重慶而下的船上有無空座。試想那時正是大量由陪都重慶「復員」回到漢口、南京、上海等長江下游城市的「過路客」，很少有人以巴東這麼一個小地方為終點站，所以途經的船隻很難騰出空座上客。

歸心似箭的遊子們甚至寧願冒險乘坐木船，在宜昌換乘噸位較大的輪船繼續下行。那些冒險者乘坐的木船都是些設備簡陋、全靠人力劃槳驅動的小型木結構船隻，而船行之處卻多是水流湍急、暗礁叢生，船夫們視之為「鬼門關」的三峽。這些小木船常常搭載著全家老小幾口人的性命和家當，而他們的命運也令眾多親朋為之擔憂。我每個星期天都能在夏伯伯家裡聽到某某家庭在過三峽時翻了船，全家人無一生還的噩耗。也聽他們說起過，在一次翻船事故中，一位（有名有姓的）父親在水中游向溺水的愛女時，因體力不支而雙雙被惡浪吞沒的慘像。這些頻頻發生的悲劇令我們唏噓不已。

我最早記住的一首打油詩，是從父親的一位朋友口中聽到的：「巴咸段長王瑞澤，一天忙到黑，找他要車子，沒得。」（此詩要用湖北口音念才有其深長韻味）詩中所嘲笑的「巴咸段長」，指的是巴東縣到咸豐縣的公路段段長王瑞澤，打油詩顯然是拿他無力調派汽車解決運輸壓力的窘相尋開心。事實上那年代行駛在破舊公路上的汽車很少很少，因為在民用領域，汽油是非常稀缺的燃料，偶爾出現的汽車也大多以燒煤取代燃油作為動力。這種車從外觀上就能輕易識別出來，在駕駛室和貨廂之間立著一個高約三米、直徑約三十公分的圓形煤炭爐，想必是又費煤炭，又跑不快。學校的「復員」隊伍人數眾多，大家想乘汽車代替步行只能說是做夢而已。

大約是一九四五年十月上旬，學校開始組織「復員」，按照安排，我們步行到宜昌以後，再改乘輪船到武漢。這意味著全校幾百個師生員工將翻山越嶺徒步行走，跨越從恩施到宜昌長達七百華里的路程。這個路程數字是兒時的記憶，今天想來，總覺得會不會是記錯了，怎麼可能徒步走了那麼長的一段路。那時我頭腦中牢記著父親那句「小孩子吃點苦有什麼不好」的口頭禪，但是，對體力消耗而言，說話比走路畢竟輕鬆得多。這一路走了多少天我早已忘了，但卻記下那時語文課本上有篇《老殘遊記》中的一小段字句，還可以湊合著用上：「一路秋山紅葉，老圃黃花，頗不寂寞」。我一直和比我大兩歲的同班同學張先強、也就是我的大哥走在一起。由於他的存在，我在任何學校、任何班級、甚至這長長的佇列中，都是年齡最小最小的一個，那時還不足十二歲。

出發之前，夏伯伯交給我大哥一封父親特地留下來的信，叫我倆帶給當時在宜昌當專員的于國楨伯伯，也就是接替我父親當利川縣長的那一位（大人們在背後稱他為「于麻子」，他臉上確有患天花症留下的瘢痕）。在信中父親請他給我們一些錢（好像他又正好欠我父親一點麻將錢），具體數字我已忘了，只記得在我幼小的心目中，那已經是一筆大到不敢想像的天文數字了。這麼說並不意味著父親和他的同僚們在麻將桌上的賭注有多大，畢竟平日裡我和大哥只能從父母那裡得到非常可憐的一點零用錢。到了宜昌，我們拿著信去宜昌專員公署的兩層小樓裡找于伯伯，在上樓的樓梯間拐角處立著一面碩大無比的鏡子，似乎是供來往的工作人員整理衣冠之用的。我從來沒見過那麼大的鏡子，留下了很深的印象。于伯伯見信便拿出這「一筆鉅款」交給我倆。事實上當這筆錢真正落到我和大哥的手上時，我們還是一陣眩暈，出門不知往哪個方向走，甚至不知該用來買什麼東西才好。最後除了買了些吃食以外，我還特意在輪船碼頭邊的地攤子上晃了一圈，買了一隻像鋼筆似的袖珍手電筒，因為我從來沒見過這麼小的手電筒。

輪船的噸位大約三百噸，船身的右側捆綁著一條比它長兩三米的「拖駁」（一種本身沒有動力裝置、只能用於裝人或載貨的駁輪）。上船之前，老師把我們十多個年齡最小的同學集中起來（我大哥被排除在外），讓我們和女同學同住一間船艙，以免年齡大一點的男生和這些女生同住而鬧出什麼事端。我們這些小男生一律睡在離「天花板」只有大約四十公分間距的低矮上鋪。這一趟順長江而下的船航行了多少天我已經忘了，但唯獨忘不了的是在船上出的一次大「洋相」。拖駁的尾部是一字排開的兩個單間廁所，未注明男女。某次我解手後，正站在蹲位上繫褲子，一個大姐姐突然「嘩」的一聲把門拉開，我頓時大驚失色，手足無措間提在手上的褲子滑落到地上，當時的我羞愧難耐，恨不得找個地縫鑽進去。

在船上還發生過另一樁狼狽的事，我和哥哥用於伯伯給我們的錢在宜昌街頭買了一罐臭豆腐。為了容納下盡可能多的乘客，船上的臥鋪分成好幾層，每一層之間的間隙都非常狹窄，最頂上的那一層幾乎容不下我這麼個小孩翻身。有一次我在床上動來動去又施展不開，一失手將那罐臭豆腐倒在了床頭，臭豆腐那股別致的惡臭瞬間彌散在密閉的船艙內，搞得全艙同學們叫苦不迭，實在是大煞風景。

二少爺的「誕生」

我家住在漢口市勝利街昌年裡特一號。抗日戰爭以前，這裡屬於法國租界，是精英人物匯聚的地段。我們家所住的特一號也就是當地人稱的張公館，原本是號稱顏料大王的彭少安老先生的私宅。彭是我們的黃崗同鄉，當地也有人私下議論說他是「經濟漢奸」，說抗戰期間，他曾和日本人合作，給他們提供某些戰略物資。但此時的顏料大王正住在上海的公館裡，那裡有更大的生意需要他料理，武漢就交由他的長子彭定國叔叔料理。這幢建築共兩層，彭定國叔叔住在我們家樓上。顏料大王的小兒子彭定康（他是中國人，和那位曾任「香港總督」的英國人只是同名同姓而已，當時他家住上海巨鹿路文蘭坊）和我年齡相同，雖然我們不在同一所學校念書，但因為近鄰的原因使得我和他很快成為鐵哥們。只可惜一九四八年他去了上海，慢慢地沒了聯繫。

我們家佔據底樓的十一間房。其中有三間臨街的平房，由司機、廚師和勤務兵居住。另外能容納兩部汽車的車庫上面還有三間附樓，我住在其中之一。從建築風格上看，這幢樓其實就是一座別墅，只是沒有花園，室內還有壁爐之類的取暖設施，地面是彩色的水門汀，窗戶上鑲嵌的是鏤花玻璃，客廳裡是豪華的紅木家具。我從邊遠的湖北恩施回來，住慣了農戶和學校宿舍，第一次進入這個新家時，對著這滿屋的金碧輝煌，我這個十足的鄉巴佬簡直看得瞠目結舌。

似乎是為了慶祝我和大哥的歸來，父母臨時決定，今晚就去大中華舞廳跳舞。這時，我那當了青年軍軍官的四叔也剛剛回到漢口探親，她留著男式的短髮，穿著羅斯福呢的美式軍官服打扮得男性十足，十分英武。她對眾侄兒姪女宣佈：「從今以後就叫我四叔」。這位新就任的四叔當然也和我們一起去了大中華舞廳。

那晚下著小雨，父親母親和四叔帶著衣衫襤褸的我和大哥去到了「大中華舞廳」。下車以後，我們還得走過一段五、六米長的花園通道，才能進入燈火輝煌的舞廳。他們三個衣著氣派的大人走在前面，破衣布鞋的我和大哥尾隨其後。舞廳門口立著一位油頭粉面，類似大堂經理職務的侍者。見我們走來，他立刻上前鞠躬，引我們一行人到內堂就座，並指派服務生端茶送水。那般嫻熟體貼的招待禮儀看得我內心頗為得意。這是我生平第一次到舞廳來玩，更何況這裡是父親閒暇時出入的場所，顯然檔次不低，舞廳內部的裝潢、燈光，到處閃耀奪目。所有一切促使著我的好奇心急劇膨脹，落座沒多久，我就按捺不住自小喜歡「亂說亂動」的秉性，拖著一身小叫花子似的打扮到處看稀奇。一不小心就闖入舞池，在打過蠟的舞池地板上留下了一灘接一灘的泥水印。連日來行了那麼遠的路，腳上的布鞋早已髒兮兮了，但我也毫不在意，因為下著雨，進舞廳之前又在花園走道邊糊上一腳的爛泥，所以我完全沒當回事。還沒等我反應過來自己的所作所為時，就聽到一聲吼叫：「是哪裡來的小癟三！」（後來我知道他吼的是上海話，小癟三意為小流氓）這一聲大吼像是一道緊急命令，恭候在旁的一個彪形大漢立即兇神惡煞地朝我跑來揪住我的衣領，似乎要將我這個小癟三拎起扔出門去。只是被一位英武的青年軍官擋住了，那便是我的四叔。

我回到父母的座位上，屁股還沒坐熱，那位大堂經理模樣的「油頭粉面」就端了一大盤五顏六色的糖果跑到我面前來：「二少爺，實在對不起吶，我們不認識你。」同時鞠了一個不低於九十度的躬，弄得我手足無措。其實，自從我父親在利川縣當縣長起，家裡來的那個名叫章發樹的勤務兵，從開始他就稱呼我為「二少爺」。後來我知道這是一個尊稱，卻並不知道這個尊稱的分量。而經過這次舞廳大堂經理行了個「九十度鞠躬」的大禮，我才恍然大悟，二少爺可不是鬧著玩的稱呼。正當我面對突如其來的禮遇不知如何應對時，父親走過來替我解了圍。他對「油頭粉面」擺擺手說：「沒關係，他今天剛從後方回來」。

可別小看「從後方回來」這幾個字，像武漢這類曾經被日軍佔領過的地方，當年被喚作「淪陷區」，生活在「淪陷區」的人難免脫不開「亡國奴」這頂大帽子。八年抗戰歲月裡，人們積蓄在心中的民族主義情緒更是加重了這「頂帽子」的份量。而從抗日「大後方回來」這五個字，一說出口彷彿象徵著一種曾經為抗戰出過力的榮譽。所以抗日戰爭剛剛勝利的那一兩年，在武漢這類曾經淪陷過的城市街上，能用四川話罵一句「龜兒子」的人都被視作好漢。挨罵的人八成都只好忍氣吞聲，因為他不知道他冒犯的是不是一位抗日英雄。

這時音樂聲響起，父母和四叔以及眾多西裝革履、珠光寶氣的大人在舞池裡翩翩起舞。一曲終了，「油頭粉面」似乎意欲未盡，生怕沒把我伺候舒服，又牽著一個十多歲的小女孩過來笑嘻嘻地對我說：「二少爺，讓我們這裡的小舞女陪你跳跳舞好嗎？」我害羞地說：「我不會跳。」他說：「她可以教你嘛！」這時，坐在我身邊的父親皺了一下眉頭說：「算了。」他們便轉身離去。

我們離開舞廳的時候，「油頭粉面」一直把我們送到汽車跟前，他開口閉口喚個沒完的二少爺甚是熱情倍加，並再三叮囑說：「歡迎有空來玩。」這原本是一句客套話，不諳世事的我卻聽得十分認真，日後也就真的常常去舞廳裡玩耍。不過那時我早已渾身上下煥然一新，澈底和「小癟三」的乞丐行頭說再見了。穿上時新的毛料茄克衫，嗶嘰褲子，腳上蹬的不是球鞋便是皮鞋，真正像一個派頭十足的「二少爺」樣子了。

雖然我誤把「油頭粉面」的客套話當成真摯的邀請而常往舞廳裡鑽，但我從來沒有在那裡跳過一次舞，甚至壓根兒也沒想過要跳舞，每次去那裡不過就是聽聽音樂而已。「大中華舞廳」的樂池在樓上，樂池背後有幾間舞女的休息室和化粧室。我常常坐在樂池邊，全神貫注地端詳著那些吹奏各種樂器的演奏者，他們手中那些形狀各異聲音不同的「管」、「號」，揉合在一起竟能鳴奏出如此恬靜如此跳躍、如此歡樂如此憂傷的曼妙曲調。甚至演奏者搖頭晃腦、如醉如癡的姿態，在我看來都是那麼流暢瀟灑，別有韻味。

有一次，我在後臺看見兩個舞女吵了起來，其中一個口若懸河舌如利刃，罵得另一個狼狽不堪，完全還不上嘴。不一會，有客人點了這個在爭吵中敗下陣來的舞女唱一首歌。這是一首用古粵曲《旱天雷》譜成的流行歌曲，歌名記不住了，但我記得其中有這樣的一段歌詞：

「秋風起（過門），秋雲低（過門），一片片的落葉滿階庭，遠望天邊漫無際，只有一隻失群的孤雁，（過門）彷彷徨徨向著北面飛，雁呀，你可是與我一樣地有人欺負沒人憐。誰個有真情，不過是見你青春的美貌，才供給他片刻的留連，片刻的賞鑒。誰來管你，春去秋來，一年老一年。」

看來這段歌詞的含義撥動了這位舞女心緒中那根最脆弱的弦，她唱得淚流滿面，幾度哽咽。這場面使我大為震驚！這首歌的歌詞並不算經典，卻因歌唱者為之黯然神傷的面容讓我終生難忘。它告訴我，在這些聲色犬馬的背後，或許也有著不可名狀的悲傷。我似乎從這裡看到了生活的另一面，對我來說，這也許就叫作成長。

不知道是不是「大中華舞廳」裡的人向我父親轉述了我常去聽音樂的事，也可能只是一種巧合。總之沒過多久，我們家也開了一家舞廳，規模比「大中華舞廳」大出不少，是租用「勵志社」（這是當年比較有名的社團，專為黃埔軍校的軍官服務的高級俱樂部）名下的一座禮堂開辦的。舞廳的大門前立著一個頭戴白色船形帽、身穿白衣白褲的男孩，他專為來客開門並行鞠躬禮。這個被客人們喚作Boy的男孩身高和我差不多，不知為什麼，每次我走到舞廳門口時，從來都不敢對視他的眼睛。在我們家開辦的這家舞廳裡，樂池設在一座很大的舞臺之上，舞臺的耳幕邊甚至專門為「二少爺」設置了一把座椅，讓我可以在那裡如癡如醉地欣賞音樂，此時我對音樂的迷戀簡直到了走火如魔的程度。

每到週末，我和大哥從武昌放學回到漢口，如果電影院裡正放映著藝術品位不錯的電影，父親會提前買好票帶我們去看。我特別喜歡的是講述波蘭愛國鋼琴家蕭邦的傳記影片《一曲難忘》，還有關於施特勞斯的傳記音樂片《翠堤春曉》，傳記電影《居里夫人》，音樂片《幻想曲》等等，許多感人畫面至今記憶猶新。

武漢有一條非常繁華的商業街，名叫交通路，全武漢最大的一家書店就在那裡，父親時常去那裡買書，有一回我還看見他買回來幾本全英文的書籍，都是一些國外學者關於中國問題的學術研究。另外，「二少爺」各式各樣的行頭也是在這條路上的一家高級定制店裡定做的，用的都是進口的毛料，如麥爾登、舍維呢等。這些毛料非常昂貴，按店裡的規矩，定制服裝的工時費用是所用毛料價格的一半，也是一筆很不小的錢。這些毛料衣褲從量尺寸到最後成型，總共要經過三次到店試穿，搞得我很不耐煩，還是在父母的執意下才乖乖從命的。

更有意思的是，還是在這條街上，有一家名叫正豐商號的雜貨店，店裡鋪面不寬，售賣一些人參之類的地方特產。這家商號名義上的大老闆竟然是「張先知」，我當然既沒有過問過商號的經營，也不懂得任何交易買賣的規則。但每逢春節，商號必派「高級黃包車」接我去店裡團年，恭恭敬敬地把我奉在上席的座位上。那種感覺十分彆扭，我也不得不從命。另外，我還很清楚地知道，在黃陂路附近有一家煤場，父親還帶我和大哥去看過，這家煤場名義上的大老闆就是我的大哥張先強。

我至今不知道這些產業是如何落到我和大哥名下的，但說它們是父親作為抗戰勝利後的接收大員順手牽羊撈來的「外快」，也應該是八九不離十。我同時還知道不少父親的同僚也用類似的辦法「經營」著別的產業。當時只覺得是習以為常的社會風氣而已，絲毫沒有意識到，這已是大廈即將崩塌的前兆了。

實驗中學的「明星」

實驗中學遷回武漢以後，校址設在武昌的東卷棚。校門面前是一條寬敞的街道，街口豎立著一個又寬又高的木質牌坊，牌坊上寫著「唯楚有才」四個一公尺見方的大字。武漢淪陷以後，「唯楚有才」的實驗中學被日本佔領，改建成一個後勤運輸部隊的駐地。我們「復員」回到學校時，操場四周還停留著大量被遺棄的，個個機械殘破，油漆斑駁的日本軍用卡車。大家看著這些曾經被用於戰爭的車輛，心裡很不是滋味。不過，很快這些在操場邊一字排開的破銅爛鐵就成為了全校同學的遊樂場，我們爬到車裡去玩，在卡車群裡捉迷藏，從駕駛室或發動機罩裡拆下幾樣零件下來當玩具，大家玩得不亦樂乎。

學校仍然像在恩施時一樣，是一座全封閉式的寄宿學校。只是學校不再提供免費的伙食，學生必須按月交納在校期間的膳食費用。據說因為校舍吃緊，住宿床位有限，允許少數家住武昌本地的同學「走讀」，即每晚回家住宿。「走讀生」只在學校裡吃一頓午飯，所以只用交午飯費即可。我和絕大部分同學一樣，家住在漢口，每週星期六下午放學後，在渡船碼頭乘輪渡過長江回家，星期天下午再由漢口返回學校。我那時操著一口四川話，一聽就是才從大後方「復員」歸來的人。雖不過是一個在兩座城市之間來來往往的小年輕，但在一船的漢口本地人裡我卻顯得尤為特別，頭上總是頂著一圈抗戰英雄的光環，溢於言表的自豪和驕傲寫在我的臉上。我翹首期盼這個百廢待興的國家重新恢復元氣。

這時的我又長大了一點，調皮搗蛋的性格和不認真念書的習慣愈加凸顯。學校背後有一座鋼筋水泥結構的碉堡，碉堡內部遍地可見步槍子彈殼和打穿的鋼盔。顯然這裡曾經發生過激烈的戰爭，日軍投降撤出後，這裡成了一片無人問津的廢墟。對我們幾個頑童來說，這裡簡直就是蘊藏著無數寶藏的聖地。我們經常偷偷跑到這裡來玩。有一次我心不在焉地在碉堡裡搗鼓時發現了一個小木盒，打開一看，裡面裝的全是維生素A、B、C、D之類的小藥瓶，而且封裝完好無損。那時我已大概瞭解這些藥品均為人體營養所需，就異想天開地想單靠服用這些藥物來維持營養，以便可以像走讀生那樣省下早晚兩頓的伙食費。事實上我也確實這麼幹了，省出來的錢倒是滿足了不少吃喝玩樂的小心願。只是那個月裡我每天只有一頓主食，整天饑腸轆轆好不難受。

一場大戰結束後，市場上必會出現一個有趣的現象——剩餘的軍用物資充斥大街小巷。從日本人的服裝到美國人的日用品，琳琅滿目的新鮮玩意兒看得我眼花繚亂，實惠的價格也是老百姓都能接受的。當時很多同學都使用日本生產的派拉特牌（Pilot）鋼筆；不少家庭的餐桌上也頻頻出現美國大兵的斯帕姆牌（SPAM）午餐肉罐頭。戰爭結束後，大批剩餘的軍需物資何去何從是一個頗讓人頭疼的問題。早在一九四三年，頗有遠見的美國政府就牽頭成立了「聯合國善後救濟總署」，旨在向多個因戰爭而遭受巨大損失的國家提供援助，歸心似箭的美軍將士遺留在亞洲戰場的大量軍需物資因而得以就地消化。但在中國，明明應當由救濟組織免費發放的食品、藥物、器械卻通過各種來路不明的管道流入民間市場，這毫無疑問是國民黨政府大量貪官汙吏瘋狂斂財的行徑所導致的惡果。

某個星期天傍晚，我在返校的途中看見地攤上正在販賣美軍的單兵速食品，全是磚頭大小的褐色牛皮紙盒，印有不同顏色的花紋和「Breakfast」（早餐）、「Lunch」（午餐）以及「Dinner」（晚餐）的字樣，一盒一盒堆在地上。我隨便拆了兩盒，發現裡面的內容大同小異：一個午餐肉罐頭，四片餅乾，一大塊巧克力，一塊方糖和一小包檸檬粉。此外，還有四支對我來說毫無用處的駱駝牌香煙和幾根紙火柴。一問價錢，簡直不敢相信自己的耳朵，折合成現今（也就是二〇一六年）的人民幣，大約不足五元錢。其中光是那一大塊分量驚人的進口巧克力也遠遠不止這個價。小孩子有誰不喜歡吃巧克力呢？我當場掏錢買了一盒，以後每個星期天我都會在返校的途中順便買上一兩盒美軍速食品以「維修」我的「五臟廟」。（母親當年用南京人的口頭禪「修五臟廟」來形容我迷戀零食的惡習）

又是一個返校的週末，我照例買了一盒「軍用零食」帶回學校。晚自習開始後，我開始在座位上拆食品盒，先吃巧克力，然後是餅乾，我用風捲殘雲般的速度吃光盒子裡的食物，意猶未盡時竟當眾在教室裡抽出一支香煙點燃叼在嘴上。其實我每次都會把盒子裡附帶的香煙直接扔掉，因為我根本不會抽煙，也對抽煙這事毫無興趣。唯獨這次純粹是為了在同學面前顯擺，便點了一支裝裝樣子，覺得很好玩。恰恰就在這時，我們那位被稱為「何黑皮」的校長走進了教室，一進門就用嚴厲的目光鎖定了正在「吞雲吐霧」的我。憤怒的校長三步並著兩步跨到我面前，我還沒來得及躲避，他手中的拐杖就伸了過來，並直接用把手處的彎鉤鉤住我的脖子，硬生生把我拖出教室。在那個倒了大黴的晚上，他就這麼鉤著我的脖子走遍了全校的每一間教室，甚至把每間教室裡課桌之間的每一條過道都繞著走完。他一邊鉤著我到處遊行，一邊不停地用他那口純正的湖北話喊著：「我逮著一個『煙犯』囉！」「我逮著一個『煙犯』囉！」何校長所用這個「犯」字，真可謂一語成讖。

這件事讓我澈底揚「名」實驗中學。等到下一個星期六回家吃飯時，父親在餐桌上用半開玩笑的口氣對母親說：「我們家的張先知是實驗中學的一顆『明星』，上至校長，下至伙夫（那年代對炊事員的稱呼），沒有一個人不認識他。」

最後的日本租界

對我這個從大後方來到大城市漢口的鄉巴佬來說，「租界」實在是聞所未聞的事物。我家所住的勝利街昌年裡特一號位於舊時的法租界領域內。後來我聽當地人說，法國租界的兩側各是英國租界和德國租界，此外漢口市還一度設立過日本租界、俄國租界和比利時租界。幾個租界收回的時間各不相同，法租界為最遲，直到抗戰勝利後，國民政府才從受降的日本佔領軍手中接收了這一片街區。但人們仍然在描述地址時習慣性地加上「舊租界」的首碼，比如我告訴同學時，我就說家住在舊法國租界勝利街。

我想起在恩施的時候，曾無數次看到美國飛虎隊的戰鬥機從恩施機場騰空而起，一舉奪走日本飛機長期霸佔的制空權，恩施縣城裡拉響空襲警報的次數也因此一天天減少。抗戰勝利後，我們「復員」回到武漢，電影院成為全家人經常光顧的地方。放映的影片中，很多是根據美軍在太平洋戰場上的真實經歷拍攝的故事片和紀錄片，如《血戰中途島》、《硫磺島登陸》等等。我們看過之後，深深地為美國軍隊強大的作戰能力所折服。聯想到日本最終投降是因為本土挨了兩顆美國原子彈，於是我那時很想問父親一個問題，既然美國這麼厲害了，為什麼它不像日俄法德那樣來占一點中國人的便宜？諾大的武漢市里，竟然沒有被稱作美國租界或者舊美國租界的街區！對此，還在讀中學的我完全不知該作何解釋。

很多年後，我讀到一篇流沙河的講稿，講他十三歲時曾在美軍軍用機場幹過活，和所有在那兒勞動的大人吃一樣的伙食：糙米飯就鹽拌蘿蔔絲。雖然他在講稿裡也沒有直接回答我那愚蠢的問題，但他卻用自己兒時的經歷解答了我兒時的疑惑——「另外我還要講講美國人的善良。我們中國人，我們貧窮，我們沒有自尊心，我們不爭氣——我們那麼多中國人，去偷機場裡面美軍的軍用品，美軍從來沒有來追查過。在我的家鄉，每天黃昏後地下擺的攤子賣的全是軍用品，賊貨。偷來的美軍皮靴、腰帶、衣裳、罐頭——連花生米罐頭都偷，最後就是美軍衛生用紙，一捆一捆的偷出來在那裡賣。任何美軍都沒有來追查，換了其他國家是做不到的。美國人單純天真，而且體諒窮人，曉得你們這個國家沒有辦法。搞到什麼程度，連美國人的槍都要偷，流落出許多卡賓槍，美國空軍戰士用的那種短卡賓。是由於這些美國兵，他們自由散漫慣了，他們進食堂吃飯有個規定：不允許帶武器進入。所有卡賓槍都在食堂外的牆邊排成一排，結果吃了飯出來發現槍被偷了。偷了美國人還是就算了，說沒關係他又去領。偷美國人皮靴的情況是，美國兵的營房晚上睡覺他們要空氣流通不關門，第二天早上起來就哇啦哇啦鬧鞋子沒有了，於是再去領一雙。」

與之形成對比的是，在武漢的某一天，我在渡輪上聽到身邊的幾個陌生人聊天。說是在淪陷時期，日軍抓到了一名美軍戰鬥機駕駛員，他的飛機剛剛墜落在附近。可惡的日本鬼子把這位空軍飛行員綁在一部汽車後面滿街遊行，引來不少中國人圍觀看熱鬧，有人拿水潑他，還有人撿石頭向他砸去。聽到這個故事的我心如刀絞，想起那些身材高大、制服上繡著一枚老虎圖案臂章的飛虎隊英雄們竟然會遭受如此羞辱，而那幾個成年人聊起此事竟毫無愧色。當時我很想跳起來狠狠教訓他們幾句。但無奈年紀太小，還是沒去幹這種自不量力的事情。

我剛回到武漢家中不久，國民政府開始陸續將居住在漢口的日本僑民遣返回國，日本僑民原本都居住在日本租界裡。每個星期天，日本租界便對外開放，任何人都可以自由進出。和日本人打了八年仗，我這個中國少年還從來沒見過一個日本人，實在有點說不過去。有一天又聽大人們說，日本婦女見到男人就要鞠躬，更讓我產生了想要一睹日本姑娘風情的強烈願望。正好日本租界離我家很近，我整天在學校盼望著星期天快快到來，磨皮擦癢地度過了漫長的一周。

星期天我起了個早，興沖沖地跑去日本租界「觀光」。那時聚居於此的日本僑民已經知道他們行將被遣返回國，許多家庭在門前擺攤，出售他們無法帶走的日用雜物，也有些日本婦女製作的小工藝品，價格都很便宜。很多家庭販售攤面前都圍滿了中國人，乍一看這裡還挺繁榮，和我想像中門庭蕭瑟的景象大為不同。

聽說政府加快了遣返日本僑民的進程，我也就乾脆一連幾周都去日本租界閒逛。有一次，我看見一個中國青年和一個日本老人發生爭吵，估計是交易商品時鬧了點不愉快，我聽見中國青年對日本老人吼道：「不管怎樣，你充其量只是個亡國奴！」那個日本老頭滿臉鬍鬚，下巴處還長著一顆碩大的痣，我看見他氣得齜牙咧嘴，臉部隱隱抽動時鬍鬚跟著發抖，痣也在抖動。他恨恨地說：「你們中國，是一等的強國，三等的國民！」老人的表情和他迸出來的這句話，給了我極深極深的印象。

日本僑民撤走以後，我們家在租界內佔據了一棟三層樓的房子，估計是我父親以接受的名義侵吞的財產。我也到那棟樓去看過兩次，也順便在租界裡探看了幾戶人去樓空的屋舍，發現有一家日本人在臨行前砸碎了他家所有的瓷器。我俯身在滿地的碎瓷片裡隨手撿起幾片，這些瓷器的圖案、紋路、樣式都十分別致精美，瓷器的背面印著Made in Japan（日本製造）。過去我認為只有江西景德鎮才能出產如此精美的瓷器，沒想到日本人也精於此道。我們通常見到的陶瓷盤子都是園形的，而這種日本樣式的瓷盤卻是方形的，方盤上會有一些點到為止的色彩點綴，和中國瓷器上常見的複雜繪圖完全不是一種風格。日式瓷器那種別致更讓我感到嘆服！這麼精美的藝術品，卻被無法帶走它的主人砸得粉碎。我一邊在心裡罵著這個狠心的日本人為什麼要做如此不留餘地的事，一邊開始遍地尋找，希望能有一隻完整的瓷器能僥倖逃過又一劫，我便可以收作紀念。但最終沒能遂願！

同樣沒能遂願的是：我想要一睹日本姑娘在我面前鞠躬的願望。那時整個租界裡的日本人都一心想著趁早賤賣掉所有不能帶走的器物。我這種明顯是跑去閒逛又不買東西的小孩，當然是沒人搭理的。

在日本僑民被遣返回國的同時，遣返日本戰俘的工作也陸續展開。那時我就已經知道，根據國際條約的規定，所有戰俘都有權被送回其祖國。但有規矩的地方就難免有例外，我們家因此新來了一名日本籍汽車司機，名叫小林少雄。因為家裡人口多，光被喚為少爺小姐的孩子就七、八個，再加上幾個大人，全家出行頗費周折。所以，除一部雪佛蘭臥車外，家裡還有一部軍用吉普車。但全家會駕駛汽車的就我父親一個人。我聽大人們說，日本戰俘悉數遣返後，整個武漢還留下三名日本戰俘，配給當地頂尖級的官員作家庭司機。我知道武漢警備司令部的司令彭善將軍家就有一名戰俘司機，他家的那個日本人有時會來找我家的小林君聊天，剩下的那個戰俘司機是替誰家開車我早已忘了。

這時我父親的繼母也由黃岡老家遷到了漢口，按習俗她應該被我們喚作奶奶，但我們的外祖母一直和我們生活在一起，家裡孩子從小就喚外祖母為奶奶。為了區分這兩位奶奶，父母決定，原來被喚作奶奶的外祖母改稱南京奶奶，新近由黃岡來的奶奶稱作湖北奶奶。問題是這兩個奶奶水火不容，成天吵鬧不休，家無一日安寧。有一天，我父親好不容易制止了一場爭吵，故意嚇唬兩位奶奶說：「你們兩個一天吵到晚，以後這個日本人回了國，寫一本回憶錄給日本人看，看他把你們兩個中國老太太描寫成什麼樣子」。

從此二人偃旗息鼓，看來還是日本人厲害。

跛腳的小說迷

在我讀初中二年級下學期時，有一次和同學騎自行車去日本租界玩耍，夏夜裡有很多小蟲子聚集在路燈的燈光下，我們騎車經過時，一隻蟲子飛到我的胳膊上，我騰出另一隻手去拍打的時候身體失去平衡，自行車的龍頭偏離了方向，連人帶車一頭衝向路邊的水泥電線杆，我因此摔斷了自己的左腳。

昌年裡內正好住著一位年邁的骨科醫生，我母親派勤務兵把我送到醫生家裡。傳統的骨科醫生大約是通過捏拿患者的受傷部位，通過觸感和患者的回饋來判斷何處受傷。這種診治方式十分痛苦，每當他按壓我受傷的部位時，我都會被痛得哎喲哎喲地叫喚，緊張的母親便會從她的手袋掏出一枚銀元放進我的手心，以此安撫我的情緒。如此再三，我在之後的每次診療過程中都得到三四塊銀元的外快，想不到骨折之後還有這般意想不到的好處。

對我這麼個「好動症」來說，養傷的時間非常漫長，只能臥床休息，哪裡也去不了。父親給我找來了兩本書，記得有一本是蓋達爾的《文件》，另一本記不清作者了，只記得書名叫《人怎樣變成巨人》。老實說，這兩本書的印象都不深，倒是某位同學借我的一本俄國作家屠格涅夫的《貴族之家》，使我深為迷戀。看完以後，我又找來《羅亭》、《前夜》等等屠氏作品挨個讀完，除了那本《獵人筆記》讓我感到索然無味以外，屠格涅夫其餘的小說我都很喜歡，甚至可以毫不誇張地說，是屠格涅夫老先生把我引進了俄國小說之門。

從這次臥床養傷開始，在讀書方面我漸漸地養成了一個習慣，即如果我喜歡上某位作家的一部作品，就要想方設法將這位作家的主要作品都找來讀完。至今記得，我又在病床上接連讀了托爾斯泰、契訶夫、陀斯妥耶夫斯基等俄國著名作家的經典名作，他們所展示的人文關懷使我受用終生。近年來，我常常反思自己的成長經歷，早年的我，為什麼會那麼心服口服地全盤接受「左」傾思潮？除了社會不公、貧富懸殊、國民黨官員的腐敗、老師和同學中的地下黨員煽動作勢的原因之外，我本人的無知與盲從也難辭其咎。日後我竟然將蘇聯文學家與這些偉大的俄國文豪混為一談，雖然前者之中也湧現過某些偉大的作家和作品，但畢竟都是帶有強烈意識形態的產物。我因為自己的愚昧，在精神與認知的層面走過很長的彎路。

當年學生中也不乏熱衷武俠小說者，我手足情深的大哥就是其中之一，什麼《七俠五義》、《小五義》、《七劍十三俠》之類的，說起來書名都長得差不多。父親還因為他太沉溺於武俠小說而批評過他，不過也沒什麼作用。反倒是大哥對武俠小說的一往情深激起了我的好奇心，我找來一本《羅通掃北》，勉強翻完，絲毫提不起興趣，從此與這類書籍絕交。

中國的古典小說，除了幾部眾所周知的經典以外，我看得不多。但現、當代文學中的名家名作，自己不僅有意找來讀，學校的教科書也做了相當的引導，到頭來我還真的認真讀過不少。其中魯迅先生的作品一直為我所最愛，興許是我讀過的中國小說也算不上多，而原因又恰恰是接受了他老人家的忠告。（魯迅先生曾於一九二五年一月在《京報副刊》上撰文，聲稱「我以為要少——或者竟不——看中國書，多看外國書」。）

有一次，家裡來了一位客人，好像叫張篤周（我希望這個名字沒有記錯），是個四川人。他在我們家借住了幾日，偶然間，他發現我大哥平日裡全神貫注讀著的那本書竟然是《金瓶梅》，便忍不住非常嚴厲地批評他說：「你怎麼看這些淫書？」大哥不置可否。我從此便知曉還有「淫書」這麼一說。後來也慢慢知道了一些關於「淫書」的傳聞，只是我好奇心始終沒有被它挑動起來。估計是因為那時我年齡太小，在性方面的興趣還處在冬眠狀態。後來隨著年齡的漸長，我也曾看過一本類似「淫書」的小說：馮玉奇的《紙醉金迷》。這本書同樣也沒有給我留下任何印象。接著我又把目光轉向言情小說領域，剛看完著名作家張恨水的暢銷書《金粉世家》，就及時得到雨果和巴爾紮克的出手相救，把我拉到法國文學中去了。

大約就是在這段時間，國民政府為抗日戰爭時期的將級軍官分發了一批具有紀念意義的戰利品，給我們家拉來整整一大卡車。有日本生產的軍用服裝和棉被，戰備之用的餅乾糖果百餘小袋，大包小包堆滿了整個樓梯間，一看就是品質上乘的物資。另外還有手槍十支，日軍軍官佩戴的指揮軍刀十餘把，甚至還有一部摩托車。我父親只收下手槍，將一大捆指揮刀扔在我房間隔壁的樓梯拐角處，摩托車則被遺棄在通往廁所的走道邊。小男孩難免會對刀槍棍棒之類的玩意兒產生濃厚的興趣，在我經常觀賞的那些美國電影裡，英武健壯的古代俠士持劍搏鬥的武打場面見得不少，我也對電影裡那些佩劍的俠士心儀已久。父親前腳離開，我後腳就溜到隔壁，拿起指揮刀來好好端詳。這些指揮刀的刀刃長約一米有餘，寒光閃閃鋒利無比，刀柄長約二十餘公分，有十分精美的金色鏤花鑲嵌其中。之後每逢節假日，我和大哥便藏在我的房間裡，學著電影裡的搏鬥場面，一人手執一把指揮刀相互「廝殺」，竟然也沒「殺」出什麼意外，最後把所有的軍刀通通「殺」成一堆廢鐵。

我對那部摩托車也頗感興趣，並在家裡揚言要學著駕駛，正發愁究竟該找誰來教我時，父親的同僚鮑步初上校來到我家和父母聊天。他是一名空軍上校，聊天中提到前些天有人到軍用機場學開摩托車，慌亂之中連人帶摩托一起鑽進了一部卡車的腹下，這位學開摩托的倒楣蛋頓時化成了一攤肉泥。言者無意，聽者有心，我母親立即吩咐勤務兵買來一把大型鐵鎖，將摩托車鎖在牆邊。等到幾年後我們全家離開武漢時，這部無人問津的摩托車早已鏽跡斑斑，塵埃滿面地變成了一堆廢鐵。

博文中學二三事

因治療腿傷中斷了幾周的課程，更因為在此期間我培養起對閱讀小說的偏好，致使初中二年級下學期我的學習成績急劇下降。我一邊在課堂上捧著小說「埋頭苦讀」，一邊惴惴不安地自己安慰事情還沒發展到留級的地步。到了學期終了時，我那張本來就見不得人的成績單上終於「錦上添花」，出現了「留級」二字，這意味著我將重讀一年初中二年級。如前所敘，我自小就和我大哥同班，如今我留一級，不得不面對比他低一個年級的尷尬處境。此時我的自尊心實在難以承受這樣丟人現眼的下場。於是決心轉學，心想如果能轉到別的學校去讀初中三年級，自己的面子就能保住了。

但問題是，如果轉到一些不入流的學校，父母肯定不會同意。幾經打聽之後，我決定轉到聞名遐邇的博文中學去讀書。這是一所設在武昌大東門外的基督教教會中學，其名聲甚至在實驗中學之上。我料定父母肯定想不出拒絕的理由。雖然這所私立學校的收費昂貴，但此時我家的經濟狀況相當優渥，多出來的那點學費與平日裡父母在麻將桌上的開銷比起來，可以說是不值一提。不過他們提了一個附加條件，就是要大哥和我一同轉到這所學校去。我的父母總認為我應當待在大哥身邊，生活中他可以充當我的榜樣，學習上又可以督促我。然而事實卻是，他在我的心目中兩樣都不是。因為老實巴交的大哥根本管不了我，他真正扮演的角色僅僅是一個和我有血緣關係的同班同學而已。不過他一直待我不錯。

我知道要考入這所名校當插班生絕非輕而易舉，對我這種「留級生」而言，唯一的捷徑就是利用暑假的兩個月拼命補習功課。俗話說，「平時不燒香，臨時抱佛腳」，一遇到大考，同學們就拿這句話自嘲。我也馬虎不得，到處向同學「取經」。很快我就打聽到有一個同學家裡常年聘有家庭教師，而且他又正好和我住得很近。在取得他家長的同意後，我分攤了一部分學費，於是每天去他家裡補習代數、幾何和化學這三門讓我望而生畏的科目。寫書的此時，我很想用一個冠冕堂皇的說法來形容這場相當艱苦的考前準備，想來想去還是覺得大陸官方慣用的軍隊語言最為貼切，那就是「打了一場硬仗」。說起來慚愧，年輕的時候也算受過經典文學薰陶的，真正輪到自己組織語言來形容一些事物時，腦子裡浮現出的還是政治宣傳裡常用的詞彙。「硬仗」過後，「階段性的勝利」便自不待言，最終我和大哥雙雙考入博文中學初中三年級，但我和他並沒有分在同一個班，真是謝天謝地。

博文中學可以被稱作「貴族學校」，十九世紀末由英國基督教循道公會創辦，只招收男性學生。教師中有幾位英國人，他們除了教授英語之外，還兼任物理化學等各科任課老師，其中歐卓志老師和力志新老師分別教過我英語和物理。毫無疑問，外籍老師共同的業餘愛好就是傳教。不過抗日戰爭以後，教會學校已經普遍取消了戰前那種強制學生讀聖經做禮拜的做法，基本的原則只有一條——「信不信由你」。每週星期五，英國老師會邀請一些「候補信徒」到他家裡去「查經」（解讀聖經）。在沒有小說可看的時候，我也參加過幾次，雖然未深入教義，但也毫無反感。只是沒過多久，我又重操舊業，一頭紮進左拉和司湯達的鴻篇巨著中，上課時裝模作樣地在課桌上放著當堂教材，半開的抽屜縫裡露出一行行小說裡故事情節……

記憶中從我讀小學開始，不論在哪所學校、哪個班級，我好像都是年齡最小的一個，也許還是課外書、特別是文學書藉讀得最多的一個。但遺憾的是，無論在哪裡，我必定都是最調皮搗蛋的那個。

那時學校裡，同是一個年級的學生，相互之間年齡差距卻很大。像我們這個班，最「老」的一個居然已經二十歲了，還有一個結了婚的（當然是早婚），十五、六歲年齡的比比皆是。年齡的成熟意味著他們都進入了焦躁不安的青春期。和那些老傢伙不同，班上年齡最小的三個同學還未發育出明顯的男性性別特徵，說話聲音像女孩般輕柔。在全班沒有一個女同學的情況下，年長的同學便把對女孩的想像和渴求寄託在這三個小男生身上。不幸的是，我就是其中之一。

大齡同學給我和另外兩個年齡最小的同學分別取的不雅綽號，成為了我青年時代裡最不願向人啟齒的「心病」。三人中我年齡最小，綽號「小婊子」，在湖北方言中，這算是難聽到極點的惡名。比我大一歲的匡裕複同學，其「聲名」比我還要惡劣，被喚作「臭婊子」。另一個叫王以禮的同學，他的綽號說起來簡直令我都感到同情，竟然叫「騷婊子」。我們幾個「婊子」常常在課間慘遭那些大齡同學的「性騷擾」，主要的方式就是強吻我們的臉頰，甚至被按在課桌上「輪吻」。但不管是當時還是現在，我都認為這類惡作劇只不過是同學之間的逗樂而已，最多只能算沾了一點「性意味」的玩笑，從未將其視作真正下流的行為。現在想來，的確是因為學校裡一個女生都沒有的原因，大家才會如此胡鬧啊！

博文中學距離武漢大學很近，有些武大教職員工的子弟也在博文中學讀書。我們班上也有幾個。其中一位名叫劉茂蕤（時任武漢大學文學院院長劉永濟的次子，劉永濟與其夫人雙雙於文革初期去世），和我的關係還不錯，我們不僅是同桌，而且還經常相約去游泳。武漢大學邊的東湖是有名的游泳消夏之地，湖水清澈無比，記憶中湖面甚至飄有一絲清香，湖上遊船點點，令人神往。劉同學多次帶我到東湖去游泳，我的水性很好，還曾潛入湖底測試手腕上那只防水手錶的抗壓能力。每次我去游泳時都會途經武漢大學的校園，我對校園裡那些「開口希臘、閉口羅馬」、舉止瀟灑的大學生欽羨不已。

博文中學是一所全封閉的學校，管理十分嚴格，除了星期六可以離校，平日裡你休想跨出校門一步。由於校內的小賣部各種零食一應俱全，基本能滿足我修建「五臟廟」的物質需要，所以我從未嘗試

「越獄」跑出去。在學校裡，擅自離校被發現之後，最低的處分也是記大過一次，嚴重者甚至會被開除學藉。我在這裡待了一年，竟然從未受過處分，想來也真是難能可貴了。

從初中三年級開始，我的學習成績發生了嚴重地「兩極分化」：語文、英語名列前茅，數學理化慘不忍睹。初三上半學期，父親看罷我的成績單，怒道：「代數五分，幾何十分，學費那麼貴，兩門加起來不及格我還好想一點，連乘起來都不及格……」他搖頭歎息的樣子至今我仍歷歷在目。

替代畢業證書的《同學錄》

畢業前，同學們決定印一本同學錄，籌備班會上大家一致推舉我來操辦這件事。其實只是因為那幾個通曉世事的大齡同學知道我父親是做官的，所以認為我可以依靠家裡長輩不同凡響的社會影響力去籌募經費。慣常的募款方式是去電影院包一場電影，然後精印幾十張「榮譽券」，其實就是電影票，只是在名義和形式上看起來更隆重而已。「榮譽券」由同學們分頭去推銷，價格大約是那張電影票面價值的二十多倍，賺來的錢便可以用來印製同學錄。我理所當然地承擔了推銷所有榮譽券的「擔子」，一回家便把這份「榮譽」轉手，讓給那些經常來家裡和父母打牌或者閒聊的叔叔伯伯。他們要麼也是做官的，要麼就是商賈巨富，之所以願意掏錢買下價格形同「敲詐」的榮譽券，原因也很簡單：因為我是張家駒家的二少爺。雖然我父親根本不知道我幹的這些勾當，但叔叔伯伯們還是給足了我面子。

那天放映的是一部好萊塢的低檔娛樂片，名叫《海軍之花》。電影院是位於沿江大道的「維多利亞電影院」。果不其然，「榮譽席」上空空蕩蕩，無一人就座，我料到如此，那些大忙人怎麼可能會來呢？反正他們付的錢我早已交給了印刷廠，募捐大功告成之後，場面冷清與否於我毫無干係。退一步說，倘若真有哪位叔叔伯伯來給我們捧場，我還有點不好意思，因為這部電影實在很乏味。我這個樂哈哈的少年當時還沒意識到推銷「榮譽券」是一門可從中中飽私囊的「大買賣」，否則我的「五臟廟」又可趁機翻修一新了。

幸好有這樣一本印有個人照片的精裝本同學錄，它已成為證明我的初中學歷的唯一證據，因為「乘起來都不及格」的數學成績，所以在一所認真興辦教育的學校裡是不可能領到畢業證的。不過，我也絕不是早早料到可能不夠格拿畢業證，才積極地參加了推銷工作。老實說，六十多年前，我離老奸巨猾這份「榮譽」還差很遠很遠。

博文中學給我的另一個恩惠，就是讓我進一步地親近音樂。幾年前我雖然在舞廳裡欣賞過很多流行音樂，但真正引領著我的心靈去擁抱真善美的，還是那些從經典名曲中改編過來的歌曲。博文中學的音樂老師所教唱的那些世界名曲（包括讚美詩），可以毫不誇張地說，讓我受益終生。

誰也無法預測你未來的人生路上是長滿鮮花還是佈滿荊棘，我在博文中學入校學到的第一首歌名叫《天涯團契歌》。從歌名上看，它像是一首基督教歌曲，但唱出口時，歌詞裡對友情的讚美，對純真信仰的共同堅守（我認為這些都是人類的美好情愫）令我深受震憾。

「多年朋友共知心，一旦忽然兩地分，重見不知何月日？臨行倍覺舊情深，共仰慈悲神。引領、引領，同度山高水深，共仰慈悲神，同一信，同一信，天涯團契心心印」。

多年以後，在我被迫吼唱用毛澤東的語錄編寫的《語錄歌》時，這首獻給友情和信仰的兒時歌曲，曾經悄聲地撫慰過我備受戳虐的心靈。

我那時正好處在「變嗓音」的時期，很少高聲唱歌，不過口琴和口哨倒是吹得不錯。沒想到自己平時吹著玩，竟然得到大家的一致讚賞。沒過多久，經由大哥的介紹，我參加了「武漢學生聯合劇團」，團裡的音樂科班生又推薦我去漢口的「天聲」廣播電臺表演口琴吹奏（我不敢用演奏二字），得到一塊銀元的獎勵。後來我還去武漢大學表演過吹口哨，賺得些許掌聲！

博文中學裡有一位姓盛的同學，小提琴拉得特別好，在他的引薦之下，我和一個名叫林從度的同學跟著一位白俄藉的音樂老師學拉小提琴。當時聽同學說過，這位林同學是林彪的侄兒，不過我完全不知道林彪乃何方神聖，也就沒怎麼留意過他。同樣沒有留意到的是，這位小提琴老師其實是蘇聯十月革命之後流亡到中國的俄國貴族。在這位女音樂老師的指點下，每天我們用一根指頭按在一根弦上，從上往下運弓，拉一、二、三、四拍。每天周而復始，枯燥至極，絕對不允許拉任何一首歌曲，和我想像中的學習方式大相徑庭。沒熬上幾天，我就在心裡犯嘀咕：我的天吶，這樣拉下去，不知拉到猴年馬月才能學會一首完整的曲目。反正我是沒那份耐心了。枉費出五塊銀元的學費，最終只記住小提琴上那四根弦的名字分別叫G、D、A、E，別的什麼也沒學到。

武漢學生聯合劇團

在博文中學讀書的時候，我就已經通過大哥的介紹加入了武漢學生聯合劇團。在人們口中，這是一個由「進步」學生組成的「進步」團體。我們嘴裡哼著「進步」的歌曲，手裡捧著「進步」的書籍、心中洋溢著「進步」的思想，這副想像中的圖境對當時的中學生具有強大的誘惑力，我內心的那份得意也隨時掛在臉上。劇團裡我是年齡最小的，入團之初就學會了幾首「進步」歌曲。教我們唱歌的老師是一個戴眼鏡的矮個子，名字叫苗能。中共建政後，我偶然在一本雜誌上看到他在當地的「音樂家協會」擔任要職，但想不起來到底是湖北省音協還是武漢市音協。總之，在他教我唱歌的時候，他應該是一名地下黨員。

待到一九五〇年我加入解放軍，在部隊生活中把苗能原來教會我的歌曲又學了一遍，我才恍然大悟這些歌曲幾乎都是意識形態的產物。如中共建政初期風行大陸的那首《解放區好地方》歌詞中寫道的那樣：「解放區呀好地方，窮人富人都一樣，你要吃飯得工作呀，沒人為你做牛羊。老百姓，管村莊，講民主，愛地方，年年不會鬧饑荒。」（原歌詞共兩段，這是追憶湊成的一段，可能有個別段落有錯位）。苗能教我們時，開頭的「解放區」用「山那邊」代替。還有那首《你是燈塔》，歌詞的教化意味之明顯，讓我後來一度錯以為是共產黨的黨歌：「你是燈塔，照耀著黎明前的海洋，你是舵手，掌握著航行的方向，偉大的中國共產黨，你就是核心，你就是方向，我們永遠跟著你走，中國一定解放，我們永遠跟著你走，人類一定解放」。我在學聯劇團學唱時，歌詞裡將「中國共產黨」五個字替換掉，但換成了什麼，我再也想不起來了。

學聯劇團曾經到博文中學演過一幕話劇，是著名劇作家沈浮先生創作的《金玉滿堂》。身體矮小的我只配被安排在後臺打雜，既沒有登臺的機會，也不知道這幕劇講了什麼。日後跟著劇團四處巡演，我也參加演出了一些話報劇之類的短小節目。又過了兩三年，我在解放軍部隊裡服役時，觀看的文藝節目常有似曾相識之感。如在學聯劇團裡我們演的一幕名叫《朱（豬）員警查戶口》的秧歌劇，三個扮演員警的演員穿著當時正規的員警制服，但又「歪戴帽子斜穿衣」（民間有「歪戴帽子斜穿衣，一看就是壞東西」之俗語），踏著前進三步，倒退一步的標準秧歌步伐。為首者作敲門手勢，尾隨者齊聲唱道：「半夜裡敲門呀，叮咚叮咚敲呀，朱員警查戶口來到大門前呀依呀嗨……」

秧歌劇裡最後有一段唱詞我記得很清楚，「朱員警」指著無奈的居民唱出：「把你們分成紅黃白依呀嗨，白是好來紅是壞，黃是標準糊塗蛋，糊裡糊塗、糊裡糊塗的好國民呀真正好。」然後扮演「朱員警」的三位演員作搖頭攤手的嘲笑狀退下，全劇落幕。誰知幾年後，我在部隊裡又觀看了一部名為《朱大嫂送雞蛋》的秧歌劇。其唱詞調門和《朱員警查戶口》一模一樣，只不過把唱詞改寫成一位名為朱大嫂的農婦送雞蛋慰問解放軍故事。其如出一轍的歌詞是：「母雞下雞蛋呀，咕嗟咕嗟叫呀，朱大嫂收雞蛋進了土窯窯依呀嗨……」

學聯劇團的負責人名叫周昌富（筆名周蕪），他和我哥哥是朋友，他有個妹妹叫周靜，我懷疑她是我大哥暗戀的對象。一九四九年中共部隊攻佔武漢前夕，他們全家也來到了重慶。他家還有個大姐，私下裡被人們稱為交際花，和武漢的很多頭面人物有「特殊」的交往，其中一些還是我父親周邊的友人，我知道她後來去了香港定居。在重慶，周昌富就讀於當時國內最好的法科高校朝陽學院，我和大哥還到他家裡去玩過，中共軍隊攻佔重慶後，我們就此失去了聯繫。

一九五五年，中共在機關內部開展了一場「內部肅反」的政治運動，其間我交代了參加武漢學生聯合劇團的「歷史問題」，我在書面材料上提供的證明人便是周昌富（那時我已知道他在西南政法學院任教）。因為我想起他當年老成持重、不苟言笑的樣子，又組織劇團又參與學生運動，不是地下黨也是進步人士。由他出面來證明我的材料，更能讓組織信服，也許還可以為我當年的「進步」行為加分。運動結束時，組織上給我看了關於我本人的歷史結論以便我簽字認可。在這份歷史結論中，對於我參加學聯劇團的結論是「為了好玩」。

在一九五七年的反右運動中，我被劃成極右分子送勞動教養。在勞教隊，我遇到好幾位來自西南政法學院的右派分子，從他們口中得知周昌富是西南政法學院的教授，也被劃成了右派分子。這一事實著實讓我吃驚，我以為他的經歷與出身是相當經得起檢驗的。等到二十年後，全國的右派得到改正，和我一同勞教的沈永松返回西南政法學院，他家就住在退休教授周昌富的隔壁。他曾回話告知我：「周教授剛剛從香港探親回來。」於是真相終於大白，我暗自認定「不是地下黨也是進步人士」的周昌富，其實是因為「海外關係」這一根小辮子被中共捉住，才落得被打成右派分子的下場。像這樣要麼因為自己的無心之過，要麼因為自己無法左右的家庭背景或職業身分而在歷次整肅中落難的人，在我待過的勞教隊與勞改隊中，鮮活的例證比比皆是。

按常理來說，對於我加入到帶有明顯赤化宣傳意味的武漢學生聯合劇團這件事，父親理應出手制止，但我父親卻始終採取一貫的不予置評的態度，倒是母親出面干預。而她干預的理由在我和大哥看來簡直就是無稽之談。她說：「我們張家未必還要出兩個『戲子』嗎？」「戲子」，在中國傳統文化觀念中，幾乎是等同於「娼妓」、「小偷」的「下三濫」貨色。

並非初戀的「初戀」

隨著年齡的增長，我的生活圈子也有所擴大。過去曾經有過交往的女孩子都是來自同一所小學或中學的女同學，這次卻是一名從未與我同校念過書的女生。她名叫黃志藻，是我平日裡挨家挨戶幫父親送請帖書信時認識的女孩。我十三、四歲的時候，她和我簡直像形影不離的戀人，我們在一起時，絮絮叨叨什麼都談，就是不談愛情，甚至連想都沒想過愛這個字。當時與我親近的同學，校外的哥們兒，都是同為青春發育期的男孩，偶爾也會拿她和我的關係開點與戀愛有關的玩笑。實事求是地說，如果我們年齡再大兩三歲，說不定我們真會談一場戀愛，或者說如果我的「邪」念大一些，也可能做出些戀人們才會做的動作，然而在我們之間卻什麼也沒有發生。如果說定位在兩小無猜上顯得分量不夠的話，最多也只能定位在兩小「欲」猜的尺度上。

她家住在蔡鍔路四號，離我家不遠，那是一幢別墅式的二層建築。住在裡面的最顯要的兩個人物就是辛亥革命元老何成濬的兩個兒子。大兒子叫何懋周，四十歲左右，是個吸食鴉片煙的掛名少將（一九五一年鎮壓反革命運動時在重慶被槍斃）。有一次我誤入二樓內室，目睹他背對門口側臥在床上吞雲吐霧，而同他躺在一張床上服侍他的正是黃志藻年輕貌美的母親。他們並沒有發現我，我反而嚇壞趕緊退縮。這位骨瘦如柴的吸毒少將的弟弟卻是一個身體壯實的漢子，他住在樓下，名字我早已忘掉，但卻記得他太太非常漂亮，帶著一個四五歲的小孩。弟弟在沿江大道上開了一家電影院，也就是為同學錄募款時包場放映《海軍之花》的那家維多利亞電影院。放電影的那天晚上，黃志藻和我在一起，有幾位博文中學的同學也一睹我「女朋友」的風采。

黃志藻有一個比她大兩歲的姐姐黃志華，記憶中她兩姐妹像貌和性格都相去甚遠。據說她們的父親因涉嫌和漢奸有關的案子而不便在漢口露面，所以住在上海。可能出於對他自身安全的考慮，他將自己的妻子作為報賞獻給何懋周少將，以換取對他漢奸行為的不予追究。當然，這都是多年後我根據當時的社會風氣所作的揣測，她們母女三人憑什麼住在這座非比尋常的何公館裡，肯定有一個不可言說的原因。黃志藻比我還小幾個月，不過我覺得她比我發育得成熟些。有一次我和她單獨坐在餐桌邊，她竟攥著我的手說我長得漂亮，我聽得十分害羞。其實她也很漂亮，但我從來沒有對她說過，也不好意思說。她曾經很鄭重地用悄悄話的方式告訴我一件絕對的祕密，說這個祕密是關於她媽媽的。果不其然，這個祕密正是我親眼目睹的姦情。

黃志藻她是個嬌小姐，耍起橫來連她媽媽都拿她沒辦法。那時候武漢剛開始用自動電話，我記得她家的號碼是二七八九，而我家是二〇四九（雖事隔六十餘年，但我相信這兩個號碼不會記錯），她在家裡發脾氣摔東西時，她母親就打電話叫我過去勸她，似乎也確有成效。黃志藻也時常打電話找我，而在我家裡，接電話的必是距離電話機最近的父親，久而久之，父親也不厭其煩地發牢騷說：「家裡的電話看來就是為你一個人裝的。」我自知理虧，也就默默承認罷了。說起打電話，我還想起令我難堪的另一件事，有一次我過江到武昌去上學，碼頭旁邊有一個公用電話站，我在裡面給黃志藻打電話，打著打著她突然說要給我放一張唱片聽聽，我唯唯諾諾地說好。她忽然提這麼一個任性的要求已經讓我有點懵了，偏偏那唱片放出來，又是一首很長的歌。身後等著打電話的大人排了很長，我擔心他們聽出來眼前這小孩竟然在用聽筒聽音樂而苛責我，便煞有介事地對著話筒「嗯」「哦」「啊」地裝出在回答的樣子。一直等到她把這首歌放完，我們才終於說拜拜。

有一個夏夜，黃志藻來到我家，我讓她坐在客廳裡，跑去冰箱（那時只有在很厚重的木質櫃子裡放冰磚降溫的老式冰箱）裡取出汽水款待她。先後開了兩瓶，她都嫌口味不合適，抿了一口就擺在桌子上。這些嬌氣的行為被我母親看在眼裡，心裡自然不會高興。後來母親幾度告誡我說，這女孩性格不太好，叫我少和她玩。以後她再來我家時，母親分外冷淡，不像平常待客人那樣熱情。雖然母親說出口的原因是嫌她嬌氣，但我那時就能感覺到，母親內心真正的想法是嫌棄她有一個私生活不檢點的媽媽。這一點在當年有教養的女性看來是絕對不可以容忍的，待我成年後回想起來，老人家看我和她宛如戀人，可能擔心一旦她成為兒媳婦，實在不好伺候。

進入何公館主樓之前，有一條通向大街的過道，約十多米長，一側有幾間矮小的平房，可能是勤務人員的居室，緊靠著過道，有一間傳達室，傳達室的門設在背後，裡面又有一條一米多寬的小過道。有一次在這條小過道裡，黃志藻正摟抱著我說什麼悄悄話，恰巧這時我父親來何公館辦什麼事，又恰巧路過傳達室門邊，他一扭頭便看見黃志藻和我摟成一團的場面，我當即嚇得手腳無措。當晚我甚至不敢回家，後來終於鼓起勇氣走回家去，父親卻若無其事一言未發。待我成年後回憶起這一樁把我嚇得不輕的往事時，覺得那些小孩認為很嚴重的事情，在大人眼裡可能只是區區小事；而某些大人看來要緊的事情，小孩卻又覺得無足掛齒。這可能也是大人和小孩的區別所在吧！

她們姐妹倆還教我玩一種撲克遊戲，叫做「推羅宋牌九」。可以用來賭博，但我們之間從來沒真正賭過錢，可能是因為我們在玩撲克遊戲的時候被何公館裡的勤務兵看見，他們便引誘我們到他們所住的平房裡去學「推中國牌九」，也就是用天、地、人和骨牌分列組合，最後比大小以決定輸贏。這可是真正的賭博，我每次都是和黃志藻聯手入局，但我們倆幾乎每次都輸，有一次黃志藻竟輸掉一隻小金戒指。她的零用錢比我多得多，所以輸得也更多，但我倆從不分彼此，各自掏盡褲兜合夥下注。後來我們懷疑這幾個勤務兵在作弊騙我們的錢，但也不敢向大人告發，只是不再和他們玩了。前文所說，黃志藻抱著我在過道裡說悄悄話被我父親看見，就是在我們賭牌九的傳達室門外，說的內容很可能就是他們作弊的事。

也許是因為她年齡漸長，她的媽媽越來越拿她沒辦法，一九四八年，她被送往居住在上海的父親身邊。她的離開並沒有讓我感到有多傷感，她也沒有像戀人即將分別那樣淚流滿面。到上海後我倆通信頻繁，我至今記得她的通信地址是上海市西摩路一七五弄八號。

一九四九年解放軍進入上海之前，黃志藻去了香港，不久武漢情勢吃緊，我們全家又遷到了重慶，但我們照常有書信來往。那時從香港寄往重慶的信件通常只需一天即可到達。當解放軍的炮火一天天逼近重慶時，我突然收到她從香港寫來的最後一封信，信的內容是叫我趕快到香港去和她會合，並說她已經對她父親說了我將要到來。我簡直弄不明白她是什麼意思，確切地說，我當時即已猜到她可能已對她父親坦承了我倆之間的隱情，但命運卻讓我和她從此杳無音訊迄今。我也會不時想起當年我倆兩小無猜的真摯感情。在我們都已成為耄耋老人的今天，不知她是否還能記得起我這個童年時代的知心朋友不！

我有一個名叫葛錦禎的同學，綽號葛老八，和我關係不錯，此君可能比我大三四歲。黃志藻的姐姐黃志華是武漢市自行車競賽女子慢車組的冠軍。葛君對這位冠軍頗有好感，他知道我和黃氏姊妹的情誼，大概是想通過我這個中間人向「目標」靠近，故少不了常來找我瞭解些「目標」的最新動向。形勢急轉的一九四九年，葛君也由武漢去了臺灣，住在臺北市錦州路十八號樓上（此處的錦州路與前述西摩路均為一九四八年時的確切地址）。那時從臺北到重慶的航空信也同香港寄來的一樣，第二天就能收到。有一次他在信中給我夾寄了五元美金，說感謝我的幫助，這點錢是用來招待我吃巧克力的。後來又曾有一封信告訴我，他在臺北街頭看到了他一直暗戀的黃志華。但這時的黃志藻還在香港和我頻頻通信，所以我不知道這位「初戀」女友最終在這個顛沛流離的亂世中飄到了天涯之何處……。

江西省立廬山中學

如果說我初中三年待過的兩所學校都是一流名校的話，相比之下後來高中就讀的江西省立廬山中學就顯得有點差勁了。其實在我看來，學校的優劣知名與否並不是最重要的，重要的是我終於可以不在大哥的眼皮底下生活和學習了。雖然大哥在我身邊的時候並不會出手制止我在學校裡調皮搗蛋的行為，但一想到他那高高在上的「一把手」形象，我心裡總免不了有一種無形的壓力。

我這個不思進取的學生有一個連我大哥都不知道的祕密，如前文所述，我因為學業成績太差沒能領到初中畢業證書，而這張證書卻是報考高中時必不可少的條件。在我正被這事纏得焦頭爛額的時候，有一天忽然在《武漢日報》瞥見一則江西省立廬山中學的招生啟事，啟事列明的報考條件裡竟然隻字未提初中畢業證書一事。我捧著那頁報紙欣喜若狂地反復斟酌每一個字，確認無疑之後便跑去說服母親同意我報考。母親點頭同意，我便以「同等學歷」的身分參加了入學考試。錄取名單幾天後登載在《武漢日報》上，我不僅榜上有名，而且「高中榜眼」，在武漢地區的全部考生中考得第二名。這對我來說，是既能揚眉吐氣，又能回家領賞的好成績，當我拿著報紙趾高氣揚地去向父親「示威」時，父親正對著鏡子刮鬍子，他頭也不回地冷冷反問我：「是不是只錄取了兩個？」難怪古人有「知子莫如父」之說——實際上新招錄的高一年級學生連我在內，總共只有三名。

廬山中學在武漢錄取了二十多名學生，真正來學校報到的不足十人。我仍然是年齡最小的一個，因為名單上被錄取的三個高一年級新生中，真正去廬山中學入學的只有我一個人。其他同學多數來自江西省內各地，其中以廬山腳下的九江市居多，學校所在的牯嶺本地的學生數量微乎其微，因為這裡的常住人口本來就很少。牯嶺是知名的避暑勝地，那座山上星星點點盡是達官貴人的別墅小院，包括蔣介石的「美廬」，在我們學校對面山腰上，典雅秀美。一條小溪之隔，有一所專供金髮碧眼的外籍學生就讀的所謂「美國學校」，裡面全是和我年齡相差不多的西洋小年輕，他們多是各國駐華使領館工作人員的孩子。我們這群從武漢來的新生曾因為一些不值一提的小事和他們打過幾次群架。我當然是撮合這類衝突的骨幹分子。說起來可笑，打架的緣由全都是些只可意會不可言傳的齟齬。大家都處在躁動不安的青春期，渾身是勁唯獨找不到地方使，相互言談時稍有不敬便會招來對方不滿，繼而糾集人馬大打出手。每一場群毆爆發，我們中國學生都在場面上佔據優勢，一來他們的平均年齡比我們略小一點，身材骨骼的發育也就不如我們這般壯實；二來國際學校的制服精美統一，他們個個衣冠楚楚，從頭到腳的西裝皮鞋，脖子上還繫著領帶。而我們則穿得非常隨便，「惡戰」一旦爆發，我們首先抓住他們的領帶使勁往下一拉，讓他們先摔個「狗吃屎」，再奉上一組老拳。幾番「惡戰」之後，雙方學校的管理者都甚感此風不可長，為化解學生之間的矛盾，特意組織了學校間的聯誼晚會。這一招的效果可說是立竿見影，從此再也沒有發生過類似的衝突了。

我們這所學校的教室和寢室都容納在一座頗為壯觀的大樓裡，據說這裡原來是國民黨中央訓練團的房子。食堂稍遠一些，距離教室兼寢室的大樓約一公里，半道上有我常常光顧的廬山圖書館，巴爾紮克、梅裡美、大小仲馬父子每天都在這座圖書館裡等著我的到來。因為初來這陌生的環境，用於和同學玩鬧的時間不多，因此我騰出了很多空餘時間在這座圖書館裡過小說癮，直到麻煩降臨到我的頭上。

事情的起因是這樣的，學校的訓育主任兼任我們班的國文老師，在第一堂作文課上，他出了這麼一道作文題目：《登廬山有感》。我以向武漢的一位同學寫信的形式完成了這篇讚歎廬山美景的作文，被他判為高分。國文老師除了在課堂上當作範文宣讀以外，他還用朱筆洋洋灑灑地寫下了上百字的評語。前面的「溢美之詞」早已忘得一乾二淨，只記得最後是一個感歎句：「前途未可限量也！」我也因此沾沾自喜，但並無受寵若驚之感。因為經驗告訴我，我待過的每一所學校的每一位訓育主任遲早都會把我視為眼中釘，我也把他們視為肉中刺。對這一位相當賞識我的訓育主任也不能抱有太高期望，大家若能相安無事便算是謝天謝地了。

有一次學校組織同學們到鄱陽湖邊的星子縣遠足踏青。返校途中我發現路邊草叢中有若干刺蝟毛，好奇心便一發不可收拾，鑽入樹叢中一探究竟，結果在樹林中迷路，與大部隊失散，直到黑燈瞎火時我才找到一個警察局，跑進去向「員警叔叔」陳述了我的困境後，「員警叔叔」當即給我弄了碗蛋炒飯，我美滋滋地吃完後，他才把我送回學校。不料這時因為我的走失，學校裡早已炸開了鍋。我在私人日記中記敘了這個意外發生的事，同時寫了胡昌燕姐姐還專門為我煮來一碗荷包蛋，字裡行間，流露的也是同學或者姐弟之間純潔真誠的情誼。

又過了幾個禮拜，他出了一道名叫《一天》的作文題。恰好那天我被安德列・紀德的那部《田園交響樂》裡面的盲女所「吸引」，為這位小說主人翁的命運牽腸掛肚，根本無暇顧及作文作業。直到放學後我去圖書館還書時，才想起今天的作文還未完成。在圖書館裡，我隨手在報架上翻了翻當天武漢的報紙，恰巧在《大剛報》的文藝版上登有一篇名為《老朱的一天》的散文。內容寫的是一個名叫老朱的人力車夫一天的遭遇，只是篇幅稍長，我便將報紙拿過來，抄摘其中的段落拼湊成自己的作文交了上去。

很可能是因為這篇「作文」的主題涉及到社會公正的問題，原作者傾向於表達對社會現實的不滿。

但我抄摘時根本沒在意故事背後的觀點，而我沒看出來的文章主旨恰恰正是訓育主任特別在意的，除了在我我交上去的這篇作文結尾處寫下一串斥責性的文字外，還以「畫虎不成反類犬」的比喻挖苦了我一番外。此外他還在課堂講評中對我冷嘲熱諷，說我鸚鵡學舌，跟著左傾思潮起鬨，後果不堪設想等等。最使我無法容忍的是，他竟然溜進寢室偷走了我的私人日記本，大概是想從中發現什麼政治問題的線索。

出乎意料的是，那位訓育主任在偷看了我的日記後，除了似是而非地給我扣了些「紅帽子」（涉嫌親共的帽子）以外，連「荷包蛋」這樣的生活小事也不放過，拿到課堂上含沙射影地宣講了一番。我認為他的行為有辱一個純潔善良女孩的名聲，於是對他產生了不可原諒的鄙夷，最終形成了我與他之間的「不共戴天」！

這位訓育主任經常穿一件舊軍裝，我估計他原來是個軍官。他性格也像軍官一樣剛烈，在學校裡，他盛氣凌人的架勢肯定也傷害過其他同學，只不過同學們都是敢怒而不敢言罷了。像我這種家庭背景的人，哪會管你那一身褪了色的軍裝，更不會在意他在我的私人日記裡尋章摘句的行為。我自命不凡地認為，有我父親給我當靠山，任憑他施展他那些整治學生的雕蟲小技，也不能把我嚇住？我最不能容忍的是訓育主任偷走了我的私人日記本，在他借走我日記本後，我便特意找一位年輕老師借來一本《六法全書》翻閱了一番。依稀記得上面有「偷竊私人日記者，處六個月有期徒刑」的字句，便自以為勝券在握，欲與這位主任對簿公堂。年輕老師得知後勸我說，你這麼做意義不大，只是給自己徒增麻煩而已。我回頭一想，也覺得這類與老師扯皮的事真要是驚動了我的父親，說不準幾耳光抽得我暈頭轉向。

我決定不再為私人日記本的事繼續和這位訓育主任掰扯下去，但一樁貌似偶然實則必然的事情又發生了。有一次他在黑板上寫了一個錯別字，我毫不客氣，抓住機會站起來矯正他，弄得他十分尷尬，甚至惱羞成怒，破口大罵我是「混帳東西」。面對如此有悖師德的人，我心中一陣竊喜，毫無畏懼地還以顏色，當堂說出「混帳東西也當了你的一字之師」。他頓時氣得大吼大叫，摔門徑直走出了教室。顯然我與他的矛盾已進一步激化，但想不到全班同學都站在我這邊，大家一致決定以罷課示威，當然也只罷國文課。雖然班上年齡最小的同學也比我大兩歲，但同學們還是一致推舉我當「行動主席」，我只好「恭敬不如從命」，馬上起草出一份行動宣言，向全校師生陳訴此番罷課的來龍去脈。內容當然是國文老師不夠資格，授課不認真，課堂上對學生粗魯對待等等事由。

值得一提的兩個細節：一個是在宣言上簽名時，有位同學提出一個似乎很高明（實際上很天真）的建議，他說，我們把全班人的名字簽成一個圓圈，這樣校方就找不出誰是帶頭人了。另一個就是我們決定以後每逢國文課就全班出遊。廬山上好玩的景點多得不勝枚舉，國文課要連上兩個小時，留給我們遊山玩水的時間很充足。有幸那個年代的中國同胞，還沒有進化到今天這樣唯利是圖，廬山的風景名勝全是免費的，沒有收門票這一說，大家遊樂一番，也無需付出多大的代價，於是同學們借此機會把廬山的大小景點玩了個遍。

雖然我在任何一所學校都屬於「明星級」的調皮學生，但在每學期終了後，還從來沒有收到過這學期那樣的成績單：國文課成績為「零分」，一旁還附兩行「贈言」：「該生思想左傾，行為惡劣，下期勿庸來校。」朱筆所寫的字跡和我作文本上的評語一模一樣，顯然是訓育主任親筆所為。這種處分應當算作勒令退學了，只比開除稍稍溫柔一點。我閱畢成績單後，便一把它撕成碎屑，扔進紙簍，既是為了洩憤，也是為了不讓父母看見。

來自異國的母愛

從初中開始，我調皮搗蛋雖然全校聞名，但我的學習成績也並非慘不忍睹。雖然數學成績一直墊底，但國文和英語卻始終一枝獨秀。唯有在廬山中學讀書時，我最優秀的兩門功課卻出現了意外的反差，我最恨的國文老師給我打零蛋分數，而我最敬愛的英語老師Miss Gale則對我恩愛有加。

她是英國人，也是一位基督教傳教士。Gale是她的原名，同學們以她名字的中國姓氏諧音，稱呼她為高老師。我估計Miss Gale的年齡在五十歲左右，但步履剛健，精神很好。雖然她中文說得很流利，但在英語課堂上仍然給全班每個同學取了一個英文名字，大家以此相互稱呼。給我取的名字是Stephen（司提芬），這是狄更斯的小說《大衛‧科波菲爾》中某個角色的名字，我覺得並不難聽，也就欣然接受了。

剛開學的時候，有一天我在頂樓的琴房裡彈鋼琴。懂音樂的人都知道，真正會彈鋼琴的內行彈的是樂曲，外行大概只能彈些歌曲。我這個外行彈的當然是歌曲，因為我曾經在博文中學這所教會學校待過，會唱很多讚美詩，彈的也是讚美詩。一曲終了時，我發現不知什麼時候Miss Gale來到鋼琴旁邊，她微笑著說：「Very good」，我知道她的意思是說曲子好，而不是說我彈奏得好。顯然在這所公立學校裡出現我這麼一個會彈奏讚美詩的學生，對她而言也許多多少少有點「知音難覓」的意味，她應該是被琴聲吸引到位於頂樓的琴房來一探究竟，看看是誰在彈奏。

幾番交談之後，我說出我畢業於武漢博文中學The Wesley Middle School時，她心裡分外高興，因為那正是來自她祖國的基督教循道公會所辦的一所中學。她問我的父母是不是教徒，我說不是。事實上我家除外婆是虔誠的佛教徒以外，再無一人信仰任何宗教。得知詳情後她也沒作出失望的表情。她還問我年齡這麼小，怎麼捨得離開父母到廬山來讀書？這還真是個三言兩語回答不清的問題。我簡而言之地說，廬山的風景很好。

她在廬山上擁有一座雅致的小別墅，從學校出發，行一公里左右的山路便可到達。每個星期天她都邀請我到這個漂亮的小別墅裡去作客，早上她帶我到禮拜堂去做禮拜，聽牧師佈道。中午在她家吃西式的正餐，下午她彈著風琴教我用英文唱聖詩，四點鐘左右還會招待我喝英式下午茶，有時是咖啡，總之配以一碟精緻的點心讓我品嘗。這樣償心愜意的時光在那個年代尤為難得，今天想來也有如夢似幻之感。我特別喜歡吃她做的點心，常常是夾著很多葡萄乾的蛋糕，她見我喜歡吃，還特意每次多做幾塊，讓我帶回到學校去。但我完全經不住美食的誘惑，每次還沒走回學校就在半途中把蛋糕吃得精光。可能是因為粗糧供養出的腸胃消化不了這些精細的糕點，好幾次狼吞虎嚥之後我都拉了肚子，卻又不敢跟Miss Gale提及此事，怕她再也不給我做了。

她對基督教的虔誠令我由衷欽佩，她曾經告訴我，母親生她的時候，她父親在產床前禱告說：「主啊，您如果賜給我一個金色頭髮的女兒，我一定把她獻給您！」幼年的Gale果真長著一頭金色的頭髮，父親兌現了他的承諾，培養她當了傳教士。Miss Gale終生沒有結過婚，雖然她的職業並沒有在婚姻上設下任何限制。

後來她推薦我參加教會的唱詩班，也就是在做禮拜時和「美國學校」的孩子們一起站在臺上唱幾首聖詩。因為臺上的男孩中只有我一個中國人，我感到有些彆扭。另外，「美國學校」的男孩中有兩個曾經和我打過架，我也不太願意和他們站在一起，也怕廬山中學的同學發現我和這些原來的死對頭同台唱歌，會懷疑我當了「叛徒」。我沒有向Miss Gale作出解釋，推辭了這份殊榮，內心覺得自己辜負了她的好意，愧疚了很久。還有件事我也很慚愧，就是做禮拜的時候，教堂裡的神職人員會拿一個布口袋伸到每個人的面前，大家自覺地掏錢放進去。我總是握著拳往口袋裡一伸，似乎拳頭裡拽著點零錢，其實只是做了個捐錢的假動作。這動作需要很逼真的肢體語言和神態上的配合才能騙過對方，我演得實在拙劣，但我確實是這麼幹的。

使我格外敬重Miss Gale的一點是，雖然我們像親人般親近，並且共同生活在強烈的宗教氛圍之中，但她從來沒有在信仰問題上使我難堪過。我想如果她當年硬要帶著我去受洗，也許我還找不到理由推辭。但她沒有這樣做，反而是處處都尊重著我這個未成年人的信仰自由。她知道我和訓育主任水火不相容，卻沒有在我們二人之間作出任何是非判斷。只是承諾如果我願意的話，下學期她願意介紹我到上海聖格雷英文專科學校去讀書，她替我負擔學費，兩年畢業後就可以到英國去深造。她還向我承諾，她的親人可以在英國照顧我，說著甚至還拿出她的全家福照片，向我一一介紹每個家庭成員，又拿出她家屋舍的照片給我看，說這裡離牛津大學很近很近。

最好玩的是耶誕節到來之前，我和九個男女同學組成了一個「報佳音」合唱隊。我們從讚美詩中選出十首歌頌基督誕生的歌曲，利用課外時間學唱了一番。在耶誕節當天夜裡，我們一行人從Miss Gale家中出發，冒著漫天大雪，踏著遍地冰凌，在一戶戶亮著燈光的門外齊聲唱道：「起來尊主信徒，快樂又歡欣，起來一起來大家上伯利恒，來朝見聖嬰天賜王已降生……」或者唱道：「聽我天使高聲唱，榮耀歸於新生王，天人從此長融洽，恩寵平安照四方……」直到主人出門致謝，贈送些糖果和小禮品給我們。

在學校放寒假之前，Miss Gale最後一次叫我去她的山間別墅，她似乎預感到這是一次沉重的別離，特意贈給我一支派克五一型金筆。我知道這是一支極為名貴的鋼筆，因為我父親用的就是這種筆，大約要幾十塊銀元才能買到。她怕我不瞭解這支鋼筆的價值，還特意指著筆套掛勾上一顆螺絲的頂端告訴我：「這是一枚真正的寶石。」臨別之時，她擁抱了我，我們都留下了眼淚。誰能想到，回到漢口才幾天，我就和小夥伴們玩一場激烈的「雪戰」遊戲，不慎遺失了這支意義非凡的鋼筆。誰又能想到，淮海戰役以後，國共戰局變化如此神速，Miss Gale苦心為我安排的前程亦隨之化作海市蜃樓——在兵荒馬亂的歲月裡，有誰的父母願意自己未成年的孩子遠走高飛呢？

從此我永遠地離別了敬愛的Miss Gale老師，但一位崇高善良的基督使徒的形象卻永遠定格在我的心裡。在我倍受凌辱的青壯年時代，每每回想起她溫暖人心的笑容，無論我身處多麼困苦的境地，內心總能得到一絲甘甜的慰藉，但願我能在天堂與她重逢！

盧山中學的同學們

記憶中，盧山中學裡幾乎沒有幾個盧山當地的學生，從山下來的九江市的同學倒是不少，也有少數江西省內吉安縣等地來的同學。在學校裡同學寥寥無幾，我們班只有兩個，一個叫吳亭宓，是個寡言少語的東北人，另一個來自江西某縣的陳姓女孩和她同桌，性格也很內向，但在罷國文課這件事上她倆都積極參與，給予我很大支持。

我們這群來自漢口的學生絕大部分是去讀高中二年級的。此前我和他們都生活在車水馬龍的武漢市區，也大多都是家境殷實的富家子弟。我們的穿著打扮、言談舉止多少帶有幾分「洋」氣，在同學中顯得卓爾不群。這幾位英氣逼人的翩翩少年當然招來了漂亮女生的留意，學校裡最漂亮的兩個女生都來自九江市，一個叫黎維綱，一個叫胡昌燕，她倆都是「報佳音」合唱隊的成員，在我和她們一起練習唱讚美詩時彼此熟識。她們大約比我大三歲，在我面前以姐姐自居，年齡逆差的存在使得我毫不忌諱地和她們親昵起來，但也隱隱約約地感覺到身邊男生流露出的異樣眼光。

放寒假之前，黎維綱姐姐告訴我說，她的大姐在漢口中山大道上的一家銀行裡上班，請我回家時替她帶一副衣料（當年的毛料相當昂貴）給大姐。我一口答應，順便去她家作客。黎維綱姐姐家住九江市中央銀行，父親是行長或者經理，我不知道怎麼稱呼，反正是主事的「一把手」。吃罷晚飯，我在客廳裡休息時，她端出一大盤「南豐蜜桔」請我吃，這種地方的知名特產甜酸適度，味道極美。她轉身去內屋寫信取衣料時，我突發奇想，何不揣上些密桔帶給將同船返回武漢的同學們吃呢？那天我穿的是一件「麥爾登」毛料大衣，荷包很大，我一把一把地往包裡塞蜜桔時又突然想到，如果我真的能吃下這麼多桔子，桌子上怎麼會只有幾片桔子皮呢？於是我又做賊心虛地把桔子從荷包裡掏出來放回原處，只留下很少的幾個。

將和我一同乘輪船回武漢的都是高二的同學，個頭比我高出不少。這幾個大個子同學叫我把買船票的錢用來請他們吃飯，說只要我和他們在一起就可以不買船票，我覺得這個做法有點冒險，但冒險豈不也是一種樂趣，便欣然同意。我們所有人都沒有買票，也就不敢進入船艙，我們在輪船頂上的煙囪附近鋪下了地鋪，大夥兒都睡在地鋪上。之前的段落就有提到，那時候流入社會的美國軍用物資多如牛毛，這些同學從頭到腳都是軍裝。什麼羅斯福呢的軍用夾克，絲光卡嘰的制式軍褲，不但價格便宜，而且穿在身上威風凜凜，小商小販不敢惹你，說不準還能冒充軍人揀到點小便宜。但是像我這樣的個頭肯定不夠尺寸，不能像他們幾個那樣用制式軍裝把自己「武裝」起來。

第二天清早，輪船上的乘務人員開始查票，他們幾個都躺在被窩裡，命令我蜷縮在棉被中間，被子面上全部覆蓋著各式軍裝。乘務人員走過來一眼就看見了軍裝，估計我們可能是軍人，但又不得不例行公事，只輕輕地碰了下被窩最邊上的一位，戰戰兢兢地吐出三個字：「先生，票？」只見這位先生猛地翻身從被窩中坐起，大聲反問道：「你說什麼票？」他旁邊另一位面帶凶相的「先生」也從被窩裡伸出半截身子坐了起來，吼道：「老子還沒聽說過軍人坐船還要買票，我看你們是反了。」其他幾件軍服覆蓋下的身體也佯裝蠢蠢欲動的姿態，輪船乘務眼見這群「軍人」不好惹，連聲道歉匆匆離去，此後再沒人敢到輪船頂上來干擾我們的海闊天空。

當時我對他們的勇敢和魄力深為佩服。幾個同學中我印象最深的是胡德生，他愛好體育鍛鍊，長著一副運動員般的健美身段，而且英語很好，經常到山對面的「美國學校」去和那些外國同學交流。我心裡想過，胡德生和美女姐姐黎維綱簡直是絕配，但這樣幼稚的想法一直藏在心底，從來沒有說出來。另外一位姓康的同學（名字我也忘了），說話極為風趣幽默，連我也自歎不如。再一個就是劉人楚，他很早就去了銀行工作，我參軍後還和他通過信。

中共建政以後，我也曾經關注過盧山中學同學們的命運。黎維綱的父親是九江市銀行行長，似乎與政界瓜葛不深，在五十年代初開展的「三反」、「五反」運動中，他被判處十年徒刑，後來死在了勞改隊。共軍佔領九江之後，黎維綱姐姐成為第一批進入革命大學學習的年輕人，雖然出身於剝削階級家庭，她本人卻沒有任何歷史問題，畢業後分配在市級機關工作。年輕漂亮的她很快被某部門一位單身（或離異）的老領導相中，要與她結為「革命伴侶」。因年齡和文化的差異太大，開始黎姐姐沒有同意，後經「組織」出面動員說服，這門婚事終於談攏。婚後她生有若干兒女，但這位老領導卻難逃文革時被打成走資派的劫數，跳樓身亡。因其名聲顯赫，在九江一問便知，只是黎維綱姐姐本人的下落早已不得而知了。

胡昌燕姐姐的父親在九江市經營著一家頗具規模的旅店，可怕的是，她父親在鄉下有祖傳土地若干畝。一九五一年土地改革時，她父親被劃為惡霸地主，慘遭槍殺，母親隨後也上吊自殺。一九五二年，我在解放軍部隊當兵時，有位同事是湖北黃梅縣人，黃梅縣坐落在九江市對面，他復員返鄉之前，我請他到九江市去打聽胡昌燕姐姐的消息，除了得到上述父母雙亡的噩耗之外，胡姐姐本人同樣音訊全無，不知所終。

我在一九九六年間回過一趟武漢，費了九牛二虎之力打聽到一家劉人楚所在銀行的營業所，卻只見到他年屆六旬的遺孀。她告訴我，劉人楚兩年前死於肺癌，我趕緊追問她，劉兄在世時，是否提到過他在盧山中學的同學胡德生和康某。她不假思索地說：「那兩個傢伙都是右派！」

年紀小，生意大

回到武漢的時候，最為關鍵的淮海戰役已經結束，國民黨的潰敗似乎已成定局。常在家中出沒的官員們大多心神不寧，整日消遣，成年人中間彌漫著一股頹喪的氣息。當時的時局也隨之變得險惡起來。夜晚常有坦克車在街上巡邏，大約是要給老百姓服一劑定心丸。記得當時我還有感而發，為此寫過一首小詩，其中有「夜巡坦克履帶的隆隆聲輾碎了我童年的幻夢」的詩句。在家裡沒待上幾天，我就發現父母的生活方式也大大改變，終日沒完沒了的賭博成了常態，父親既賭撲克又打麻將，母親只打麻將。過去只是偶爾為之的事，現在則是通宵達旦，說他們以賭為業也不為過。

也正是在這一段時間裡，駐守在北平的國民黨部隊與共軍簽訂和平移交佔領的協議。消息傳來武漢時，父親並不吃驚。有一天我聽見父親的同僚們聚在書房閒談，家中書房一直都是父親的辦公室。那一牆的《四庫全書》珍本是父親心愛。據他們說，北平當地爆發了一些學生遊行活動，具體的抗議訴求是什麼我沒聽明白，但聽到一位父親的同僚用嘲弄的口氣說道：「那些學生娃還以為自己活在國民黨的天下，想來國民黨對他們整天沒完沒了地上街鬧也真是夠寬容的了。」另一位同僚把話接過去：「我聽說連北平的共產黨都要嘲笑這些學生，說我們共產黨自己就是靠煽動遊行的手段發家的，你們現在還拿這套招式對付我們，真是幼稚！」

不久，有一位當年在博文中學認識的同學來找我，他有一個同學從澳門走私了一些名叫「改裝單B字果綠」的顏料（也就是染制當時最流行的「陰丹士林」色所用的顏料），問我能不能從中牽線，把這批走私貨賣給彭氏家族。我當即答應說：「試一試。」他便拿出一小包樣品給我。

彭家的老太爺彭少安，被業內人士稱為中國顏料大王。他的大少爺彭定國主持著武漢的業務，大少爺的妻舅許某（名字記不清了，好像叫許輔民）也是國內舉足輕重的顏料巨頭。

我在武漢讀書的那個時期，聽說過有些家境不太好的高年級同學利用寒暑假到澳門或者香港去「跑單幫」，通常是走私兩圈「盤紙」（造香煙的紙）到漢口來賣。這種紙體積不大，也不太重，但利潤不錯，賣掉後賺得的錢可貼補下學期的學費。而這次去的幾位同學在澳門沒有買到盤紙，但也不能空著手回來，就買了這批顏料。

那天，顏料大王的長子彭定國叔叔正好在我家打撲克牌，他就坐在我父親對面。我喚了一聲叔叔，把顏料的事給他說了一遍，也把樣品遞給了他，說明瞭價格和數量。他接過樣品，用專業的眼光仔細審視了一番後，爽快地說：「明天全部拉到我鋪子裡去」。說著順手從他身前的賭桌上拿了一摞銀元遞給我：「拿去買糖吃。」

後面去鋪子裡交貨的過程忘得一乾二淨，只記得在付清了那位同學的貨款後，店內的員工還給我裝了兩麻布口袋的銀元。兩隻口袋也都裝得滿滿當當，但也絕不是我一個人就能扛得動的。他們替我搬到一部車上，我和兩麻袋錢擠在一起回到家中，家裡的兩個勤務兵幫忙抬到我樓上的房間後，我給他們每人一個銀元的辛苦費，皆大歡喜。

母親聞訊。，急忙跑來和我商量，要我存些錢在她手上，免得我把這麼大一筆錢全拿去「修五臟廟」。想起前幾年收的壓歲錢全都「存」在她手上，這一「存」就等於和壓歲錢說了再見，不僅要不回來，每次跟她提起這筆「存款」，反倒還要招來一陣數落：「你吃飯不要錢，穿衣服不要錢？」如果我不服氣嘟囔兩句，弄不好還要挨一巴掌。現在我已長大，豈能重蹈覆轍，我當然不同意，但還是送了一百銀元給她。

得了這麼大一筆錢，我當然要拍著胸脯呼朋喚友下館子。剎那間我那些青梅竹馬的小夥伴們全都搖身一變，成了我的「酒肉朋友」。加上我在Miss Gale家裡與西餐建立了感情，動輒就帶大家去「明星飯店」「美的餐廳」等武漢市內最高檔的西餐廳裡消費，不到三個月就把錢用得精光，只剩下那兩隻裝過銀元的空口袋，躺在牆角對我說：「後悔也來不及了吧。」

幸好我在把錢花光之前還買了一隻瑞士阿米加牌的手錶。那時的瑞士手錶雖然名貴，但也不似今日這般天價，手錶花去兩百多塊銀元。恰如母親所料，兩大麻袋的零用錢被我盡數吃幹喝淨，連同購買手錶的花銷，全是與我學生身分不搭調的奢侈消費。現在想來，父母大概是受到當時國民政府官僚階層普遍的悲觀態度所影響，放縱對我的管束，一如他們對自己的放縱。

兩個鐵哥們

記得大約一九四七年到一九四八年跟我玩耍得最好的哥們就是彭定國的胞弟彭定康和一個叫袁至剛的小夥。袁至剛家住在立興大樓五樓上，與我們家的直線距離非常近。因為時間久遠，除了記得我們兩家住得近外，還記得他說過：我現在姓袁，三代以後還宗姓宋，因為我爺爺是由宋家抱養給袁家的。

彭定康和袁至剛和我都不是同學，袁至剛讀的什麼學校我已經記不得了。彭定康好像是讀的漢口上智中學，也是漢口比較好的教會中學。彭定康從上海來，他們全家住在我們樓上。我們三人年紀相近，家的距離也近，我們之間所以非常要好。給我記憶很深的是，我和彭定康一起去武漢大學的東湖游泳，他就用墨水瓶帶來了一瓶白蘭地酒，這是我生平第一次喝酒，並且是地道的外國酒。這種外國酒的液體不像是水，而是固體和液體之間濃度非常大的一種物質。喝下喉嚨非常舒服，很甜又帶有酒香。不久，我們家斜對門開了一個天星飯店，我父親給了我一兩黃金，買了一瓶威士忌酒，我聯想到前幾天彭定康帶給我喝的酒，也應該不亞於這瓶威士忌，所以印象深刻。

後來，因為時局的關係，彭定康被家人送到上海去了。印象深刻的是，他走的那一晚上，是我和袁至剛送他到輪船。我們三人半夜在船頭上高聲齊唱當年流行歌曲《夫妻相罵》，影響了上海籍船員休息。這位船員推開門洞伸出半截身子，用上海話罵「儂啥事體哇拉哇拉的」，這是我學會的一句標準上海話，意思是你們在吵什麼？

彭定康到上海後，還經常書信和我聯繫。因此，我記得他在上海的通信地址：上海鉅鹿路文蘭坊。

近年來，在互聯網上搜索到彭少安的小兒子彭翰，到了香港學習機械，成了世界最大冷氣機公司的港澳區總經理，不知道是不是兒時朝夕相處的鐵哥們乳名遐齡學名彭定康的鐵哥們，現已改名為彭翰？

若干年後，我在報紙上看到香港總督彭定康，暗自心想，這個彭定康肯定不是我兒時朝夕相處的玩伴。一個英國人，卻取了一個地道中國人的名字，是不是為了和中國人拉近關係。

安徽旅鄂中學

我於一九四九年一月離開廬山中學，步行下山到九江市，只在黎維綱姐姐家稍事停留，就上了開往漢口的輪船。回漢口後，我按黎姐姐提供的地址，很快便在「水塔」附近找到了衣料的收件人，以後便和黎姐姐失去了聯繫。但我和胡昌燕姐姐的通信卻延續了很久，因為她文筆流暢，語言生動，而且一手鋼筆行草令我歎為觀止。這種文學和視覺的雙重享受，我殊為珍視。很可能是解放軍攻陷九江的炮火炸斷了我們的通信線路，從此我和她便失去了聯繫。

這時的國共戰爭已進入最後的階段，我們這個家庭已處在風雨飄搖之中。我這個學齡的小青年總不能一直輟學，待戰爭結束才返校讀書吧！一九四九年二月我進入了安徽旅鄂中學，成為該校高中二年級的插班生。這是安徽省旅鄂同鄉會在武昌辦的一所私立學校，在我就讀過的學校中，它是教學品質最差的一所。校址所在的街道名稱我已記不起了，只記得校舍是幾幢古舊的平房，坐落在圍牆內的一片空地上。我在這所學校只讀了兩個月。

這所學校有個非同一般的特點，那就是年輕教師特別多，年紀最大的副校長也不過四十出頭。之所以記得他，是因為他曾經當眾說過一句：「同學中只有張先知的Form最好！」（當年有修養的人通常用Form這個英語單詞來形容風度儀表）這句話聽來雖不至於受寵若驚，但也是得意了很久。

雖然只在學校裡待了兩個月，我和一位年輕的語文教師卻成了忘年交。印象最深的是他在課堂上向我們痛斥國民黨四大家族的腐敗。說孔祥熙家裡開一場家庭舞會都要耗資幾十萬，甚至家中舞廳裡用於照明的都是價值高昂的鎂光燈泡（現在想起來，「鎂光燈泡照明」之說似乎荒唐，但我當年並未細想，也就深信不疑），而中國老百姓卻過著衣不敝體，食不果腹的窮困生活。他義正辭嚴的控訴深深地打動了我，我從座位上站起來，慷慨激昂地倡議道：「我們全班給孔祥熙寫一封公開信，聲討他的惡劣行為。」並自告奮勇擔任執筆者。我大義凜然的行為引起這位語文教師的注意，他曾幾度約我到宿舍裡「個別談話」。

多年以後，我回憶那些在昏暗的臥室燈光下低聲進行的「個別談話」，其場景和後來在電視上看到的「地下黨活動」的場景十分相似。這位可能是中共地下工作者的老師對我在課堂上慷慨激昂的發言給予了高度肯定。當得知我曾經還是「武漢學生聯合劇團」的積極分子時，我從他驚異的目光中明顯看出了他對我的欣賞。他曾問過我的家庭背景，我一一如實作答，想必這位我真誠以待的忘年交老師聽得頭皮發麻，不知他心裡作何感想？

幾次「個別談話」之後，我竟向他提出了一個極其幼稚的建議：「我知道我父親的手槍放在哪裡，如果你需要，我可以偷一支給你。」他不置可否，沉默不語，可能在內心嘲笑我把嚴肅的政治鬥爭當成了的稀鬆平常的遊戲。

此時已到了我離開武漢的前夕。那時的我，只是一個被文學作品孕育出來的、富有正義感、充滿同情心的熱血青年。我通讀過艾思奇的那本《大眾哲學》，在當年有沒有讀過這本書可說是檢驗「進步青年」夠不夠格的標杆。我讀它也只是為了向這個標杆看齊，而不是獲得什麼真知灼見。年輕人總是希冀自己的滿腔熱血能夠揮灑在那些號召激進變革的政治主張上，我在武漢學生聯合劇團學會了很多紅色歌曲，在旅鄂中學聽到了很多慷慨陳詞，在家中目睹了官僚富賈階層的日漸衰敗，所有這一切構築起我看待個人生活與國家走向的視野，迅速地把我推向「進步青年」的滾滾人潮。

勢如破竹的中共部隊一天天向武漢逼近，局勢日趨緊張，人們在潛意識中似乎都隱隱約約地感覺到，一個翻天覆地的時代即將到來。似乎大多數人都對這個未知的時代持著一種模糊的歡迎態度，而各人歡迎的理由又不盡相同。記得童年時，每到夏季我都渴望武漢發大水。因為我聽大人說某年漲大水淹到了街上，有人坐在腳盆裡當街划船，想一下那樣的場景就覺得好玩，可惜我從沒有交到過這樣的好運。所以這次將要到來的「翻天覆地」有點像那場我未曾經歷過的漲大水——對於陌生的事物，我總是期望看到它真正的樣子。而我期待的理由卻又十分真實——「我的父母再也管不了我了」。現在想來，應該公平地說，父母雖然偶爾會動手收拾我，但他們對我的管束也並不算過份，而我卻認為難以忍受。

國民政府似乎想重溫抗日戰爭勝利的美夢，那次是一直退守到陪都重慶，最終等來了勝利的消息。這次他們又想故伎重施，決定再次遷到重慶去。而我還是不具備擺脫家庭、獨自迎接「新時代」的勇氣，毫不猶豫地就接受了全家分三批搬往重慶的安排。大哥帶著七妹乘坐軍用飛機直飛重慶，我和母親、外婆及下面的三、四、五、六、八這五個弟弟妹妹乘「同心」號軍艦逆水而上，父親則乘坐他們的公務飛機走在最後。家裡的廚師、女傭和勤務兵全部遣返，唯獨留下日本籍司機小林少雄。他將開著我家的雪佛蘭臥車，經湖南、廣西、貴州而去往重慶。

空軍上校鮑步初的大兒子鮑厚澤，二女兒鮑厚燕和我是所謂「世交」及同齡人，他們家在武漢的住

別了，武漢

所首善里四號與我家只有咫尺之遙，地理優勢方便了我們常來常往。十五歲的鮑厚燕和她的同齡密友楊盥妍因此和我的關係特別要好，和此前的黃志藻一樣，是我「並非初戀的女友」。

臨別的前夜，我和鮑厚燕一同坐在她家的陽臺上，隔著大約兩三米的距離，夜幕下我們都沒有向對方身體靠近的願望，這麼不遠不近地坐著，不著邊際地聊了兩個多小時，不冷不熱地結束了這個最後「告別」。第二天清晨，她又跑到我家來，迎頭碰見我那位喜歡逗女孩子的父親，鮑厚燕說：「張伯伯，我來送您！」父親笑著回答：「你就說你來送張先知吧。」羞得鮑厚燕一臉通紅。

碼頭上有專職運送行李的工人，他們挑著行李、扛著箱袋，來來往往一片繁忙。將要登船遠行的人扶老攜幼彼此告別，哭爹喊娘聲此起彼伏。躉船上各路送行者揮淚搖手，互道珍重的場景令人傷感。這是我生平第二次，也是最後一次看見我父親淚流滿面。他站立在躉船的尾部，從眼裡溢出的淚水佈滿了臉頰，臉色也因激動而發紅，他眼睜睜地看著自己生命的一部分漸漸離他遠去。「同心」號軍艦一尺又一尺的遊離了輪船碼頭，向上游方向駛去。

這次揮淚告別的場面在我的記憶中顯得尤為悲壯，特別是我想起站在躉船上的那一群穿著將校軍裝的叔叔伯伯們。曾幾何時，送行者和被送的人都是以抗日戰爭勝利者的姿態自「大後方」凱旋的英雄。在戰後不足五年的「英雄蜜月期」行將度完之際，戰敗逃亡的喪鐘就已鳴響。這一切究竟是怎樣發生的，到底又意味著什麼？我下決心，在下一次見到父親時，一定要向他提出這個問題。

一個月以後，我這個從來沒有認真思考過政治問題的孩子，竟然就國民黨的迅速潰敗，挑釁性地向父親提出了疑問。那是在我和他一起前往重慶市內的途中，我向他提出了早已準備好的問題。父親在一陣驚異之後回答說：「國民黨不是被共產黨打垮的，而是它的腐朽把自己垮掉的。」他擔心我聽不懂，又進一步解釋說：「如果一幢房子的樑柱都已腐朽，不需什麼外力它都會坍倒下來」。

乘「同心」號軍艦到重慶

我們家乘坐的這艘「同心」號軍艦是宜於在內河航行的小型軍艦，噸位大約在五百噸到六百噸之間。它的外型有個鮮明的特點，船頂上豎立的煙囪兩個是依次排列，而不是常見的一個。據說它還有一艘噸位相同、造型也相同、名稱也近似的姊妹艦「同德」號。兩艘軍艦的名稱應該是來自國民黨黨歌（其實當年的黨歌就是國歌）中那段「同心同德，貫徹始終，青天白日滿地紅」的歌詞。

據說只有這類小噸位的船隻才適合開往灘多水淺的長江上游，本次航行的終點重慶已算是長江上游的上游了。像所有鐵甲鋼板的軍艦一樣，船體的前後左右裝備著大炮、小炮、高射機槍和救生艇救生圈。艦上配有幾名穿著制服、佩有軍銜的海軍軍官，以及很多戴著無簷帽的海軍士兵。這次航行的任務一方面是為了調走軍艦，以防它成為落入敵手的戰利品；另一方面也是為了載運由武漢啟程逃往重慶的國民黨官員的妻兒老小，以保他們暫時不被「解放」。

戰艦可不像客輪，艦上可以提供給旅客們使用的床位非常有限，海軍士兵們便將自己的床位高價賣給一些手頭比較闊綽的乘客，價格最低也有他們當月軍餉的兩倍以上。幾十塊銀元的「灰色收入」正好可以用來嫖娼宿妓。上面的軍官也並不過問，因為他們很可能也做著相同的買賣，只是軍官的小房間價格更離譜罷了。我全家老小也在底艙買下了幾個床位，按明碼實價的標準，在眾目睽睽之下交清了床位費用。按軍隊紀律，這種嚴重違紀的交易絕對是不可饒恕的，然而這艘軍艦上的上下官兵卻通行一致，足見國民政府的腐敗已已經深入骨髓。

令我遺憾的是，在艦上的幾百號男女老少中，我竟找不到一個熟人，尤其是找不到一個年齡相近的男女同學可以說說話，知音難覓的失落感令我一時黯然神傷。這很可能是武漢太大，而我的熟人又太少的緣故。不過我在和海軍士兵交涉購買床位的事宜時和他們混了個臉熟，他們在得知我是個「大官」的「少爺」以後，也歡迎我和他們一起玩耍，夜晚我們就露宿在炮塔旁邊。由於我們之間實在找不到什麼共同語言，而我早就從小說書裡知道，三句話不離「性」，是全世界水手們共通的「職業病」。這些海軍士兵也不例外，翻來覆去地講他們各自的獵豔奇遇，全是些我至今羞於啟齒的低俗談資。對於當時的我來說更是不堪入耳。

逆水行舟的途中也發生過一次險情，軍艦進入監利縣水域時，據說江岸上有「土匪」（這是當年對共軍及其遊擊武裝部隊的通稱，就像共軍稱國民黨軍隊為「蔣匪軍」一樣）出沒。艦長一聲令下，頓時各路士兵立即登上各自的「炮位」，迅速拉下罩在炮塔身上的「炮衣」，士兵們神情嚴肅，全神貫注地觀察著岸上的風吹草動。可笑的是半分鐘之前我還混在一群士兵中和他們嬉鬧，進入戰備狀態的號角卻把我嚇得不輕，慌亂中跟著一名海軍士兵進入了炮塔。他一扭頭發現了背後的我，也被嚇了一跳，連聲示意我趕快蹲在他旁邊，如果被長官發現，大家都「脫不到手」（四川話，即遭殃的意思）。我則暗暗祈求，希望有槍炮聲響起，最好能和山上的「土匪」大幹一仗，因為這實在是太刺激了。可惜大約四十分鐘後，軍艦上宣佈解除警戒，一切歸於常態。

到達重慶以後，在母親的安排下，我們住進了朝天門的一家旅店裡。兩三天後，母親找到了十多年前抗日戰爭時期我們曾經住過的老房子，位於江北九龍巷四號的馬家大院。母親再次租下了那裡的房子，因為孩子們已經長大，而且還新添了幾個，於是我們家又多租了兩間。

記得我五歲時，就在這所院子外的一棵桔子樹下，我曾被馬家的一個比我大兩歲的女孩打出了鼻血。十多年後我已長成一個大小夥子，本以為此次重逢時我要為那灘鼻血報仇雪恥，待到大家見面時，竟然都紅著臉說不出一句話。她就住在我房間隔壁，已經是一位幼稚園教師了，她想好幾次找我說，我都佯裝不理睬。其實也不單是因為那灘鼻血讓我直到十多年後還在記恨她，實在是因為她每天傍晚都要在門外高唱幾段庸俗不堪的流行歌曲，輕佻媚俗的歌詞令我實在難以忍受。說起來都是些無關緊要的兒時糾葛，還是就此打住吧！

小林少雄

如前所敘，小林少雄是日本大阪人，身高不超過一米六二，符合中國人俗稱「日本矮子」的身高標準。他告訴我，戰前他是個木匠，家裡還有個妹妹，日本投降後，他陰差陽錯地「自願」留在了中國，和另外兩名戰俘一起成為武漢市內僅有的三名替國民黨高官開車的日本司機。小林君的中國話達到足以假亂真的程度，他甚至取了個中國名字，叫肖麟龍。更有甚者，他還像中國官員一樣，用他的中國名字印了一張名片，只是名片上沒敢編造什麼官銜，只印上「張公館司機」這個「職稱」。

在我們張家兄弟姊妹中，就我和小林君的關係最好。他曾經很耐心地教我說日語，有一段時間我也能像模像樣地說上幾句，只可惜我的日語水準後來日漸荒廢，枉費小林君當年一片苦心。現在除了還背得住日文字母外，其他的都忘得一乾二淨。

我尤其難忘的，小林君膽敢悄悄違抗我母親的命令，背地裡教我開汽車。那時我個頭不大，只能手握方向盤坐在他的懷裡開，我們常常在半夜裡偷偷把汽車開到日本租界去，在那些僻靜的街道上兜風。這時他便會在我耳邊輕聲哼唱起日本歌曲，如《支那之夜》、《滿洲姑娘》。那些膾炙人口，優美動聽的曲調，那番悠閒的情趣，至今仍有餘味可嚼。

由於他過分喜歡嫖娼宿妓，殊多次替他支付了醫治梅毒性病的費用後，父親終於忍無可忍，令傭人在每日午夜之前將大門鎖上，如果他再因嫖娼晚歸，便連家門也不讓進。而恰好我所住的二樓臨街且有一段圍牆（牆內是一排傭人們住的低矮平房，一九九五年我首次返回漢口時，該圍牆和我所住的臨街附樓均因拓寬街面而被拆除），這段圍牆比較矮，常有賣夜宵的商販在牆下擺攤。機靈的小林君借用宵夜攤的板凳攀上圍牆，推開我的窗戶，也算是「破門而入」了。他第一次這樣闖入我的房間時，我大為吃驚，但也一直包庇他，使得他在以後的日子裡屢屢如法炮製。這就是「兄弟姐妹中我和小林君關係最好」的主要原因。

在父親安排我們全家分批遷往重慶的同時，也安排小林君獨自駕駛雪佛蘭臥車，經湖南、廣西、貴州三省而至重慶。像他這種水準的「中國通」，估計途中也不會遇到什麼麻煩，那部車上還載著十多支手槍，其中大部分都是國民政府獎勵給抗日將領的戰利品。

我們全家安頓到重慶以後，也許是為了檢修汽車，有一次我跟著小林君去了設在重慶化龍橋的一家軍隊汽車修理廠，該廠的負責人曾是我父親的部下。恰好我在博文中學的同學胡文彬當時也到了重慶，他的表兄就住在北碚南京路。我們三人想到北碚去玩，就找修理廠的負責人要來一部車，小林君、修車師傅、加上我們三個年輕人便一同坐上這部中型吉普車。車的尺寸比當時常見的小吉普車大一些，還有個標誌性的稱謂，叫「四分之三」，這個不倫不類的名字好像是指它的載重量。

到北碚以後，我想過一把開車癮，主要是按捺不住想在兩位同齡朋友面前顯示一下我的開車本領，便叫小林君去找那位修車師傅拿來了鑰匙。考慮到我一直以來都在替他夜裡溜進溜出的行為打掩護，作為心照不宣的交換，小林君也會主動向修車師傅證明我是會開車的。我買了兩張電影票，把這兩個「多餘的人」安頓在北碚電影院，轉身就帶著兩個朋友嘻嘻哈哈地爬上吉普車絕塵而去。在我的駕駛下，我們不分東南西北地在附近街道上轉悠。那時我不足十六歲，但我的膽子實在是太大了，雖然當時街上的汽車還非常稀少，但現在想來，還是忍不住為當時稀裡糊塗的危險操作感到後背發涼。

那年頭的北碚只是個類似「城鄉結合部」的小鎮，街道上沒有紅綠燈，過往行人既不懂交通規則，也不知斑馬線為何物。我慢速行駛在北碚那條最熱鬧的街道上，看見街上來來往往的行人很多，不禁有點緊張，一不小心竟將汽車頂在一家糖果店鋪面前。我故作淡定地掛上倒車檔準備後退，但汽車不退反進，握著方向盤的我當即傻眼，最後只好用了個笨辦法把車挪走：請乘客下車，又請了兩位圍觀者合力將車推回公路，重新發動後將車開回了電影院。

兩位「多餘的人」回到車上後，我告訴他們此番倒車不成險些釀出事故的經歷。小林君告訴我，這種車既不同於小吉普車，也不同於小臥車，它多一個名叫加力檔的檔位，有四個前進檔和一個倒車檔，而臥車通常是三個前進檔和一個倒車檔。

一九四九年十一月，我和大哥均已離家出走，父親先行前往西康省西昌機場，這裡是國民黨在大陸的最後一座飛機場。他在那裡焦急地等待著小林少雄，他駕駛的雪佛蘭臥車上載著母親和六個從一歲到十四歲不等的幼小弟妹。在國民黨敗走臺灣的最後時刻，全家人從重慶出發，將要登上等候在西昌機場的軍用飛機。父親最終只等來小林少雄那張哭喪的臉，原來雪佛蘭臥車發生機械故障，壞在了樂山市。更糟的是，在那裡找不到急需的配件，他只得把母親和弟妹們安頓在旅店裡，隻身搭便車來到西昌向我父親當面陳述這個意外情況。

這時中共已在北京建立政權，西南腹地的共軍炮火也步步逼進，面對如此危急險惡的形勢，父親當即作出了一個的勇敢決定：讓小林少雄帶上他身邊的重要資料和家裡的股票，房屋契約等財產憑證，乘飛機到臺灣去交給他的老上級陳誠將軍，事成之後小林就可以返回他的祖國。而我父親赤手空拳去迎接的，很可能就是他曾幾度預感將要「死無葬身之地」的下場，這是他為了去和自己的妻子兒女團聚所必須付出的代價。

鮑氏兄妹

我的同學中間不少人是我父親朋友的兒女，這類關係被稱為「世交」，其含義有延續上輩人友誼的意思。這一次回到重慶，少不了和世交們重逢，他們大多住在重慶市內，所以我整天跑遍重慶的大街小巷和他們一起玩耍。這些朋友中，與我交往最深，友誼延續時間最長的便是鮑氏兄妹。所以我理應為他們兄妹兩人多著一點筆墨。

他們的父親鮑步初來自湖北黃陂縣鮑家寨，是一位國軍空軍上校。一九四八年冬，鮑步初的兩位兄長在抵禦共軍的戰役中陣亡。追悼會在漢口殯儀館舉行，父親帶著我和大哥一起去敬香鞠躬。這是我生平第一次參加弔唁，也是生平第一次看見我的同齡人穿著一身白衣孝服、戴著孝帕伏跪在靈堂裡哭泣。

他們家原來住在首善裡四號，距我家直線距離不過五百米，只可惜要走完重慶市內的這一段直線距離，中途還要加上兩次拐彎才能到達。不過他們仍然是離我最近的友人。我最早是因為到首善裡四號去送一張父親寫的請帖而認識他們的。那天我騎著自行車到他家門口時，看見一個身材苗條的少女站在門口的巷子裡，我也不知道她是誰，就舉著請帖對她喊道：「我爸爸叫我把這個給鮑叔叔。」她便朝我走過來。那時我的「初戀準情人」黃志藻已經去了上海，身邊一直沒有什麼女孩子和我一起玩，待她走近時，我發現她十分漂亮，當即產生了想要和她接近的願望。其實她兄妹倆並沒有和我同過學，因為年齡相近，家又住得近，父母間也是經常走動的好友，所以在長輩的來來往往中，孩子之間也建立了友誼，我也就真的和鮑厚燕親近了起來。

鮑厚澤只比我大一歲，從小就對美術抱有很大的興趣，他待人真誠憨厚，任何人交到像他這樣忠誠的朋友都是幸運的。他父親曾把我和他帶到軍用機場，我們一起登上一架有兩個機身的「黑寡婦」戰鬥機。鮑步初叔叔打開電門，指著周圍閃動著螢光的幾十種儀錶向我們解說各自的用途，還讓我倆坐進去擺弄操作杆和座艙裡的各種器械。可惜那時我已絲毫不再嚮往空軍飛行員的職業了，雖然能夠進入戰鬥機的座艙參觀一番實在難得，但哪怕就是這樣「零距離」的接觸也無法再次喚醒我兒時的空軍夢了。

鮑厚燕比我小一歲，她還有一個名叫楊盥妍的好友，兩人年齡差別不大。楊盥妍也慢慢成為我們玩耍圈子中的人，我和她倆實際上是「三小無猜」，親密地相處，但又共同在戀愛的邊界線外徘徊。這次從武漢返回重慶，鮑家全家重新在一個地名好像叫捍衛村的居民區租下一幢三層樓的房子，因為他家兄弟姊妹很多，所以三層樓的房子住起來也並不算寬敞。尤其糟糕的是，鮑步初叔叔又另外娶來了一個年輕漂亮的大學生當姨太太，並且和他們全家住在一起，這就使原本和諧的家庭裡生出一絲間隙。反正這些都是大人的事，況且那時並不像今天這樣強調一夫一妻制，家庭之內的糾葛也不太影響我們小孩子之間愉快地交往。我有時在市內玩得太晚就乾脆住在鮑厚澤家裡。那時我並未入學，玩得痛快極了。

開學以後，我回到嘉陵江對岸的江北家中。不久，我因家庭變故和老友們失去了交往，隨著共軍攻下重慶，我們便失去了聯繫。一九五〇年，我在四川省合川縣西南軍政大學學習，這時鮑厚燕早已返回湖北老家，並在湖北省革命大學學習。她所就讀的那所學校就設在我的家鄉黃崗倉子埠，忘了是經由什麼關係，我們又恢復了聯繫，以後便頻頻通信。

從與她的通信中我得知，他們四十多歲的父親早已帶著年輕漂亮的姨太太登上他「駕輕就熟」的飛機飛往了臺灣，扔下年老色衰的「黃臉婆」和一連串兒女，接受新政權所謂的「脫胎換骨」的改造。

她在一次來信中告訴我，她哥哥也早已參軍，在十二軍三十五師文工隊做美工方面的工作。我那時也從軍政大學畢業，分配到大足縣警衛營擔任文化教員。我當時所在部隊的任務主要是征糧剿匪，大足縣屬於十二軍三十五師的駐防區域，該師的一〇五團就在大足縣附近。有一次，三十五師的文工隊下連隊演出，我還專門跑去見昔日朋友、今日「戰友」的鮑厚澤。老友相見少不了一番推心置腹的暢聊，這時他悄悄告訴我說他不想當兵，準備「開小差」（部隊裡對逃跑的俗稱）去讀書，並邀約我和他一起「開小差」離開部隊。我當時已是青年團員，面對鐵杆哥們兒的這一番懇切陳訴，內心經受了一場「團性」和友情「誰勝誰負」的「考驗」，最終我沒有選擇「開小差」，替他一直「保密」至今。

一九五一年，我調到重慶西南軍區通信學校學習，鮑厚燕在一封來信中告訴我，她哥哥這時也在重慶，就讀於西南美術專科學校，學校地點在上清寺。想到他從小愛好美術，終於走上自己夢寐以求的道路，我暗自為他祝福。讀完那封信，我就去美專找他，好奇地向他打聽坐在裸體的女模特面前畫畫是一種什麼樣的感受。後來他還帶我去了小學同學彭啟婉和她母親在重慶的家，彭啟婉告訴我，這棟房子是父親彭善將軍的一個老部下讓出來給她們一家人住的。交談中我們發自內心地為「新中國」一片欣欣向榮的景象、為祖國即將迎來的繁榮富強感到高興，竟然絲毫沒有覺得各自優渥富裕的家庭因國共內戰而分崩離析對我們有什麼傷害。這樣天真的想法和日後我們各自的遭遇形成了鮮明的反差。

從湖北省革命大學畢業以後，鮑厚燕被分配到團委工作。一九五五年，她調到湖北人民廣播電臺擔任播音員。我們先後都建立了自己的家庭，隨後又都有了孩子，工作和家庭的雙重擔子讓人脫不開身，往日單身時的輕鬆閒暇也一去不返，我們的通信因此漸漸減少……

一九五七年，毛澤東發動了以「陽謀」自詡的反右運動，相當一部分大陸知識份子旋即遭受滅頂之災。出身於敵對階級的人、負有「原罪」的「異己分子」、有親人逃往海外的「說不清道不明分子」，一律作為整肅對象。這些人在接踵而至的一次比一次更無情的打擊中，經歷了無數次生不如死的痛苦。誰也不願意把自己遭遇的委曲和不幸傳遞給親朋好友，讓他們也來承擔一份極其沉重的感情負擔，因此我們選擇了用沉默的惦念來代替文字的傾訴，斷卻了彼此的音訊。

直到劉少奇、林彪、彭德懷等一大批「老一輩無產階級革命家」被扣上一大堆帽子，「打翻在地，再踏上「一萬隻腳」；直到自詡「無法無天」的毛澤東死掉；直到把第一夫人定性為四頭「替罪羊」的「頭羊」，而她憤憤不平地宣佈自己「只是毛主席的一條狗」；直到「史無前例的文化大革命」更名為「十年動亂」；直到胡耀邦大義凜然地平反冤假錯案；直到我們這一代受難者變成了老翁老嫗；直到我離開故鄉四十三年後的一九九二年，我終於如願回到了魂牽夢縈的武漢。

用我衣兜裡那本過期失效的《中外科技產品報》的記者證糊弄過門衛後，我走進湖北人民廣播電臺，探訪五十年代在這裡當過播音員的鮑厚燕。面對電臺裡一張張年輕的面孔，我幾乎失去了「考古」的信心，只能請求人事科的幹部在退休老同志中打聽一下。幾經周折，終於從辦公室的電話中聽到了這樣一句話：「有這個人，她後來和湖北日報社的王文華結了婚……」

王文華是湖北日報的總編室主任，屬於報社老少皆知的「元老派」，他的家庭電話很容易打聽到。電話接通後，我終於在聽筒裡聽到了鮑厚燕陌生的聲音，我們商量好明天在黃鶴樓見面，相互告知了各自穿什麼顏色的服裝，手執什麼東西，除了免去暗語以外，全部採用當年單線聯繫的「我黨地下工作者」的聯絡方式。因為將去會見的是幾十年未曾謀面的、熟悉的「陌生人」，近半個世紀的風霜雨雪不可能不在我們的臉上刻下一些印痕。後來鮑厚燕告訴我，接到我的電話以後，她立即給楊盥妍打了電話，讓她猜猜這位造訪的老朋友是誰，楊盥妍竟不假思索脫口而出張先知三個字，就憑這三個字，也足以安慰我千里迢迢地去探訪她們的心。

在得知鮑厚澤一九五七年也和我一樣被劃為右派分子時，我並不感到十分意外，而鮑厚燕也於該年被劃為右派卻是我萬萬沒有想到的。因為那時的她畢竟只有二十一、二歲，是個輕聲曼語的女孩子，絕非敢於「大鳴大放」的冒失青年。估計她真正的「致命硬傷」還是來自她的家庭背景，那位飛去臺灣的父親。

在臺灣，她父親的新妻子又生下了一兒一女，這個女兒竟然沿用了鮑厚燕的乳名，折射出這位老人對棄置在大陸的六個兒女的思念之情，其中未必沒有一份悔恨和愧疚。想到這一點，再聯想起我幼年時鮑步初叔叔對我的分外關照，我澈底打消了自己一度萌生的寫書嘲弄「負心漢」文章的想法。二十年前，鮑步初在臺灣經商時遭遇嚴重的挫敗，最終在憂鬱中離世，同父異母的弟妹隨後和繼母遷往美國定居。

更令我扼腕歎息的是鮑厚燕的生母，這位受男尊女卑的封建禮教毒害一生的老媽媽沒有熬過六十年代初期的大饑荒，成為那時「非正常死亡」的統計數字中微不足道的一個零頭中的一點。在那餓殍遍野的歲月裡，楊盥妍的處境相對好些，她在輪船上當播音員，船上的糧食配給標準比普通老百姓高一些，她盡最大努力攢下些糧食周濟鮑厚燕母女，以及她那一群骨瘦如柴的小弟弟，但僅憑她一己之力還是難以幫助他們全家人安度難關。

最使我深感痛苦的是鮑厚澤的英年早逝，他於一九八六年死於肺癌。一九七七年，他右派的問題得到「改正」後，作為五十年代畢業的大學生，他重新回到原單位上海電影製片廠，重新回到他熱愛的領域展示他的才華。「電影《泉水叮咚》你看過嗎？」鮑厚燕問我，我說：「沒有。」「片頭字幕打出的美工就是他的名字。」我很少看國產電影，如果我曾經因為沒有看某部國產電影而後悔的話，《泉水叮咚》可能是唯一的一部。如果我之前恰巧看過這部電影，又恰巧在電影片頭看見了鮑厚澤的名字，估計我會馬上趕去上海和他見面，就像當年從大足警衛營趕去連隊下鄉的現場找他一樣。

鮑厚燕當時居住在武昌東湖附近，此番我是因妻子去武漢經商而隨行，所以在武漢停留的時間很長，和鮑厚燕接觸很多，也相互聊了很多兒時玩伴的下落。我們一同到楊盥妍的家裡敘舊，期間得知她的丈夫早已離世，三個女兒均定居在香港。而她自己也重新找了一個老伴，可惜兩人只在一起生活了短短的一年時間即再次離婚。楊盥妍與我通信至今，我特別感謝她常常把一摞一摞在大陸難以購得的香港雜誌帶給我，她告訴我這些雜誌在香港機場附近很容易買到，只是最近機場安檢越發嚴格，這類雜誌已經很難通關了。

我們之間最近的一次聯繫是在二〇一七年四月下旬，我忽然接到她打來的電話，在此之前我們已經有大約兩三年沒有聯繫過了。電話中她告訴我，大陸方面對香港的言論和新聞自由的管控早已今昔非比，現在已經不可能在香港的機場裡買到原來她曾常常帶給我的那些時政雜誌了。此時的楊盥妍已是八十出頭的老太太了，但仍然懷念我們童年時代的友誼，在這通電話裡，她直接向我的妻子楊文婷提出，想通過線上視頻聊天的方式看一眼兒時的玩伴現在是怎樣一副模樣。視頻接通之後，我聽到她只輕輕地感歎了一句：「你怎麼還戴了個帽子啊。」可惜的是我早已失明，全然看不見她如今是什麼樣子了。

鮑厚燕於三年前將她的回憶錄寄贈給我，書的名字叫《孤燕奮飛》，封面和內頁都有她早年當播音員和主持人時光鮮亮麗的照片，內容裡卻隻字不提她備受苦難的右派經歷。我對這樣粉飾生活的文字沒有什麼興趣，不過我的《格拉古軼事》她倒是非常喜歡，被她大力推薦給湖北省文聯裡的文藝工作者們，並受到他們的讚揚，對此我發自內心地感激。

在武漢時，鮑厚燕還向我提到，她現在享受的是離休幹部待遇，而離休幹部是指在一九四九年十月一日之前「參加革命」的幹部。但我清晰地記得，遲至一九四九年十一月，鮑厚燕仍和家人共同居住在重慶，她又沒有分身術，怎麼可能會在十月一日之前就「參加革命」呢？所以我就此向她提出疑問，只是她沒有正面回答，反倒是問我：「我咋個不是離休幹部呢？」

又過了若干年，當年與我一起參軍的老「戰友」悄悄地告訴我：「只要軍隊裡有兩個同事能夠證明你在一九四九年十月一日前參軍入伍，你就能享受到離休幹部的待遇。其實很多像我這樣一九四九年年底參軍的人隨便都能找到兩個證明人，撒謊證明他們是十月一日以前參軍的，從而成為日後的離休幹部。」講完這一番話，他還接著說：「如果不是你後來倒楣，早早離開了軍隊，肯定也可以這樣操作。」回想起我參軍那時，身邊的共產黨員幾乎都是非常誠實正直的人，只可惜在制度的漏洞面前，很多人都沒有把持住自己的底線，不可避免地失去了曾經的高尚品質。

大哥出事和外婆的死

如前文所敘，我和大哥在重慶街頭偶遇了博文中學的同學胡文彬。一陣歡呼雀躍後，他告訴我們，他家遷來重慶之後便租住在觀音岩義林醫院五樓，那裡很快就成為武漢來重慶的同學們聚會的場所。

有一次，我大哥獨自一人去胡文彬家裡玩，他在下樓準備回江北家中時撞上一夥義林醫院的流氓「地頭蛇」，隨即雙方發生口角衝突。雖然作為住戶的胡文彬居間解釋了一番，但這夥流氓「地頭蛇」態度始終很蠻橫，竟然將我大哥扭送到大陽溝的一家看守所關押起來。

胡文彬趕緊跑來我家，將這一突發事件告訴了我，我倆立即趕到看守所要求會見。恰巧在看守所門外遇見到一位正在採訪犯人家屬的女記者，我也湊上前去，將胡文彬向我轉述的事情經過向這位女記者慷慨激昂地陳述了一番。沒想到第二天在這張小報的顯要位置，我大哥「蒙冤入獄」的新聞以醒目的標題繪聲繪色地登了一大版，文字後面還有受害人胞弟籲請社會各界主持正義之類的話。當時我對自己出的這點小小風頭洋洋得意，人前人後翻來覆去地自誇。大哥從看守所出來後，我也沒少在他面前以臨危受命及仗義執言者自居。

其實這件事的解決並不一定是這張小報的功勞。在向記者陳訴來龍去脈之後，我們回到胡文彬家裡，此時他表兄也在家裡，我們向這位見過世面的表兄又重新陳述了一番原委，這位成年人對我說，這種事僅僅依靠輿論很難得到解決，一定要通過官方途徑想辦法。而這時我父親正在廣州，我想到父親的朋友夏秋樵伯伯，也就是在恩施時曾照顧過我和大哥的夏伯伯，這位湖北省參議員也是最近才從武漢來到了重慶，恰巧他家也距我們所在的觀音岩不遠，我立即去到他家裡，把大哥的事又對他說了一遍。他叫我當晚就住在他家，說：「明早去接你哥哥」。

果然第二天我就去看守所把大哥接了出來。只是他身上的零用錢被牢頭獄霸勒索一空，還說那晚上讓他睡在尿桶旁邊。那年頭我覺得自己長大了應該去當個作家，對於他蹲監獄的經歷，不但不覺得恐怖，相反還有幾分羨慕：那可是「基督山伯爵」成長的地方啊！只是萬萬不曾想到，我生命中幾乎四分之一的歲月都將在監牢中度過，大哥那微不足道的十多個小時，就好像用一滴水之於江河湖海似的，不足掛齒！這當然是後話了！

我和大哥從重慶市內返回江北家中，百米開外就看見我家大門外面豎著一張紙幡。這是有人過世的人家特意立在門口的標誌，我當時心想，肯定是我的外婆死了。

到重慶不久，外婆就一直患肝病，我父親歷來不信中醫，外婆又堅決不服西藥。結果只好將就老人，讓她看中醫。只是請來的兩位中醫醫師，恰似魯迅所說的「是些有意或無意的騙子」。兩三個月後，外婆腹部以下出現水腫，病情日趨惡化而離世。待我們回到家裡外婆早已裝殮完畢，母親眼睛都哭腫了。弟妹們還未懂事，父親又不在家，我們只好按著鄰居的建議，請來道士晝夜誦經超度靈魂。我和大哥一人執一炷香，在道士的誦經聲中圍著棺木繞圈，雖然我們都不太情願，但也只得服從。據說只有一絲不苟地遵從道士安排的規矩，才能讓外婆在陰間一路走好。

外婆是我家第一個去世的人，她一生篤信佛教，死後卻讓道教的道士來念經超度，我直到今天也沒有弄清這些禮數到底該作何解釋。

外婆下葬的那塊墳地正是十年前她背著不准燒香拜佛的父親，帶著我和大哥，偷偷摸摸地去給外公舅舅燒錢紙的那片荒地。那夜，一捆一捆的錢紙在善良的外婆絮絮叨叨的念誦聲中，全留給了「孤魂野鬼」。老人家彷彿知道，終有一天，我們都會變成無依無靠的孤魂野鬼。

「九二」火災

當時我在重慶的同學和朋友大多來自武漢，他們幾乎全都住在重慶市內。在休閒玩耍的暑假期間，家住江北的我便經常往返於一江之隔的兩個城區之間。我通常的路線是先到朝天門碼頭，在那裡登上擺渡的小木船，在船上向船主支付少許過河費（按今天的幣值折算，估計不足半個燒餅錢），然後乘船在嘉陵江中行駛三十分鐘左右，便到達江北岸邊。

在渡船上，每當船主向乘客收取過河費時，常常出現乘客間的熟人爭著替對方付錢的場面。我在一旁常能看見其中某人假意嚷著「我來我來」，卻始終掏不出自己的錢包的場面。這個虛情假意的細節給我留下較深的印象，似乎是窮人在付這點小錢時既要繃面子，又要心疼荷包那種裡外不能兩全的樣子。還有一次是兩個乘客在船上發生爭吵，一個白髮老人從中勸解時說了一句「同船過渡五百年修」，似乎船上的人都認為此番同船是前輩子修煉了五百年才結下的善緣，心情頓時好了起來，那兩個吵架的乘客也若有所思地止住了話茬。

朝天門是夾在長江和嘉陵江之間的一個「牛角尖」，這兩條江在朝天門這個「牛角尖」處匯合，給滾滾南下的長江中游添注了活力。獨特的地理特徵決定了朝天門碼頭邊停有若干躉船，又有進出兩條江的木船和輪船停靠在躉船旁邊等，在這裡裝上運走的貨物或者卸下運來的貨物。靠體力勞動為生的碼頭工人在躉船通向江岸的跳板上你來我往，這裡有他們寄身棲息的窩棚、填飽肚子的各類飯攤，以及發洩情欲的妓女……。

那年頭的朝天門就像搖搖欲墜的國民政府般破敗。通向江邊的石板路兩側，數不清的男女老少乞丐或跪或臥，伸手向路人乞討，個個衣衫襤褸蓬頭垢面，其慘狀令人無比震驚。這些景象對我這樣一個單純的年輕人來說顯得太過殘忍，這不止是同情，我甚至從中生出對國民政府的憤恨。

一九四九年九月二日傍晚，一場由陝西街餘家巷引起的突發大火，將這裡燒成了一片廢墟，數以千計的人葬身火海。我和眾多江北民眾一起站在高處渾身發抖地「隔岸觀火」，親眼目睹火勢蔓延開來，最後變成了一場慘絕人寰的災難。雖然火災現場與我們的直線距離大約有一兩千米，但滾滾熱浪仍然可以跨過嘉陵江灼痛我暴露在外的面頰。在火光照映下，我看見一群又一群被烈火驅趕到江邊的人張惶失措的身影，也能聽見他們呼天喚地的求助聲浪。慌亂的人群在江邊擠成一團，最後一片一片地倒入江中，被無情的江水吞沒。

第二天，也可能是第三天，我特地去到冒著餘煙的火災現場，以往我上下碼頭匆匆走過的窩棚小巷，現在只剩下熏得黢黑的灶台、水槽和石凳。大火一直延燒到「牛角尖」的頂部，那裡有一座十多層的現代化高樓「金城銀行」，多虧高樓的阻擋，大火才中止在那裡。但這座高樓牆體的一側仍然留下一片煙薰火燎的痕跡，整棟房子看起來像斷垣殘壁一樣讓人觸目驚心。我在那裡聽到許多人的流言蜚語，有的說這是地下黨放火故意製造的混亂；又有人說，這是國民黨在逃跑前刻意製造的亂局；還有人說：「消防龍頭噴出的不是水，而是汽油」。每一種說辭都荒唐得令人咋舌，但當年的民眾之愚昧，確乎如此。

在那兵荒馬亂的年頭，各種奇談怪論甚囂塵上。例如有人說，共產黨共產共妻。最離譜的是，有一次我在路邊電線杆上看到宣傳招貼裡這樣寫道：倘若共產黨打進來，會把男孩子的「卵睾子」收集起來，送到蘇聯去做原子彈，「不信者口吐鮮血而亡」。此類荒誕無稽的言論不一而足，令當時的我啼笑皆非。但不少普通百姓，尤其是孔乙己之類的「曰夫子」，皆搖頭晃腦地信以為真。

重慶以下的川江流域，或因山岩阻隔，或因深溝落差，江面的水流常常會形成一種被川人稱為「回水沱」的水域。其現像是水流減緩，反復在原地轉悠，最後才緩緩向下游流去。重慶以下約三十華里處，有一地名叫「唐家沱」的地段，九月三日以後，火災中溺水身亡的受難者陸續浮出水面，「熙熙攘攘」數以千百計，擁擠在「唐家沱」的水面上。男屍一律俯臥，女屍全為仰躺，遠遠望去即可判定其性別。每日在江邊尋找「九二火災」中遇難親人遺體的家屬絡繹不絕，我也曾前往看過，焚香燒紙悼念亡人的親屬擠滿了水岸兩側，其哭啼哀號之聲令路人為之動容，此乃民國末年下層百姓之卑微與不幸的真實寫照，令我一生難以忘懷。

革出家門

開學後，我和大哥一起插班進入了江北縣立中學，這所學校距離我家非常近，學校的後門正對著我家的前門，真正是一牆之隔。

記得父親第一次自廣州回來的當晚，他的幾個老部下到家裡來看他，他和這幾個人在門外的一塊空地上聊天（此時我家早已沒有了「客廳」之類的奢侈空間）。談話內容現已回憶不起，但父親的一句話卻令我吃驚不已，他說：「我們現在已經是死無葬身之地了。」我聽後難以設想會有如此嚴重的事情發生。客人走後，他又來到我的房間，遞給我一支「鸞絲套」派克牌鋼筆，並說是朱鼎卿伯伯送給我的，叫我用心讀書。朱當時是湖北省主席，和我們是黃岡同鄉。

江北中學開學不久，我再次以激進的姿態，風風火火的幹勁，在同學中間大顯身手。我邀約同學胡俊德（四川長壽渡舟鄉人）、項廷柱（湖南省人）共同組成「號角文藝社」，自封為社長。胡為文字編輯，項任美術編輯，又請來年輕的美術教師李繼華擔任顧問，不定期張貼以《號角》命名的壁報。不論文章漫畫，無不以攻擊國民黨法西斯暴政為主題。有一張漫畫以《青天白日滿地紅》（即當時國旗的三個底色）為題，畫的是在一片漆黑的天空中（青天），鑲嵌著一個小小的白太陽（白日），而大地由被屠殺者的屍體和流遍大地的鮮血構成（滿地紅）。類似的思潮，一般都被認定為「進步思想」，在當年的青年學生中，可以說是一種時尚。

雖然我當年也草草讀過《大眾哲學》等一兩本所謂的「進步」書籍（我對任何理論書籍都只是草草讀過，即便是我喜愛的有關文學的理論也不例外），但從政治思想的角度看，可以說我仍然是一窮二白，什麼也不懂。我做這些出風頭的事不過是緊跟時尚起鬨，鬧著好玩而已。此外便是我在閱讀一些外國小說時，多多少少受到有關公正乃至社會激進思想的影響，對正義、對革命等概念，自認為是可以接受的。除此以外，我對即將到來的由共產黨領導的人民民主，絕對是一無所知，更別提我是否真的在刻意追求。

但學校可不這樣看，因為《號角》上出現的那些辛辣尖刻的政治諷刺，使壁報在學生中深受歡迎，且產生了不小的影響。訓育主任曾私下警告過《號角》的顧問李繼華，勸他不要介入《號角》的事。後來又警告我說，（他知道我的家庭背景）再這麼下去他可能直接去找我的父親來收拾我。我深信我父親不會為這些小事責備我，於是對他的話一笑了之。

記憶中父親從來沒有和我討論過政治話題，在他的心目中我只是個貪玩好耍的孩子，事實上我也從來沒有認真思考過國家大事。後來校領導真的到家裡來談「號角文藝社」的問題時，父親的回答很可能讓校領導們敗興而歸。他從來沒有在意識形態這類事情上對我有過刻意的引導或者教育，但我的無知和自大卻最終惹怒了他。有一次，他好奇我為何老是說共產黨比國民黨好，便很隨和地問我：「你對共產黨有多少瞭解？」我卻用挑釁的口氣回答說：「至少共產黨沒有特務。」這句話從他自己的兒子口中冒出來，無疑深深地刺傷了他的自尊。因為他知道，在所有「進步學生」的心目中，他自己就是個特務頭子。我說出這句話後，他突然大發雷霆，向我吼出一句在我往後看清世事的幾十年來一直奉為至理名言的話：「你懂個屁，他們每一個黨員都是一個特務！」

年輕氣盛的我當然不會善罷甘休，當即和他吵起來。他的嗓門也越來越大，最後我終於聽見他吼出一句史無前例的話來：「你給我滾！」一氣之下，我也立即回身衝出了家門。一路上痛哭流涕的我，無奈地跨入伸手不見五指的黑夜之中，此時中共的部隊已經進入四川省境內。

事後我想，很可能是因為形勢危急，他才這樣心煩氣躁。而我又恰巧處在青春躁動之中，自以為是，不知天高地厚，一不小心釀成了終生的遺憾，也愧對了父親多年來對我的包容和教導。

穿上了大軍裝

離家以後，我先後在重慶市內幾個同學家輪流食宿，但終非久留之地，而我的自尊心又難以接受回家認錯的局面。於是終日徘徊街頭，一籌莫展。

有一天我在街頭看見一張佈告，內容是國防部高級政工人員訓練班招收學員，報考條件是年滿十八歲，具有大學學歷的「流亡學生」（家鄉已被共軍佔領而逃來重慶的外地學生）。報考地點在「大什字」街邊的大華飯店，我決定前去報考，以擺脫目前食宿皆無著落的困境。在好友胡文彬的資助下，我花了兩塊銀元買來一張武昌中華大學的肄業證書，雖未滿十八歲，但年齡是可以虛報的。此前胡文彬那位見多識廣的表兄已告訴我，這是國防部二廳、即軍統局所辦的訓練班，也恰巧是我和父親爭吵時搬出來嘲笑他的特務機關。但我畢竟處於走投無路的狀態，也就只好硬著頭皮去了大華飯店。

訓練班採取報名一個考試一個的方式，考試在這家飯店的單人房間裡進行。洋洋灑灑的兩大頁試卷中，有一道政治題令我抓耳撓腮，銘記終生：「為什麼共產主義不可能在中國實現？」只可惜我無論如何也記不起當時是怎樣回答這道「跨世紀難題」的，如果我記得答案，哪怕再荒唐無再幼稚可笑，我也會誠實地記錄在這裡。

筆試結束後，立即去到另一個房間進行面試。四五個尉、校級考官分坐在沙發上，當主考官員問到家庭情況以及家長的職業和姓名時，我想起有一次成己仁副官在一家電影院門口溜達時告訴我說：「你爸爸是中統華中區的頭頭。」而這次報考的是軍統的下屬部門，我雖然涉世不深，但中統和軍統之間由來已久的矛盾多少還是有所耳聞。我擔心說出父親的官職會因派系的原因使得他們排斥我，便只簡單地是說了「張家駒」三個字。在場的軍官聽到這個答案無不面面相覷，露出極其驚愕的神情，場面一度沉寂。終於其中一位考官開口問道：「那，你父親同意你來報考嗎？」我只能撒謊說：「同意了。」他便叫我等候通知。

三天後，在一個同學家裡，我收到了錄取通知書，讓我在二十六日以前，到「磁器口造時場」報到入學。我有些猶豫，因為我知道自己一貫吊二郎當的德行，實在不是個「有理服從，無理服從，絕對服從」的當兵的料。但在「無家可歸」的嚴竣現實面前，我決定去闖一闖。

一直拖延到報到截止日期的最後一天下午，我才揣著入學通知書去磁器口，在街上問了許多行人，竟然沒有人知道「造時場」這個地名。看看天色已近傍晚，我快要失去信心的時候，恰巧迎面走來一個軍人，他指給我一條路，叫我順著這條路走過去就到了。實際上那是一條通往鄉間的小道，途中經過一座小崗亭的時候，衛兵找我要證件，我把入學通知書拿出來給他看。他打了個電話，然後手指著對面山腳下幾間白色的房子說：「在那裡」。

我去白房子裡交了通知書，報上姓名年齡籍貫，一一登記入冊，得到一套灰色的棉軍裝。上衣的尺碼大得離譜，下擺差點蓋住了膝蓋。我問他：「有小號的沒有？」他說：「沒有。」我只得自認倒楣地按「絕對服從」的規矩收下這套衣服。

屋外集結著好幾十個穿著這種軍裝的年輕人，其中有五、六個女性。估計他們都是我今後在這個訓練班裡的同學，年齡大都在二十歲上下，聽口音多半是北方人。他們三五成堆地聊著天，似乎不像剛剛來到這裡。我估計也許他們是一起來報考，先期入學的流亡同學，否則到校的兩三天內絕不可能混得如此熟識。我是一個人報考的，來得又最晚，投向我的都是些好奇的目光。

第二天清早起床漱洗完畢後，全體訓練班同學到教室裡學唱歌，由 位姓範的東北籍同學教大家唱歌。這首歌可能在我報到之前教過大家，有些同學已經可以結結巴巴地唱上幾句。歌名和曲譜現今都已忘卻，唯獨其中的一句「黨的新生，民族的復興，全在我們肩上」至今未忘。之所以記得這句歌詞，原因是，我當時暗想，我又不是國民黨員，黨的新生為什麼要放在我的肩上？

唱完歌吃罷早飯，訓練班教官給每個學員發了一支手槍，然後又去教室裡聽教官向我們講解這種槍的性能和使用方法。手槍的名字叫「可爾特」，口徑〇．四五，拿在手上相當笨重，我很不喜歡它，但也只能按「絕對服從」的原則把它帶在身上。中午飯後，營地裡開來一部卡車，上面裝著長木箱，同學們在教官的指揮下一擁而上，七手八腳地將這些箱子卸下車來。原來箱子裡也是槍，全是用凡士林緊緊包裹著的卡賓槍。取出槍後，我們用汽油將凡士林洗淨，揹在身上。另外每人外搭子彈兩夾，然後又進入教室，教官對這種半自動步槍的性能結構又作了一番講授。最後教官宣佈，訓練班遷到成都，顯然這是因為共軍已兵臨重慶城下了。

第二天清晨，包括訓練班教職員工和家屬在內的全體人員登上卡車，日夜兼程地向成都方向奔去。一路上和很多自成都駛向重慶的軍車車隊錯車，幾乎每一輛軍用卡車上都搭載著很多士兵，錯車時那些士兵指著我們這些向後方撤退的「軍人」嘲笑說，打起來了你們就上嚟！往後方跑啥？

到成都後，我們住進一座廟宇（彷彿就是文殊院）待命。第二天，輪到我在門口站崗的時候，我父親的副官成已仁中校像幽靈般忽然從我背後閃出，輕聲問道：「二少爺，太太問你要不要換洗衣服？」此時我想起父親將我攆出家門的屈辱，霎時怒火中燒，從肩上取下卡賓槍，指著他大吼一聲：「你給我滾開！」頓時街上的行人全都駐足觀看，想知道這名小兵是不是吃了豹子膽，為何竟敢對一名中校軍官發這麼大的脾氣。更可笑的是，成副官可能是怕我手中的步槍走火，我還沒來得及罵第二句，他就連滾帶爬地逃走了。我看見成副官狼狽逃離的背影，料想到母親和弟妹們肯定也到了成都。成年後我時常想到這個場景，總覺得安排我站崗和成副官的出現都是訓練班裡的頭頭私下商量好的，但當時我一點都沒有察覺到。

三天以後，訓練班官員向我們宣佈，因時局關係，訓練班不辦了。又說有三條路可供選擇：一是自謀職業；二是到金堂縣去參加反共救國軍；最後一條是轉入黃埔軍校二十四期。不管選擇哪條路，每人都發五塊銀元作為遣散費。

上午是國軍

在領到銀元以後，我們各自上繳了自己的武器彈藥，大多數同學去了黃埔軍校校本部所在地成都皇城壩。通過軍校招生考試而入學的二十四期新同學剛剛報到，一天前才編隊完畢，第二天就要離開成都。我們後來的這一批士兵就另立一個新編制，叫作警衛連。校方慌慌張張地給我們每人配發一支沉重無比的中正式步槍，另搭一百發子彈，並每班派來一名班長。按軍校的規矩，由二十二期的應屆畢業生擔任二十四期新生的班長。我們這個班的班長是個維吾爾族人，來自新疆喀什，姓許。我正好奇地向班長打聽維吾爾族的奇風異俗時，連長帶著兩個同學走過來，指著我的腦袋說：「明天早上要出發，你和他倆一同去買些『鍋盔』當乾糧。」我應聲按軍規立正，他掃了一眼我矮小的身材，皺了一下眉頭，我卻回頭以慣用的湖北話向班長詢問：「什麼叫『鍋盔』？」班長說：「『鍋盔』就是燒餅。」可能因為連長嫌我個頭太小扛不動兩麻袋鍋盔，也可能是他聽到我剛才和班長的對話，發現我竟然不知鍋盔為何物。於是他又改變了主意，轉身對我說：「明天到雙流，你早點出發去『打前站』。」這「打前站」這三個字對我來說又是一組陌生的軍事術語，許班長只好又向我解釋了一番「打前站」的意思，就是去為連隊安排夜晚宿營的住房。

第二天一大早，我背上背包和子彈帶，挎上步槍，沿公路向雙流方向走去。肩上的這支中正式七九步槍笨重無比，子彈像我的中指般粗長，與我剛剛卸下的卡賓槍差別甚大。我才走了兩三裡就已經不堪重負，怎麼也走不動了。這時幸好身旁開來一部用蓬布遮蓋著的軍車，爬車是我頑童時期練就的「基本功」，軍車的車速不快，我順利地爬了上去。不料掀開篷布便大吃一驚，蓬布遮著的竟是一車軍馬，車廂裡彌漫著馬屎馬尿的騷臭味，簡直令人作嘔。我只得一路都站在汽車篷布之外，雖然避開了騷臭，卻又不得不忍受馬匹的膝蓋對我的衝撞和擠壓，但這樣做畢竟還是比背著武器走路輕鬆多了。

成功地搭上便車使得我很快就抵達了雙流縣城。我找到一所空無一人的學校，在各間教室的門上用粉筆寫上警衛連一排，警衛連二排，依此類推地注明此房將歸本連人員佔用，不到十分鐘即大功告成。完成這項任務後，我便獨自一人到街上轉悠，到處發揮我童年時代練就的吃零食的真功夫。

黃埔軍校尚未畢業的二十三期，加上我們這批剛剛入學的二十四期，總共是四五千名官兵。浩浩蕩蕩的一支部隊在成都周邊的幾個縣上遊蕩了十來天，我也因此而到處打前站。偶爾部隊也停下來搞點立正稍息齊步走之類的軍事訓練，訓練中我出了不少洋相，且容我一一如實道來。

那時我的身高尚不及一支中正式步槍的長度，按軍校的規矩，清晨早起列隊出操時，單列中的學員每人都得依次將肩上的步槍豎著扔給班長。班長快速伸手在空中將扔來的步槍抓住，然後拉開機柄，查看彈倉和機柄是否擦拭清潔。認為合格後，立即推上機柄，用士兵剛才扔槍給他的方式豎著把槍扔還給對方。這個訓練流程只要輪到我的時候，我是絕對不敢伸手去抓那支迎面飛來的步槍的，而是身子一側，躲閃到一邊，任步槍在地上發出一連串叮鈴哐啷的脆響。許班長每次都只好對我怒目而視，但從未施以拳腳，不排除那時我的連長排長們都已知曉我「高幹子弟」的家庭背景。

這其間，我學會了黃埔軍校的校歌，歌詞是這樣的：「怒潮澎湃，黨旗飛舞，這是革命的黃埔。主義須貫徹，紀律莫放鬆，預備作奮鬥的先鋒。打條血路，引導被壓迫的民眾，攜著手，向前行，路不遠，莫要驚。親愛精誠，繼續永守，發揚吾校精神。」不久，我發現在同學中流行著另一種調侃的版本，最後那句高亢的「發揚吾校精神」被同學們故意唱成「媽呀，不像軍人」。那時的軍校學生至少都是高中畢業的學歷，多少都見過點世面，甚至帶著些風流才子的韻味，所以同學之間的氛圍絕不像農村抓來的「壯丁」那樣呆板萎靡，尤其以我這類「二少爺」式的樂天派為甚。

當年的士兵有一種名為「綁腿」的裝備，在今天的軍人看來，這簡直是讓人難以想像的奇怪發明。據說這種裝備的用途很多，比如在戰場上可以用來快速包紮傷患的傷口，也可以製作簡易的擔架，甚至還可以點綴一下軍人的挺拔形象：打著綁腿的站姿似乎更英武。現在想來，這實在是一個讓人感到不可理喻的累贅。這玩意兒實際上是一種寬約十公分、長約三五米的布條，一圈一圈地纏繞在每個軍人的小腿上，不論是「國軍」還是「共軍」，甚至追溯到袁世凱時代的軍人，都有這種「成事不足，敗事有餘」的裝備。綁在腿上，太緊了會很痛，太鬆了又會掉下來。纏綁腿的技巧是鑒別新兵和老兵的標準，有經驗的老兵甚至可以在小腿上纏出人字形的紋理，而我卻始終連起碼的鬆緊度都把握不好。只要一聲令下開始跑步，我的綁腿就會快速散成一攤布條拖在我的腳後跟上，實在是大煞風景。跑在身後的人也只好「望而卻步」，於是整個隊形頓時大亂，影響很壞。可憐我那位維族班長，每早起床號聲響起，他下床第一件事就是來到我的床邊，讓我翹起腿，一圈又一圈地替我捆紮好綁腿，以免出操跑步時我散落滿地的「綁腿」影響他的聲望。我一直不明白那年代的軍隊怎麼會這樣愚蠢，發明這麼個「勞什子」來折磨士兵。

另外還有一次「洋相」也值得一提：當時我們正在進行投擲手榴彈科目的訓練，排長向我們做著示範，在投擲手榴彈之前，先將手柄內的拉火索輕輕牽出柄口，然後將其尾端的金屬小環套在小拇指上。手榴彈扔出的時候，彎曲的小拇指自然而然地將拉火索扯下來，達到引爆手榴彈的目的。對學習扔手榴彈的人來說，這種操作方式顯然更為安全。我等小兵依次進入「單人掩體」，排長在身邊監督操作，待扔出的手榴彈爆炸後，士兵再走出掩體，返回安全區內的佇列。輪到我上的時候，因為我的小拇指特別細小，彎曲時又用力不足，手榴彈扔出時的一瞬間，拉火索上的小鐵環也跟著從小拇指上滑脫，接下來的場面就很滑稽了，全排官兵靜靜地等待那一聲顯然不會發出的爆炸，經驗豐富的排長第一個恍然大悟，他一把抓起我的手，看見我空無一物的小拇指，馬上明白了這意味著什麼。他漲紅著臉，將我按倒在地，在我背上錘了不輕不重的一拳。

三年後，韓戰爆發，大陸報章上連篇累牘地介紹戰場上美國「少爺兵」的狼狽相。對我這樣一個在第二次世界大戰中長大，親眼目睹過英姿颯爽的「飛虎隊」的青年人而言，美國大兵是否真如報章上宣揚的那麼狼狽姑且不論。只是讀到那些報紙的時候，我甚感「少爺兵」這個嶄新的詞彙簡直就是為我一個人量身打造的。

這段時間，部隊一直在川西平原上走走停停。後來我們才知道，其實是我們的頂頭上司、「帶罪立功」的徐幼常總隊長在牽著我們這群學生的鼻子到處亂撞，就等哪天撞上解放軍來「解放」我們。其間某日，我們來到了大邑縣安仁鎮，據說這裡是川軍將領劉文輝的家鄉，有一所劉文輝的堂兄劉文彩創辦的文彩中學。我們奉命在這所學校的大禮堂裡鋪好了地鋪，我又好奇地到附近的院落裡去轉悠。曲徑通幽的庭院典雅恬靜，這所我們剛剛駐進的學校校舍如此漂亮，不亞於我就讀過的任何一所「貴族學校」。這一趟轉下來，我對劉文彩這位熱心平民教育的大地主產生了很大的好感。

第二天，也就是一九四九年十二月二〇日，這是一個令我永志不忘的日子。我們奉命向大邑縣城方向前進，行軍一個多小時後，我們來到了一個名叫蘇場的小鄉鎮。突然傳來消息說，前方區域發現「敵情」，隨即命令我們進入陣地。這時零零星星的槍炮聲從遠方傳來，聲音越來越近，越來越緊，最後演變成一片密集交火的巨大聲響。眼看著人生中的第一場戰鬥即將打響，我的心突突亂跳，一抬頭又看見陣地上空懸浮著一片厚厚的烏雲，頓時甚感天旋地轉，兩腿也一陣酥軟。往日對戰爭的浪漫遐想一掃而空，腦子裡全是死亡的恐懼。此時此刻，我們所有臥在陣地裡的軍校同學全都是剛剛脫掉學生制服的文弱書生，七天以前他們在演習場上對著靶子每人放過的三槍，算是他們全部的戰鬥經驗。

炮彈在不遠處爆炸，地皮上也有微微的震動，子彈的呼嘯聲不時從耳朵邊劃過。就在這魂不附體的當口，我聽見有人喊著我的名字，轉頭一看，是連長在向我招手，意思是叫我到他身邊去。我渾身哆嗦著，又只能服從，貓著腰跑到他的身邊，他伸手一指，在我們背後約五百米的地方有一座白色圍牆的院子。他帶著沒有任何商量餘地的口吻對我說：「那裡是大隊部，把這張條子送交大隊長。」

據說戰場上士兵如果不執行上級的命令，就會被立即槍決。我肯定不願被就地槍決，況且院子裡可能比陣地上還安全些，我便順著一根田埂貓著腰向大隊部跑去。跑進院子後，果真心情也平復了許多，看見一間房裡有軍人在走動，估計那裡就是大隊長所在地方。我站在院壩裡喊了一聲報告，得到一聲允諾，便走進去將字條交給了戴著校官軍銜的大隊長，他拆開後看了一眼，說：「你回去吧！」

其實我根本不想回去，因為院子裡肯定比陣地上安全，況且要回去的話，還要冒死穿過那條長長的田埂。但想到這一句「回去」同樣是戰場上不服從就可以槍斃你的命令，我又只有硬著頭皮向門口走去。還差一步就要跨出大門的時候，一顆迫擊炮彈在我身後的院壩裡爆炸，氣浪直接將我掀出了門外。我撲倒在地，眼前全是飛屑，耳朵裡一聲拉長的嗡鳴。更讓我吃驚的是，房主的一條黑狗也似乎被突如其來的爆炸聲嚇暈了頭，它不知從那裡竄出來，發出一聲淒慘的嚎叫，在我倒地之前的瞬間像鬼魂一樣從我的兩腿間射出門外，那一剎那我以為我死定了。

被氣浪掀翻後，我撲倒在一個從上向下傾斜的土埂上，幾秒鐘之內我回過神來，發現自己的身體是腦袋朝下斜躺在土埂上的。氣浪的威力之大，竟然把我掀在空中翻了半個圈才落地。此時我睜眼一看，眼前正散落著幾個白花花的銀元，那是幾天前訓練班發給我的遣散費，我還沒來得及拿去「修五臟廟」，所以分文未動。顧不上身邊會不會又發生爆炸，我立刻伸手去撿泥土地上的銀元，但每一根手指都在瑟瑟發抖，根本攥不穩這小小的銀元。情急之下，我只好用盡全身的力氣，連銀元和著地上的泥土枯草一把抓，這樣才把它們重新裝進了衣兜。戰鬥結束後，我發現還是有一枚銀元遺失了。

下午是共軍

這時，槍炮聲漸漸稀落。在我們陣地前方，有六、七個軍人提著槍迎面跑來，他們軍服的顏色和式樣顯然和我們「國軍」的大不相同，他們揮著手臂操著北方口音反復高喊：「不要打了，這是誤會！」我很納悶地走上前去，看到跑來的幾個軍人胸前全都釘著一枚「中國人民解放軍」的胸章。

如前所敘，原來我們軍校二十四期的少將總隊長肩負著率部起義的祕密使命，一直在焦急地期盼著共軍「進軍大西南」的部隊到達。我們這群蒙在鼓裡的「黃埔末班生」唯一能做的就是服從命令。後來才聽說，雙方部隊在接觸前的聯絡上出了點問題，發生誤會而交火，造成人員傷亡。當我驚魂未定地向連長身邊走去的時候，看見一路上好幾具橫陳在田野上的屍體，這些都是我認識的人，他們便是這場誤會中的代價。這代價對第一次參加戰鬥的我造成強烈的感官衝擊，讓我從此對戰爭產生了一種反感。我認為你一旦被裹脅到了戰場，你就必須參與廝殺，因為對方的槍口正瞄準你，他可不知道你是一個反對戰爭的年輕人。

很快地，我們這位連長將全連人員集合到他的周圍。在一塊沒有水的稻田裡，跑過來的幾個解放軍提槍站在距我們三五米處，並迅即圍成一個包圍圈。我們的連長站在田埂的高處對我們說：「從今以後我們將和國民黨反動派決裂，現在我們把頭上的帽徽、胸前的符號摘下來扔掉」。我們就當場摘下扔在地上，然後又奉命把步槍的機柄拆下來扔在另一邊，最後向前走幾步，將身上僅剩的槍身和子彈袋也扔了。這場名為「起義」實則「繳槍投降」的儀式舉行完畢以後，我們這個潰不成軍的隊伍在幾名解放軍士兵的「押解」下，沿著七彎八拐的田埂路被帶往蘇場小學門前的一個大操場。那裡正密密麻麻地站著一大堆黃浦軍校的「末班生」。

一位據說是解放軍十二軍三十四師師長尤太忠的官長向我們講話，他說歡迎我們回歸人民的隊伍，並宣佈說這所學校現已正式更名為中國人民解放軍第二野戰軍十二軍隨營學校，師長一聲令下，我們也應聲變成了「解放軍」。

這時已近下午五時左右，炊事員抬來幾個諾大的行軍鍋，分別放在佇列旁邊，同學們取下掛在皮帶上的小瓷碗，各自向最近的行軍鍋靠近。我好不容易擠到鍋邊，彎下身子正準備舀飯，突然身邊有人抓起我的衣領直接將我拎出人群，我聽到他對我說：「小鬼，你背上是不是「掛花」了？」我也覺得背上的棉衣硬梆梆的不對勁，轉手往棉衣裡一摸，再伸出手來一看，滿手都是血，頓時感到背上有刀割般的劇痛。我心中一陣害怕，當場往地上一蹲，放聲大哭起來。

隨即他們召來了衛生員，對我的傷口進行一番清洗後，上了敷料然後把我帶到一小時左右路程的大邑縣城內，部隊的戰地衛生所設在那裡。原來是因為今天上午我正要離開大隊部時，那枚在院壩裡爆炸的迫擊炮彈的彈片擊中了我的背部。在衛生所，一位戴眼鏡的醫生重新對我的傷口進行了處理。醫生說：「問題不大，只要不發炎，休息幾天就好了」。接著又對著我說：「小鬼，你運氣不錯，沒傷著脊椎骨，否則麻煩就大了。」我暗自猜想，這很可能是我善良的外婆在天上保佑我吧！

第二天，這所剛成立的隨營學校的學生就全都遷到了大邑縣城內，住在城邊很大很大的城隍廟裡。在街上碰見的同學得知我傷勢不重，大家都很高興。他們告訴我說，昨晚上他們住在蘇場小學裡冷得要命，拆了些桌椅板凳烤火，幾個解放軍兇神惡煞地用槍托把火砸熄了。隨後又悄聲告訴我：「早起一看，原來我們那位連長已經『開小差』了（軍旅俗語意為私逃）。」若干年後我想：誰知道是真的開小差還是去尋找另一支「起義部隊」了？

我對野戰醫生說：「乾脆我回連隊去，每天來換藥就行了。」醫生很爽快地同意了。於是我很快回到了連隊，這時部隊正在進行整編，把原來的軍官全部調走，連維吾爾族班長也調走了，這使我有些遺憾。這些二十二期的畢業生至少也應該是少尉軍官，只不過為了帶我們這批新學生，才讓他們「大才小用」地當了個小班長。解放軍部隊的領導重新在同學中指定人當了班長。排長以上的幹部則全都從解放軍部隊裡抽調過來。

新調來的指導員才十八歲，像個大孩子，除了我之外，他竟是全連人員中最年輕的一個。很快地我就和他就成了好朋友。想起誤會中死傷的同學，我對指導員說出了真心話：「我不想當兵，打仗太殘酷了。」說著我把江北中學的學生證拿給他看，他反問我：「你不想當兵為什麼考軍校？」我說：「因為我和父親吵架，他把我攆出了家門，生活無著。」又說：「自從進了中學，每次作文寫《我的志願》時，我都想長大了當作家或者醫生，從來沒想到我會去當兵，去殺人或者被人殺。」說著我的淚水在眼眶裡打轉，他便安慰我說：「等戰爭結束了，你可以讀書，我們延安有抗日軍政大學，魯迅藝術學院。」我聽到大學學院這些美麗動聽的名詞，似乎美好前程正等待著我，心情好轉了很多。

我們學習的內容很簡單，主要是人民軍隊的性質，窮人翻身的道理，以及三大紀律八項注意。聽課的時間不多，討論的時間不少，指導員指定我當學習記錄員，我欣然接受。他發現我會唱不少當年最「流行」的革命歌曲，如《你是燈塔》、《團結就是力量》、《解放區呀好地方》（我們學時歌名叫《山那邊呀好地方》）等等。這些都是在武漢學生聯合劇團裡學會的歌曲。指導員知道後非常吃驚，滿臉都是讚賞的神情。他動員我教全連同志唱歌，我因為不習慣教年齡比我大的人而拒絕了這個提議。結果是由指導員教唱，但我發現好些地方他都唱不准，便私下裡矯正他的發音。他十分虛心，除了真誠地感謝以外，臉上沒有一絲一毫的尷尬，還常常跟我嘮叨一句他的口頭禪：「我要有你這樣高的文化就好了。」這說明我們兩人的內心世界都很純潔。

元旦節放假，我又可以跑到縣城的街上去轉悠，在路邊看見一種當地人稱為「豬兒粑」的小吃。這種用糯米粉做的小吃有肉餡和糖餡兩種，實際上就是把湯圓做成橢圓形，像一條袖珍型的白肥豬，外面包一片樹葉，用蒸籠蒸熟而不用水煮而已。這可能是我第一次發現世界上居然還有比西餐更好吃的東西，反正身上還有最後一塊銀元，我趕緊掏出來，站在售賣「豬兒粑」的小食攤邊吃了個夠。結果吃得太多，拉了肚子，甚至弄髒了內褲。好心的指導員送了一條新內褲給我，幫我擺脫了困境。他打開背包時，我發現新鞋新衣他都捨不得穿，對他的節約精神我十分佩服。他是河南人，從小在家裡當兒童團，十五歲就在部隊裡當通信員，但此番擔任指導員卻是個臨時職務，因為隨營學校是剛成立的新單位，缺乏人手，把他調來培養一下。我在以後的軍旅生涯中知道了軍隊內「論資排輩」的潛規則後，料想他這樣資歷很淺的小兵幾乎不可能一躍成為正兒八經的連級幹部，只不過是讓他們來臨時管理一下我們這群起義兵。他是我認識的第一個共產黨人，印象真是不錯。

元旦節休息了三、四天後，我們接到開拔的命令。對戰士而言，到什麼地方去執行什麼任務，都屬於你只需執行而不需問東問西的軍事機密，反正叫你出發行軍你就邁開大步跟著走，我想這時解放軍的部隊應該已經遍佈整個四川省境內了，就算遭遇國軍的部隊，說不定也是一支急著「就地起義」的部隊。

不知道這次是在執行什麼緊急任務，深更半夜我們常常被人從酣睡中的地鋪上喚醒，渾渾噩噩地跨入在公路上踏著碎步匆匆前行的佇列。須知與你並肩而行的佇列雖同為友軍，但並不在同一個長官的麾下。而兩支甚至三支部隊並列前進可說是一種常態，如果你走出佇列跑到公路邊去「方便方便」，一回頭很可能再也找不到自己所屬的隊伍。難怪指導員一再對我叮囑說，夜晚行軍時千萬不能掉隊，掉了隊就有可能找不到你的單位。這一點和我們在軍校的行軍方式簡直有天壤之別，雖然黃埔軍校的那種行軍只是為了等待解放軍部隊來接受「起義」，但似乎那些隨行的正牌黃埔軍校畢業生也沒有對此產生任何異議。

好在我們都是剛剛被繳了槍的徒手兵，走起路來比較輕鬆。不過我背上的皮外傷還未完全癒合，再加上我前些天剛患過一場嚴重的腹瀉，身體有些虛弱，指導員竟主動替我背我那只小小的背包，以免我這個文弱書生掉隊。不久，我也學會了一邊走一邊屙尿的特殊技能，甚至學會了一邊走一邊打盹的本領。當然也像其他這麼做士兵那樣，我常常被前面那只突然停下來的背包撞醒。一邊走一邊打盹的本領只能在川西平原的公路上施展，一旦踏上公路以外的石板小路，或者恰逢下雨天行軍，士兵們唯一能做的就是咬緊牙關緊緊跟上，千萬不能摔跟頭。

直到有一天，我們來到了邛崍縣城，如果不是那段時間我曾多次來到這裡，再加上這座縣城的名稱十分古怪，我也會像忘記其他地名一樣忘掉這座縣城的名字。記住它不僅僅是因為我們在那裡吃了一頓午飯，而是在我的生命歷程中，有更獨特的遭遇在這裡發生。

走出邛崍城門不遠，便有一條河，河上有一座百多米長的石板橋。橋寬一米多，沒有護欄，過橋時遠處有稀稀落落的槍炮聲，在交戰時期，這種遠處的槍炮聲可說是司空見慣。過橋以後，我們走上一條山間小路，似乎這次行軍不是特別緊急，部隊行進的速度也稍稍放慢。目的地是一個名叫蒲江縣的地方（蒲江這個地名也是事後才知道的，因為當時行軍的目的地一概都是軍事機密）。部隊行進在山路上。下午四點鐘左右，有命令傳達下來，叫我們在這裡休息一下，許多人就原地坐下，背靠在身邊的土坡上眯著。也有的人乾脆解下背包，當枕頭墊在腦袋後面，好好地「享受」一番。

我也和大家一樣坐下來準備小憩一會兒。就在我眯上眼睛之前的一秒鐘，突然發現對面的山梁上接連升起了三顆紅色信號彈，幾乎與此同時，排山倒海的重機槍輕機槍衝鋒槍子彈對著我們這條休息中的長蛇陣瘋狂地傾瀉下來。人們一躍而起，向各自身後的山坡上湧去，在這二十多米長的斜坡上，許多人永遠地倒在了那裡。我貓著腰往山坡頂上拼命爬行的過程中，看見遍地是已經俯面倒下一動不動的夥伴。我還看見我的同鄉張中柱，慌忙逃命的他跌入了一個半人深的水塘。大概是因為過於緊張導致身體不聽使喚，他始終沒有爬出水塘，只是伏在水塘邊渾身發抖，嘴裡反復叨念著「阿彌陀佛，阿彌陀佛」。爬上土坡的頂端以後，背面顯然是子彈射不到的地方，我們匍匐在那裡，面對剛才突如其來的死亡威脅，許多人渾身哆嗦面如土色，早已魂不附體，而我這時才發現自己在慌亂中竟搞丟了頭上的軍帽。

人群中，我只看見一個人，那就是我們身經百戰的年輕指導員，他手舉駁殼槍，站在距離我十米左右的一個土堆上，用他稚嫩的聲音高聲喊道：「同志們，鎮定……」當「定」字才吐出來一半的時候，他卻一頭從土堆上栽了下來。那時我不知從哪裡來的勇氣，幾個大步跑到指導員的身邊，我扶起他的雙肩查看他的傷口，子彈竟然削掉了他左半邊腮幫，牙床裸露在外，血如泉湧。我聽見他喉頭有血液滾動的聲音，證明他還有氣，我喊了聲：「指導員！」他似乎聽見了我的呼喚，眼皮還微微動了一下，似乎想睜開眼看看我，但他沒能完成這個動作，便永遠地閉上了雙眼。

目睹他的突然死亡，又聯想到他近日對我的友好，我癱坐在地上痛哭起來，哭著哭著我發現指導員腰部也曾中彈，鮮血早已將他棉衣的下擺浸透，難怪他這麼快就斷氣了。幾年以後，我慢慢瞭解到他不過是被派來監管我們這些名為起義軍人實為俘虜兵的小兵頭，也知道了他對我承諾的「魯迅藝術學院」和「抗日軍政大學」其實並不是我想像中那樣的高等學府。我內心刻意數落出幾條類似的理由，讓他在我心中形象變得不那麼純真完美，他的慘死帶給我的傷痛才慢慢淡出我的回憶。

天色漸漸暗了下來，能看得見機槍裡射出的曳光彈構成的火網，但槍聲畢竟逐漸減少。在斷斷續續的冷槍聲中，從對方陣地上傳來很大聲的喊話：「軍校的同學們，過來，不要替共匪賣命！」喊聲此起彼伏，我能模糊地看見周邊匍伏在地上的人，沒有一個人在行動，不知道他們是已經死去了，還是不想回應勸降的呼喚。

而主宰著我思考的是對戰爭的反感，對當兵這個職業的反感。我一直認為當兵這個職業本質上就是殺人，不論它身上背負著多麼神聖的名義。一旦走進戰場，即便你不願打仗，也非打不可，因為對方正朝著你射擊，你不打他，他也要打你。在交火的陣地上，沒人在乎你有多熱愛和平。一個個年輕鮮活的生命為什麼要被殺死！這是我在蘇場陣地上看見那幾具屍體後，又在衛生所療傷時看見那些缺肢斷臂的傷患後逐漸加深的疑問。此刻面對年輕指導員的慘死，我終於下定決心，再也不想當兵了。朝著喊話者相反的方向，我空著雙手，含著眼淚離開了戰場。

這時夜色開始降臨，走在石板路上，漆黑的天空中有一片亮光。我回想起前些年在武昌博文中學讀書的時候，每夜下罷晚自習，回到宿舍樓上，回頭朝長江對岸的漢口望去，漆黑的天幕之下，漢口的頭上總好像戴著一頂亮黃色的氈帽。那是城市裡的萬家燈火製造的景觀，它告訴夜行的人說：「我是一座城市」。眼前的這頂「氈帽」不論其大小或者亮度都比漢口的那頂差勁很多。那就是三小時前我們才離開的邛崍縣城，我決心回到那裡去，遠離這戰火紛飛的地方。微微的月光下我能看見不遠處的一條山路，我踏上山路朝著邛崍縣城的方向走去。

行進中我發現不遠處似乎有一間小屋舍，夜色中有一縷亮光從這座土牆房子的小窗洞中溢出。房屋的背後似乎是一塊高約兩米的土埂，那應該是丘陵地區高出一截的田土。令我膽戰心驚的是，我分明看見有一個端著步槍的士兵在上面來回走動，這無疑是一個哨兵。我腳下的這條石板路恰好在這房子面前，我也分不清這哨兵是「敵」軍還是「友」軍（我當時編制在解放軍，身上卻穿著國民黨軍隊的軍裝）。在走近房舍時，我聽見溢出燈光的房間還溢出了談話的聲音，便躡手躡腳的走到窗前，踮起腳尖探頭一看，竟是兩個戴著軍官大帽的國民黨軍官，正對著一堆柴火輕聲談話。這場景嚇得我雙腳發抖怯生生地退下，趕緊退回到路上。想到我處境的險惡，我更是腳下生風，不要命地向那頂氈帽飛奔而去。我能這樣輕易地突破封鎖線純粹是一種僥倖，事實上我身邊沒有武器反而提高了我的安全係數，因為這是戰場，赤手空拳的我不可能給敵軍構成威脅。

估計是凌晨四點多鐘左右，驚恐疲憊的我終於跨過了邛崍城邊的那一座石橋。在城門洞下的河邊有一排低矮的茅草屋，其中一間裡面閃爍著燈光。推門進去，一陣鴉片煙香味迎面撲來。這是我兒時在黃志藻家裡，以及許多地主同學家聞過的味道。我看見兩位「癮君子」橫臥床頭，面對一盞煙燈，口含煙槍對著煙燈吞雲吐霧。原來這是一家檔次極低的鴉片煙館。迎面一位蓄山羊鬍子的中年男子，估計是煙館的老闆，正對著我嘻皮笑臉，我只對他說了一句話：「找個地方睡個覺。」在兵荒馬亂的歲月，當兵的綽號就叫「兵大爺」或簡稱「軍爺」，可見其威風八面。就憑這點威風，山羊胡二話不說，把我帶進了一間置有骯髒臥具的房間。

倒在床上，我發現這間房的竹籬笆牆緊靠在路邊，河對面還不時傳來零星的槍聲。我昏昏沉沉地忽發奇想，如果有人在河對岸向這些草房射擊，這不堪一擊的竹籬笆一旦被流彈擊穿，便會將睡夢中的我打死，這種死法可能一點痛苦都沒有……突發奇想剛一終了，我便徹徹底底地陷入沉睡。

這很可能是我生平最長時間的一次沉睡，此前我經歷了槍林彈雨並死裡逃生，目睹了同齡指導員的慘死，誤見烤火軍官的驚恐，朝著邛崍縣城探路狂奔……接二連三的極度緊張幾乎將我那缺乏生活經驗的神經繃斷，漫長的深度睡眠是必需得到的補償。我倒床的時間估計是凌晨五時左右，這一覺肯定遠遠超過了二十四小時。中途我也曾懵懵懂懂地醒來一會兒，一想到我已經不當兵了，我高興睡多久就睡多久；再也沒人命令我起床出操、行軍跑步，要多自由有多自由；便又接著迷迷糊糊地睡了過去。直到又一個清晨我才真正地醒了過來，事實上是極度的飢餓把我從沉睡中喚醒了。

跨出大門，迎面走來買菜歸來的山羊鬍子，他一臉諂笑地對我說：「軍爺，你睡得好香啊，昨晚上那麼凶的『仗火』都沒有把你吵醒。」我知道四川的鄉下人通常把打仗稱為「仗火」。他又回轉身指著房門上斑斑駁駁的小窟窿說：「你看，這些眼眼都是昨晚上槍打的。」我看著這些槍眼心想，我倒上床時的突發奇想看來也並不全是神經過敏。

夢想成真進「大學」

我必須想辦法找點東西吃，如前所述，在兵荒馬亂的歲月裡，對穿著國民黨軍裝的「軍爺」來說，在飯館裡吃頓飯不給錢可說是家常便飯。就在我吃完飯跨出大門時，在街上的人流中我看見了一個熟悉的面孔，定睛一看，居然是王殿元。他是河北大名人，我和他一起從訓練班調到黃埔軍校，畢竟朝夕相處了二十多天。他看到我後，走過來說出一句令我吃驚的話：「遠遠地看見你我嚇了一跳，還以為遇到了鬼，有人說親眼看見你被打死了」。

至今能不假思索地寫出這位王殿元的名字，是因為在訓練班的同學中，他和我是年紀最小的兩個，他只比我大兩歲，我倆還比較談得來。他是「流亡學生」，即家鄉被共軍佔領後、也就是所謂「解放」後，隻身逃往國民黨統治區的學生。他曾私下告訴我說，他們家鄉搞土地改革時，他家是地主，農民協會拿地主開刀，把地主吊起來升到旗杆上，下面站著的人反復質問吊在旗杆上的地主「看見蔣介石沒有？」不管吊在旗杆上面的地主回答說「看見了」或者「沒看見」，下面的民兵都會用刀將吊人的繩索砍斷，那地主就從旗杆的頂端掉了下來當場摔死。他還補充說，這種荒誕的酷刑名叫「望蔣台」，就是眺望蔣介石的高臺的意思。他還向我談過「解放區」土改鬥地主的許多細節，我聽罷並沒什麼很深的記憶，唯有這「望蔣台」三字和他的名字一起被牢牢地刻入我的腦海中。我基本上都相信他的話，因為在感情上覺得他不是一個愛隨口胡說的人。

見面時，他向我滔滔不絕地講述了前天的戰鬥情況，說我們遭遇的是胡宗南的一個軍官團，頑強得很。後來我們的增援部隊趕到，才解決了戰鬥等等。他見我態度冷漠，一副毫無興趣的樣子，便問我是不是病了，我說：「沒病，我再也不當兵了。」說著我想起了指導員的慘死，接著說：「戰爭太殘酷了。」他問我往後想幹什麼，我說我要去讀書，他在我肩膀上一拍，興奮地說：「忘了告訴你，今天早上政委才宣佈，我們全部編入了二野軍政大學，明天就出發到學校去。」我想起前兩年到武昌東湖去游泳，少不了到武漢大學的校園裡轉悠一番。看見那些手拿厚本書、風度翩翩、開口希臘閉口羅馬的天之驕子大學生，我心裡羨慕得很，那樣的大學生活也一直是我夢寐以求的。想不到這不謀而合的前景，竟如此「得來全不費工夫」，這可能又是我剛死去的外婆在天上保佑我，讓我夢想成真。

除了死傷者以外，我便是最後收編的一個「失蹤人員」，如果不是偶然地碰見王殿元，這失蹤人員四個字就不用加上引號了。

第二天我們這群殘兵敗將搖身一變而成的「大學生」就啟程開拔，回轉身向重慶方向走去。路過的鄉村城鎮都已「解放」多日，社會秩序似乎都已趨於穩定。殊不知這只是一個表面現象，暗地裡漫山遍野的「反共救國軍」遊擊戰士正注視著我們這群仍然穿著國民黨軍裝，徒手步行的浩蕩大軍。但我們沒有攜帶武器，所以也並非他們這些三五成群的地方民團獵取的對象。很多年後的黃埔軍校同學會上，同學們聊起這一趟行軍，都對我當時的樣子印象深刻，說我形象特別，裝備也很特別，在佇列裡顯得尤其與眾不同。當時我沒有背包，遇襲的時候隨意扔掉了，一到晚上睡覺時，我就隨便鑽到哪個夥伴的被窩裡打個擠。最可笑的是，當時我的脖子上還掛著一本字典，而且是一本又厚又重的日文字典。這是我在行軍的路途中偶然撿到的，心想那麼好的一本書扔在路邊很可惜，揀來之後，用之前同樣也是撿來的一隻綁腿把字典掛在脖子上。這一段路途大概步行了十天左右，我們到達了學校所在地，嘉陵江邊的合川縣。

我們這所「大學」的全稱長得像繞口令，名叫「中國人民解放軍第二野戰軍軍政大學三分校」，繞口令還沒完，後面還得加上「四總隊七大隊三十五中隊（連）」。再後面的區隊（排）和再下面的班倒可以忽略不計了。很顯然這名字既不像清華、北大那樣如雷貫耳，也不像武大、華大那樣通俗易懂。因此它的學校設施、學習方式、學習制度也絕不能和那些大學相提並論。簡單地舉例而言，我們所讀的這所大學就沒有一座圖書館，甚至沒有一間簡陋的閱覽室。再舉一個例子，這所大學從入學到畢業只需六個月的時間，原因也很簡單，因為只有一門功課，一本薄薄的課本，叫作《社會發展史》。有同學私下裡為這本書取了個綽號叫「猴子變人」。正由於上述原因，凡這所大學畢業的學生都有點自慚形穢，在填寫各種人事表格的時候，在文化程度這個欄目下面，從不敢寫下大學畢業四個字，因為這種做法涉嫌自我吹噓，換在今天，我們就是一群「假冒偽劣」的大學畢業生。

四總隊下轄七個大隊，全都住在合川縣城的東南西北門，我們黃埔軍校起義過來的七八百人集中編成一個七大隊。其他的幾個大隊是新近從重慶周邊各縣招收的男女青年學生，所有的女生都編入四大隊，住在合川的中心城區內。我被編在三十五中隊，駐地在南門附近的一個大操場旁邊。到本書尚在行文的今天，即二〇一六年，當年和我同在這個中隊，而今又一同定居在成都，並和我仍有交往的，總共還有三個人。他們分別是高重、穆建生和郭紹華。如今我們都是八十多歲的耄耋老人了，其中高重年齡最長，已經八十七歲了。

剛剛寫到的那個合川縣的大操場，也是五十年代初中共經常召開群眾大會的會場，這類大會常常是以「鎮壓」各類「階級敵人」為主題，槍斃他們便是大會的高潮。那時我們軍大同學中許多人生了疥瘡，這是一種極易傳染的皮膚病，我讀實驗中學時就曾得過一次。有一天，學校附近的操場上槍斃了兩個「階級敵人」，我們的中隊長是個缺乏基本科學文化常識的「老革命」，不知他聽信了誰的一番胡說八道，以為吃了人的大腦就能治好疥瘡，他便去把屍體上的大腦取回來，裝在盤子裡，曬在瓦房頂上，說要弄給大家吃，搞得中隊裡人心惶惶。我們紛紛建議他改變這個主意，他卻總是一笑置之。後來經過醫生的治療後，同學們的疥瘡逐步治癒，但在一次晚點名的時候，他卻當眾宣佈，這是吃了人腦的效果。在所有人一臉茫然的表情面前，他笑著說：「我早已讓炊事員摻在菜裡煮給你們吃掉了，哈！哈！哈！」

如前文所說，這所「大學」裡不但沒有圖書館，甚至沒有一間簡陋的閱覽室。它與所有的大學最為大相徑庭的是，它甚至沒有教授、講師乃至助教。更令我沒齒難忘的是這所大學的開學典禮，實際上只是一位軍級的首長在主席臺上手舞足蹈地作了一次報告。報告人是十二軍的軍長（也可能是副軍長），好像是姓肖，他是那場報告的唯一主講人，主要是鼓勵我們這批剛剛參加「革命」的青年學生要站穩革命立場，勇於鬥爭。記憶中他說過一句鏗鏘有力的話：「說到底，革命就是白刀子進紅刀子出。」毋須再作詮釋，革命就是殺人。

我們中隊的指導員，也就是「一把手」，他也給我留下一個非同小可的記憶。他是一位資格很老的工農幹部，雖然他的職務只是連級幹部，但身邊常常跟著一個年輕漂亮的妻子。據說他妻子是我們這個大隊醫務室的護士。如果不是因為他的資格特別老，按當時的政策，他是絕不可能被批准結婚的。有一天，我有事在中隊部滯留，這時送來了最新出版的《人民戰士報》。這是西南軍區政治部為全軍區的下屬連隊所編輯出版的一份八開小報。上面有一則消息說，今年全軍將統一夏季服裝樣式，男式戰士服改為蘇式列寧裝，女式改為蘇式連衣裙，報紙上分別繪有男女軍人穿著這種軍服的畫像。我看見指導員將這張報紙拿到他妻子面前，指著穿短裙的女兵畫像上裸露的大腿，對他那皮膚白皙的妻子說：「穿這個裙子才好賣屁股。」指導員這句對自己妻子說出來的「豪言壯語」，簡直把我這個孤陋寡聞的年輕「大學生」驚出了一身冷汗。

與這位大老粗出身的軍官大異其趣的是另一位文質彬彬、口若懸河的十二軍政治部主任唐平鑄。從口音上判斷，他簡直像我的「小同鄉」。他給我們授課的主要內容是「挺進大別山」和「淮海戰役」這些十二軍參與的主要戰役。在課堂上，他妙語連珠生動活潑的講課風格深受我們這群頭腦簡單的年輕人佩服。有一次，他作為軍級首長來作報告，整個合川縣只有河壩裡能容納下全總隊的幾千名學生。唐平鑄在河壩裡用擴音器授課完畢後，帶著警衛員走下來視察學生討論的情況。或許是因為他聽見我說著一口武漢方言，便停下來問我家鄉是哪裡，為什麼來當兵，我一一作正面回答。然後他伸手撥正了我歪戴在頭上的帽子，說：「小鬼，好好幹。」兩年後，我已在西南軍區通信處得到了「一官半職」，同事中有一位姓弓的營級參謀。一次我們兩個人在出差的途中，我和他談到我這位「才華出眾」的湖北老鄉時，弓參謀卻悄聲告訴我說，一九五〇年重慶剛「解放」時，唐平鑄和他某位他鄉遇故知的「表妹」在某飯店開房間，被其警衛員揭發檢舉後，在黨內受了處分。弓參謀向我透露這些風流韻事的行為是極為危險的。日後檢舉揭發成為人與人之間相處的常態，我就也再難聽到類似的桃色祕密了。

二十年後的七十年代，那時正是文化大革命期間，我又在紅極一時的《解放軍報》上讀到唐平鑄署名的整版長文，文章講述的是劉鄧大軍挺進大別山的陳年舊事。須知那時正是毛澤東翻手為雲，覆手為雨的年代，許多昔日不可一世的老幹部都被造反派「打倒在地再踏上一隻腳」，而我這位「老鄉」卻能在重量級的大報上洋洋灑灑地發表大塊文章，絕非一般凡夫俗子所能贏得的殊榮。

及至九十年代初葉，趁改革開放大潮泥沙俱下之時，我一度也混跡於北京新聞界，在「中國公共關係協會」下屬的一家不入流的報社當了一名不入流的副社長。延安時代已在新聞界頗具名氣的安崗先生當時是《經濟日報》社的社長，也兼任這個公共關係協會的「一把手」，時不時的我會去向他請示彙報。他在北京飯店裡有個大套間，有一次談完了工作後閒聊了幾句，我想到在場的人都是早已離退休的「老新聞」，他們只是以發揮餘熱的名義，在經濟大潮中混一點顧問費罷了。於是我向他們打聽我的老同鄉唐平鑄先生，這才知道這位早已去世的老首長曾就任鼎鼎大名的《解放軍報》的副總編輯，後因「站錯了隊」，捲入「四人幫」，未得善終。經過這次提問，在場各位「老新聞」無不對我這個來自四川的鄉巴佬充滿好奇。私下裡向我詢問這位前「四人幫爪牙」與我的關係，我故作神祕地回答：「我們是湖北同鄉，我年輕時經常聽他的課」。

第一次遇見自殺者

這所學制半年的「大學」一眨眼就快畢業了，大隊領導決定在畢業典禮上演出大型話劇《闖王進京》。據說這部戲描寫的是明末農民起義，但著重刻畫主角李自成在奪得政權進入京城後，很快腐敗墮落導致失敗的故事。其「進京建政」的主題背景與當年中共進京建政的歷史事實很貼近，因而極具教育意義，據說是那個年代的熱門戲。

在挑選演員時，不知為什麼，我也被選入劇組名單。我心想排戲比終日坐在小板凳上討論發言好玩得多，便欣然允諾加入了劇組。也許是因為我身材矮小，似乎在「李自成的軍營裡」弄不上一官半職，權且將我留在劇組裡備用。戲裡需要幾個女角，當時合川縣也駐有一些文工團隊，領導決定從他們的文工隊裡臨時借來幾個女演員配戲。我從來沒有從頭到尾地看完這幕戲，也不知道這部戲裡女演員們的戲份重不重。總之，這四五個女演員我至今還能記得其中兩個人的名字，一個叫檀玲卿，一個叫詹堅白。特別是這個詹堅白，不僅身材矮小，年齡也很小，最多十四、五歲，脫下軍裝，她簡直像個小學生。在主要演員走台背詞時，我們這幾個清兵甲、群眾乙的「無名之輩」便躲在舞臺的一角，你一言、我一語地喋喋不休。

那時已進入夏季，在水邊長大的湖北孩子沒有不會游泳的。某個烈日當空的午休時間，我邀約了三五個同伴一起去營房後的山下。那裡有一條不深不淺的溪流，在溪流的下游處建有一座為提高水位而築成的攔水壩，它簡直是一座不折不扣的游泳池。跳進這座涼絲絲的天然游泳池，我和幾個同伴嘻哈打笑不亦樂乎！

突然從上游方向傳來「轟」的一聲巨響，泡在水中的我們驚愕地看著對方，暫時停止了打鬧。一會兒，似有一縷硝煙氣味湧入我們的鼻腔，又過了片刻，好像一切又恢復了常態，我們便繼續在水中游泳玩樂。此時，我們突然發現從上游緩緩流下的水面上，有一些異樣的飄浮物。仔細一看，竟然是一些指頭般大小的血肉和骨渣的混合體，空氣中也散發出一股濃濃的血腥氣味。經驗告訴我們，上游方向肯定發生了什麼非比尋常的事情。經過一番合計，我們決定穿好各自的衣褲，兵分兩路，從溪流的左、右兩岸向上游方向走去一探究竟。

行進到五十米左右的溪水拐彎處，我發現一簇灌木樹下有一個人正向我們招手，他的身體淹沒在溪水中，左手攀援著灌木的根部，右手的食指正指著他右側的上衣衣兜。我和同行的夥伴快步走近他的身邊，從衣兜裡取出他刻意指向的那幾頁折好的紙，接著我們彎下身去，伸手探向這位溺水者的腋下，二人合力將他拖出水面。令我倆無比驚異的是，他身上穿的竟然是一套解放軍的幹部服（一九四九年以前，軍服的式樣和顏色並未統一，戰士服和幹部服在式樣和顏色上都有明顯區別）。此刻溺水者臉色慘白，呼吸緊促，已處於半昏迷狀態，當他的下半身被逐漸拖出水面時，我倆被嚇得目瞪口呆。他的大腿以下部位已經不成樣子了，浸血的褲腿包著的是一長串骨渣和肉塊，身旁的堤岸上有一個新近炸出的泥坑，估計這位幹部是自己站在手榴彈上，扯下了拉火索。

一個好端端的解放軍幹部為何會自殺，而且竟是用這樣慘烈的方式對待自己？為瞭解開這個謎團，我趕緊取出了剛才塞進我衣兜裡的一疊紙，也就是他自殺前刻意保護的那幾頁紙，我看見他的書法絹秀流利，令我羨慕不已。多年後，我已忘掉他怎樣稱呼受信的對方，記不清是黨委還是黨支部，只記得緊隨其後便是「你們又要說我在鬧情緒了……」讀到這裡，我猛然想起，青年團支部已找我個別談話，很快我就將成為一名光榮的青年團員（當年的名稱是新民主主義青年團）。我告誡自己，這封信是我不應該私下偷看的東西，這樣會玷污我即將得到的這份光榮，於是我立即將它折好，緊握在我的手心裡。

面對這樁重大的突發事件，我們飛快地奔向大隊部，找到了政委，向他報告了這樁事的來龍去脈。政委展開我交給他的兩頁信紙，掃了一眼後，皺著眉頭盯著我這個邀功者，非常嚴肅地問道：「你看過沒有？」我被驚嚇得後退了一步，趕緊澄清說「沒有」，隨即本能地回頭望望身邊的同伴，意思是：「他們可以作證。」

本無「色膽」，怎會「包天」

這件事很快地在劇組裡傳開。兩天後，詹堅白悄悄告訴我，自殺者是他們文工隊的區隊長（相當於排長）。又說區隊長是南京某大學的學生，南京「解放」後，他和他青梅竹馬的漂亮女朋友攜手參加了「第二野戰軍南下服務團文新大隊（即文藝新聞大隊）」，到四川不久，在一次全軍文藝會演中，區隊長那位女朋友飾演劉胡蘭大獲成功，引起轟動，很快她就被調到了南溫泉軍部文工團，緊接著傳來更為轟動的消息，她和軍部的一位首長結了婚，新娘子也由文工團調入政治部工作。

毫無疑問，區隊長為他的青梅竹馬殉情而死。但死得如此慘烈，為我生平之僅見。

我在軍隊服役的五十年代，恰逢中共建政之初，大批青年學生或因參軍、或因參加工作而湧入「革命隊伍」，其中女生大部分均是未婚女孩。此前因戰爭原因延誤婚期的各路首長紛紛由「組織」出面做工作，勸說這些女孩克服「文化差異」、「年齡懸殊」之類的思想障礙，在成家立業這一人生大事上要敢於拋棄個人利益，服從革命需要。至於那位殉情的區隊長，憑他那微不足道的排級軍階，按當年「三年團級、五年營級、八年連級」的軍紀規定，別說結婚，就是談戀愛也是嚴令禁止的。但女性軍人卻不受軍齡和軍階的限制，她們只要被軍齡和軍階都允許結婚的「老革命」相中，不論其軍齡軍階，一律照嫁不誤。

殉情事件之後，詹堅白在我面前越來越「肆無忌憚」，雖然我倆滔滔不絕的悄悄話從未涉入談情說愛的禁區，可她對我拉拉扯扯動手動腳的「肢體語言」卻有增無減。在旁觀者的眼裡，這一對年輕男女之間必有某種不可告人的「勾當」。

正式演出的那天，地點：在合川縣城隍廟內那塊鑲滿大石板的地壩裡，全大隊的同學端坐在小板凳上聚精會神地觀看著被兩盞大煤氣燈照得透亮的舞臺。後排的觀眾儘管奮力抬頭仰視，但仍然被前排的後腦勺擋住一大片視野。於是有人為了獲得「高空優勢」，找來些高板凳站在上面觀看。

此時，我和詹堅白等扮演的士兵甲、老鄉乙等群眾演員早已卸裝下場。我倆在後臺待著無所事事，詹堅白便牽著我走出後臺來到觀眾席。她拉著我從右側越過全神貫注的觀眾，來到最後「高高在上」的那幾排座位。在前後兩排腿腳的掩護下，她伸出雙手摟住我的脖子，一雙大眼睛死死盯著我，就像現在那些帥哥靚女在電視上擺出的造型那樣。這個十分離譜的前衛動作把我嚇得魂不附體，因為我怕被人看到而被指為「搞不正當男女關係」。況且那時我已填交了參加青年團的正式表格，待黨委批示後經過宣誓即可成為團員。這是那時眾多青年孜孜以求的榮譽。為避免尷尬，我建議詹堅白與我一同上街散步，我喜歡去明晃晃的大街，而她卻多次要我陪她鑽進那些黑洞洞的小巷裡去，我總擔心在裡面可能發生什麼犯錯誤的事。

沒過兩天，我從軍大畢業。此前她悄悄遞給我一封信，大意是願意和我攜手革命，我當時看得不明不白，不知她到底想說什麼。其實後來想了想，信的意思也特別容易理解，被革命熱情所裹挾的年代裡，人們總是習慣以「革命」為引申，將自己珍視的事物或情感寄寓其中。詹堅白想在信裡說的話其實已經通過她直白的行動說得一清二楚了，可當時我就是處處看不明白，也不敢看明白。信裡的一個錯別字我至今記憶猶新，那年代常有人對漢字進行任意簡化，特別如筆劃比較複雜的「鬥爭」中的「鬥」

字，便直接簡化為升、斗、石（音擔）的斗字。令我哭笑不得的是，詹堅白把「斗」字本應在左邊的兩點點在了右邊，這使她顯得更像一個小學生了。

我絕沒有嘲笑她的意思，那時因為我們都很年輕，也都很幼稚。特別是第二年，也就是一九五一年，第二批被派往韓戰戰場的部隊中就有十二軍（我留在了二野通信學校）。後來我們都知道那場戰爭的殘酷。這些纖弱的小女兵經受的考驗又將是多麼嚴峻。如果她至今健在，也早已是年逾古稀的老太太了。如果我因為誠實而冒犯了您，我祈求您的原諒，畢竟那時的我和那時的你比起來，是那麼的膽小而無知。

加入青年團前後

七月一日是中共的建黨紀念日，一九五〇年的這一天，我宣誓成為中國新民主主義青年團團員，候補期三個月。兩位介紹人都是我的頂頭上司，班長劉嵩生是原黃埔軍校的山西籍同學，另一位是區隊長（排長）黃從周，他是資歷很老的八路軍戰士，同時也是共產黨員。之所以能牢記這兩位介紹人的名字，是因為在每年必須填寫的《軍人登記表》中，入團介紹人是一個重要的欄目，一填再填，久而久之，我便牢牢地記下了他倆的名字。據說這是一個團員組織性強或不強的證明，而組織性對團員來說是十分重要的修養。除了這層組織關係以外，我和兩位介紹人再沒有什麼私人交往了。

培養我加入青年團的介紹人反復對我說，對一個青年團員而言，最重要的是要有高度組織性，也就是對黨團組織忠誠老實，絕對服從。我這個十六歲的小青年在多種學習運動的總結鑒定會上，都被大夥認為具有「思想單純」這個「優點」。但平心而論，我自知自己有很大的不足之處，記得當時我頭腦中一直深藏著一個問題：領導教育我們說，一個知識份子要改造好，最少也要十五到二十年。我心中暗想，一九二一年中共正式建黨，那時，馬列主義傳到中國也不過兩三年。毛澤東、周恩來他們這些「老一輩的無產階級革命家」，在短短幾年中，怎麼會改造得那般完美？這個帶著幾分幼稚、又有些對權威不恭不敬的問題我一直不敢公開提出。後來我年齡漸長，慢慢知道，向任何一種「原教旨主義」提出任何屬於「核心利益」的問題，其結果必然是引火焚身，往後便逐漸淡忘了它。

另外，在我們革命歷史的教學中，談到第二次世界大戰之所以能取得最後的勝利，原因並不是我們小時候知道的美國人在日本丟了兩顆原子彈，而是蘇聯紅軍在幾天之內打敗了三〇萬日本關東軍。在我看來，這簡直是不可思議的神話。我們這批黃埔軍校「起義」過來的同學中，很多人都是來自東北。在和他們的私下交談中，我瞭解到很多蘇聯紅軍偷盜物品、強姦婦女等作惡多端的行徑。當年，許多東北婦女為了避免被蘇聯紅軍盯上，都不敢留長髮，直接剃成短髮或光頭。後來也有班組長對這種說法做出過解釋，說第二次世界大戰臨近尾聲時，蘇聯軍隊裡員額不足的問題很嚴重，便從監獄裡緊急徵調了很多刑事犯人加入軍隊，以補充兵力。當時聽到此番解釋，我又覺得在東北發生的那些強姦和搶劫的行為也就不足為怪了，但內心始終沒有接受蘇聯紅軍立下首功的說法。

我們有幾十個同學畢業分配去到了川東軍區壁山軍分區，軍分區又把我們分配到下轄的各縣警衛營。這批同學中，我和高重、黃毅二人可說是斷斷續續打了一輩子交道，這是後話。而那時，我和另外三四位同學一起分到了大足縣警衛營，我們的職務都是文化教員，級別都是正班級。分配完畢後才三天，就有噩耗傳來，一個名叫黃繼華的仁壽藉同學正在樓上睡午覺時，樓下的一位戰士在擦槍時走火，射出的子彈打穿了樓板，穿過枕頭不偏不倚地將黃繼華的頭部擊碎，當即斃命。他們當時正住在當地一位大地主的院落中，按中國人的鄉村習俗，堂屋裡停著一口黑漆楠木大棺材，正好被倒楣的黃繼華用上，成為土地改革運動正式開展之前就被「共產」的「浮財」。因這口棺材價值不菲，據說下葬的當天竟然引來大足城內的眾多百姓沿街圍觀，場面異常隆重，這位倒楣的低級別新兵也算是得到一個「風光厚葬」的葬禮。

營部後來又把我重新分配到二連。二連的駐地在高升場，這是一座有三五百戶人家、並定期趕集的中小型鄉鎮。雖然我的職務是文化教員，但我在就任的幾個月裡從來沒有教過一堂文化課，戰士們人手一冊《掃盲三字經》，全都拿回去自己學習。我至今還能背誦該「經文」開頭的幾句：「天皇皇，地皇皇，不識字，是文盲。不怨爹，不怨娘，舊社會，害人狼……」足見該課本絕對符合「舊社會把人變成鬼，新社會把鬼變成人」的時代「主旋律」。沒能給戰士們上文化課是因為連長和指導員的安排，他們安排我幹什麼我就只能幹什麼，更何況我的上面還有一個正排級的文化幹事。連這位文化幹事也沒幹任何和文化有關的事，上課的任務又何須輪到我的頭上！

五十年代初，被中共稱為土匪的「反共救國軍」多如牛毛，遍及四川各地。據說那時單憑連級的人員配額和火力裝備，要想從一個縣安全地走到另一個縣是相當危險的。後來野戰軍入川，經過幾個月的「清剿」，待我到達大足縣的下半年，除個別「匪首」尚未拿獲外，大部分鬆散的軍事組織已告瓦解。那時對敵鬥爭的政策是「首惡必辦，脅從不問，立功受獎」，部隊要求所有參加過「反共救國軍」的「被蒙蔽」的農民群眾都必須「自首」悔過。

在高升場街上，部隊辦起了一個「自新人員訓練大隊」，我們的連長、指導員先後到大隊給「自新人員」作報告。奈何這兩位來自山西農村的「老革命」操著一口嘰裡哇啦的鄉音土語，幹坐在地上的百餘個土生土長的鄉巴佬「土匪」全都聽得目瞪口呆。這時，我這個又能說湖北話，又能說四川話的小兵便自告奮勇地充當了「翻譯」，使得指導員對我刮目相看，激動中竟然當場宣佈我為這個大隊的大隊長。那時我已知道，一個連級指導員連任命一個正兒八經的排長的資格都沒有，所以內心很清楚我這個「自新人員訓練大隊大隊長」究竟有幾分含金量？我當了一個月的大隊長，「訓練」出兩百多個自新人員，他們肯定沒料到本大隊長只有十六歲。

高升場場口外的幾個制高點上仍駐有一兩個班的兵力，夜間則有崗哨在路口值勤站崗，以防備殘餘的「土匪」突然發動偷襲。我們連部的人員不參加站崗，但要輪班查哨，查看各個哨位是否有人打瞌睡或者其他不在哨位的意外情況。有一次，一個老鄉前來舉報匪情，說他看見住在他家附近的一個「匪首」潛回了家中。我們派了兩個班的戰士前去逮捕，這匪首發現情況有變，打算翻後院的圍牆逃離，被我們埋伏在牆根的戰士直接擊斃在圍牆上。過去遇到這種情況，常按古代習俗割下死者的首級，懸掛在城門洞或者人流密集的街口示眾。後來據說上面禁止了這種過於殘忍的做法，所以這次只割回匪首耳朵一隻。指導員令我將這一成功的剿匪行動寫成一篇稿件，抄在一塊黑板上。同時將那只戰利品耳朵用細竹條串起來，寫明這就是「匪首」的耳朵，掛在黑板報上端，擺放在場鎮中心處供來往行人觀賞。我很快地將上述任務完成。

是夜，突然下起了濛濛細雨，夜間輪著我查哨的時候，我將防雨油布取出來披在肩上，徑直向哨位走去。當我從這只耳朵旁邊經過時，突然覺得身後有尾隨的腳步聲，我走慢，腳步聲也走慢，我走快，腳步聲也走快。我懷疑是那只耳朵的主人變成鬼魂來找我算帳，嚇得我頭皮發麻，心跳加速，直到我走到我應該查看的哨位上，向眼前的哨兵例行公事問話完畢以後，我才敢回過頭去和「鬼魂」打個照面。原來，這只是我身披的油布下擺不斷碰撞我的腳後跟而發出的聲音，不過是虛驚一場罷了。

一個月以後，我便成了這個連，甚至這個營最不受歡迎的人。原因是這樣的：高升鄉的鄉長有兩個女兒，兩個都是有點姿色的妙齡女郎，估計是在縣城裡讀中學的「現代女性」。我們部隊剛剛「解放」高升鄉不久，緊接著轉入清匪、征糧工作，我們三五個人編成工作組早出晚歸在鄉間訪貧問苦偵察敵情，晚間則返回連部彙報情況並住宿。每天傍晚，這兩位風華正茂的鄉長女兒必會坐在她們家的大門口，唱些「解放前」十分流行的郎呀妹呀之類的愛情歌曲，如《四季美人》、《夫妻相罵》之類。在大城市長大的我對這類歌曲瞭若指掌，如今我經過軍政大學的政治學習和思想改造，而且身為一名光榮的青年團員，發自內心地對這類腐朽沒落的靡靡之音嗤之以鼻。不僅如此，我還認定他們那鄉長父親必然屬於剝削階級的地主，所以從來對她們的歌聲都是「置若罔聞，不屑一顧」的態度。

而我們那位年已三十出頭卻仍未近女色的「老革命」連長的想法和我大不相同了。這位來自山西農村的彪形大漢出於生理和心理方面的種種可以理解的原因，總會嘻皮笑臉地在兩位「歌星」面前露出一副戀戀不捨的神情，有時還要獻上點小殷勤，送點水果小吃什麼的。我覺得連長的做法簡直丟盡了革命軍人的臉面，彷彿連我的臉也一起丟了。那時，連隊還沒有建立團組織，我這唯一的青年團員就和黨員在一起過組織生活。在黨小組會上，我這個涉事不深的小青年慷慨激昂地痛陳「老革命」連長在男女關係上的諸多不是，其中過激的言詞，坦誠的危言聳聽，全都是政治情商極低的表現。在論資排輩的軍隊裡，我這個才參軍半年的小不點兒用這種語調去教訓一位年齡和資歷都遠甚於我的前輩軍人，這種行為本身就近乎荒唐。況且說到底，這也畢竟只是一個生活作風的問題，沒有必要這樣上綱上線。這件事之後，我在連部這幾位關鍵領導者（都是黨小組會議的參與者）的心目中已形同小丑，可惜這已是我若干年後才反思到的。

此後沒幾天，為紀念「八一建軍節」，領導決定，將在營部所在地的場鎮上召開慶祝大會，同時將演出文藝節目，並要求各連推薦演員。我們這個連必會喜出望外地將我這個「左派幼稚病」患者「推薦」出去。在安排節目的時候，營長對延安時代風靡一時的秧歌劇《兄妹開荒》情有獨鍾，叫我們排練這個節目。大家聽後面面相覷，顯然是為沒有女角而發愁。也有人直接提出：「我們到哪裡去找這個丫頭呀？」果不其然，營長徑直指著我的腦袋說：「我看這小鬼扮個丫頭就蠻可以嘛。」這簡直是讓我五雷轟頂的餿主意，我連聲說：「不行，不行，我不會演女角。」營長說：「學學就行了，你們知道嗎？梅蘭芳就是個男的，全世界都說他演得好。」我說：「反正我不演。」營長的臉一下子拉了下來，說：「我叫你演你就得演，這件事就這麼定了。」說完又惡狠狠地盯了我一眼，接著說：「沒有別的事就散會，明天就開始排練。」說完就大步離去。才走出三五步，他又回轉身來對大夥說：「紀念建軍節是一個政治任務，願幹也得幹，不願幹也得幹，誰不服從，看我關他的禁閉。」顯然最後一句是對著我眼中那滿眶的淚水說的。

我至今記得，扮演哥哥角色的士兵名叫商振遠，他是河北保定人，估計我當時身高還不足一米六，嗓音也沒有人高馬大的商振遠那麼粗獷。我不止一次地在私下央求他和我交換角色，他總是無奈地回答說：「我倆並肩站在舞臺上，讓觀眾來評評看誰更像丫頭？」

以後多年，只要我一想起當年扮演的那個女角，一聽見「太陽太陽，當呀麼當頭照……」那《兄妹開荒》的曲調，或者想起我在舞臺上扭捏作態扮成「妹妹」的醜態，特別是捆在我胸前那一對用棉花紮成的「乳房」，我就會渾身發麻。

幸好這種洋相，我生平只出過這一次。

在那次「八一建軍節」慶祝大會上，還發生過一個很有意思的意外情況，也順便在此提一下。這是一次與地方的機關和學校聯合舉辦的大會，陣仗十分隆重。當司儀在舞臺上高喊「唱國歌」時，從觀眾中走出一位像是小學教師的中年人，健步登上舞臺，面對廣大觀眾展開雙臂。顯然他是全場齊唱國歌的指揮，由他來為國歌的頭一個唱詞定一個音。按理他應該唱《義勇軍進行曲》的第一句「起來，不願做奴隸的人們」，不知是因為他心情過於緊張，或者是因為他「惡習不改」，從他嘴裡冒出來的卻是中華民國國歌開頭「三民主義，吾黨所宗」的「三民」兩個字。緊接著他大手一揮，高喊一聲「唱！」站在下面的廣大群眾唱出來的卻是「起來……」只見他站在臺上漲紅著臉，知道自己當著大庭廣眾犯下大錯，又措手不及地改變了唱音和舞著雙手打拍子的姿勢。

我不知道這位指揮的命運是否會因為這個「無心之過」而受到什麼影響。畢竟在日後政治鬥爭上綱上線的腔調下，這樣的失誤必須被認定為另有企圖的政治錯誤，沒人在乎你究竟是有心還是無意。

一九五〇年十一月左右，我突然收到母親寄來的信件，信裡說，當時服役於第四野戰軍的大哥已進入朝鮮。同時部隊中大家私下傳消息說，入朝部隊均穿朝鮮人民軍服裝等等，於是我們因此知道了解放軍已實際介入韓戰的事實。

不久，我調離大足縣警衛營，先到川東軍區司令部所在地的重慶汗山，在那裡進行了一番文化測試和體格檢查，然後才進了入位於重慶小龍坎的西南軍區通信學校。這是一所培訓部隊無線電報務人員的學校。學員中有的學報務，有的學機務（無線電工程），我們新調入的這一批學員學的就是報務。學這門技術和年齡有很大的關係，抽調人員的時候，要求年齡在十八歲左右，初中以上文化程度。但有的單位還是送來一些二十出頭的人，這些因年齡原因無法學習這種簡單技術的人卻因禍得福，全部轉入重慶醫學院和重慶建工學院（當時這兩個學校還不叫這個名字，具體叫什麼我也忘了）。如果當年的那些大齡倒楣鬼一生都幹著他們所學的專業，幾乎可以肯定的是，他們日後多半都成為了各自領域中的佼佼者。

從黃埔軍校一同起義，又調入這個學校的同學有四五個，印象最深的是殷成龍和黃毅。黃毅在另外一個中隊，殷成龍則與我同隊。這兩個人在以後與我交往多年，殷成龍九十年代甚至還在我生命歷程中舉足輕重的城市，四川省南充市工作過。

入學後第一階段的政治學習便是關於韓戰，官方稱呼「抗美援朝」。當時韓戰戰場上的戰鬥正激烈地進行著，我們被告知，是美帝國主義率先發動了侵略戰爭，準備先攻陷朝鮮半島，然後以之作為跳板向中國發動進攻。我當年對這些說法將信將疑，但從不敢公開反駁。因為在頭腦中，有一個聲音不斷地向我重複：相信這個英明正確的黨，共產黨肯定是誠實的黨，不會撒謊的黨。我們的學習內容主要是批判學員中崇美恐美、以及另外兩種記不起來什麼「美」的情緒。我們在「舊社會」養成的對美國的科學發達、美國的月亮比中國的圓之類的遺毒也要一併清除乾淨。總之就是要讓我們相信，美國是當今世界的萬惡之源，同時又是一隻不堪一擊的紙老虎。

我入團時三個月候補期早已屆滿，現在我已經是一名有選舉權的正式團員。在開學不久的一次支部大會上，我被推選為支部副書記，這是學員能得到的最高職務。正書記則是我們中隊的政治幹事，名叫方更生，安徽省人，是一名共產黨員。不久又進行了革命軍人俱樂部的選舉，我又被選為主任，全連的文化娛樂活動皆由我安排。因為我的手風琴拉得很好，可說是全連唯一的手風琴手，「吹拉彈唱、打球照相」，「十處打鑼、九處有我」。當時我的情況用「紅得發紫」四個字來形容也毫不為過。此時的我，以馬列信徒自詡，還曾找過幾本馬列原著來看。老實說，我絕不是一塊啃政治理論的料，小說書我可以廢寢忘食夜以繼日地讀，讀理論書我始終鑽不進去，讀了也說不上有什麼體會。不過中隊裡訂了《中國青年》和《學習》雜誌，我堪稱忠實讀者，每一期都不會錯過。學校也辦有一份名為《學習鬥爭》的油印小報，幾乎每一期上面都有我撰寫的稿件。

因為我是青年團的骨幹，和政工幹部接觸得多一些，那時恰遇中央領導任弼時逝世，一位政工幹部私下對我說：「弼時同志為了想『抗美援朝，保家衛國』這八個字的宣傳語，不幸用腦過度患腦溢血而死的。」我並不認為這位政工幹部的說法合乎醫學常理，但多年以後，我從不同革命階段喊出來的種種令人耳目一新的口號辭令中，慢慢體會到這位老政工所謂「八個字用腦過度」的內涵。因為要把謊話說得「名正言順」的確是一門學問，非要絞盡腦汁下點苦功夫才行。改革開放以後，國內國外的史料陸續公開、解密，我們才知道韓戰是金日成企圖武力併吞南韓而首先發動的，而美國人也壓根兒沒打過中國本土的主意。尤其令人感到難過的是，「援朝」的事實還算勉強成立，但「抗美」這一說法卻太過籠統。在這場造成超過十八萬同胞犧牲的戰爭中，「志願軍」部隊面對的敵軍並非僅僅來自南韓和美國，事實上這是一支由聯合國安理會決議組建的「聯合國軍」，總計有十六個國家派兵加入，毫不客氣地說，這是一支真正的「正義之師」。

在以後學校進行的業務訓練中，我一改過去讀書時調皮搗蛋的面貌，搖身一變成為品學兼優的優等生。我的成績不僅是全班第一，而且是全校第一，每次考試各科成績都是一百分，甚至還榮立過一次三等功。我中學時代的老師及同學們如果有誰能看見我那時候的良好表現，肯定會認為是共產黨在我這個不可救藥的傢伙身上施了什麼魔法。之所以這樣的轉變會發生，我自己認為可能是人們常說的男孩子到十七、十八歲就會變得懂事起來的緣故。當然我作為團支部副書記應起的帶頭模範作用，以及考核的科目十分簡單，都是促成我高居榜首的重要原因。我在莫爾斯基電碼的收報和發報能力上進步非常迅速，從剛開始的每分鐘幾十個字，到畢業時的每分鐘一百二十個字以上，同學們都對我刮目相看。另外就是背誦用英語編就的電報常用縮語，考來考去其實也就是考你的記憶力而已，我當然也非常在行。

一九五一年，一場民主運動在全軍展開，旨在查清個人的出身，歷史及社會關係等背景情況。先由自己寫出交代材料，然後在班組會上評議通過。少數年齡稍大，在舊社會有點「歷史」的人，無疑都是這場運動的清查重點。不過似乎這一場運動的整肅力度也並不大，印象很深的一件事，是一位楊姓同學，竟然主動交代出自己在家裡同他的胞姐發生過性關係。那時我在交代材料裡對我出身家庭的罪惡痛加抨擊，決心劃清界限，只可惜對家庭主要成員的父親的所作所為實在知道得太少。其實我非常希望自己可以知道得多一點，以便寫出更有價值的材料，以表我對黨的耿耿忠心。

開展這場運動之初，王時彥政委給我們作動員報告，他在作報告時念讀了列寧寫的那篇題為《論忠誠老實》的文章，這篇文章裡的「名言警句」讓我終身難忘。比如他念道：「我們有些同志為革命獻出了自己的寶貴生命，我們還有什麼值得向黨隱瞞的呢？」（大意如此）又如：「如果你連認識錯誤的勇氣都沒有，我們又怎能相信你有改正錯誤的勇氣呢？」這些話深深地感動了我，使我受益匪淺。當年聽到王政委的報告時，我毫不遲疑地相信這是新政權將要親力親為奉行的真理，自己也因此拔高思想覺悟。雖然出自一個國民黨官僚家庭，但我只要一心對共產黨忠誠以待，他們應當也是不計前嫌的。

作為團支部副書記，我的工作非常忙，除各個團的小組長定期向我彙報各小組的情況以外，有些臨時發生的事他們也得向我反映。如某同志吊了一句二話（吊二話是部隊裡的常用語，意即吊兒郎當地說調皮話），或某同志發了一句牢騷，甚至某同志收到了家信，閱讀時臉色不對，這些捕風捉影的瑣事都有團員或者是靠攏組織的積極分子前來向我彙報。非團員（通稱群眾）的某些表現也要彙報上來，因為團章上有一句規定，大意是要關心周圍青年的進步，所以對周圍青年的言行，實際上也就是進步或者不進步的情況都一概需要彙報。我從這些彙報中選出重要的資訊，向支部書記彙報，也就是向黨彙報。這個流程貨真價實地體現了「青年團是黨的助手」這一條文的精髓。若干年後，那時我已被打為右派，開始反省年輕時的所作所為，這才意識到這個層層相互揭短和「打小報告」的流程，正好印證了我父親所說「共產黨的每個黨員都是一個特務」這一言簡意賅的判斷。由於白天沒有課外時間，所有彙報工作都在夜間進行，久而久之我便開始苦惱自己的睡眠嚴重不足，一到星期天，我就會睡上一整天，以還清本周所欠的瞌睡賬。總之，在那段時間，除了革命我什麼也不想，除了聽周圍的同志排著隊來「打小報告」，我什麼也做不成。

那時經常聽到這樣一種說法，說工作以後，報務員常常值夜班，如果不會抽煙的話，夜晚就會打瞌睡，甚至會影響工作。我們一群同學全都信以為真，為了日後能順利圓滿地完成任務，不給革命工作拖後腿，大家紛紛開始學抽煙。我們拿出學習課本知識那樣的認真勁來學習抽煙，一到下課時間，大家便一窩蜂地跑去小賣部，買來一支大前門圍成一個圈輪流抽。有的人嗆得咳嗽，有的人嗆出淚水，但都要以百折不撓的革命熱情堅持抽下去，直到一發不可收拾。我日後積累煙齡五十餘載，一直到七十歲時才下定決心戒掉了這個惡習。

三個小弟妹

我從通信學校畢業以後，被分配到第三通信團去實習，也就是按正規電臺操作程序進行通信聯絡。我們這個實習單位駐紮在重慶巴縣大興場一座地主的莊園裡，這種實習不像正規學習那樣緊張忙碌，而負責帶領我們實習的指導員恰好又是一位喜歡閒聊的人，於是他經常和我們這群剛剛畢業的學生聊起他當老八路經歷中的那些軼聞趣事，常常逗得大家捧腹大笑樂不可支。

有一次他對我們說，他剛剛參軍的時候，同一個班裡有一個戰士是地主家庭出身的，此人膽子特別小，每次戰鬥一打響他就渾身發抖，躲躲藏藏巴不得身邊有一個地縫讓他鑽下去。在一場激戰中，連長要派一個戰士送一個急件到另一個陣地上去，但這幾百米的道路被敵人的機槍組成的火網嚴密地封鎖著。這時許多黨員骨幹紛紛向連長請命，希望連長把這個光榮艱巨的任務交給自己，但是連長卻偏要派這個怕死鬼去，弄得他哭啼哀號，甚至下跪求饒，反正就是不敢去執行這項危險的任務。所以連長按照戰場紀律：「把那小子給斃了。」指導員淡淡地笑了一下，結束了這個小故事。

這小故事或多或少對我還是有些刺激，它似乎讓我具體領教了一回無處不在的階級鬥爭到底有多殘酷。

實習結束後，我正式編入了二營四連，這個連的指導員姓趙，也是北方人。他可能是在我當兵期間唯一一個不喜歡的頂頭上司，幸好四個月後他就調走了。不過我的三個小弟妹來部隊探親的問題就是在他任期內經手處理的。

有一天，我的三個小弟妹從成都來到了重慶，即五弟六弟和七妹，最大的五弟這時也才十歲。父親當時不知去向，大哥早已參軍，並於一九五〇年冬進入朝鮮。大妹也新近參軍，母親沒有固定工作，就靠替區政府的幹部洗衣服被套床單的少許收入維持全家生活。另外，因為我們家三個大孩子都參軍入伍，地方政府有時分發少許軍屬救濟款，但也只能算是杯水車薪的一點小錢。總之母親隻身一人撫育五個小弟妹，實在無法支撐，便乾脆出此下策，把三個小弟妹送到我服役的部隊來了。

我和部隊上的夥伴們都沒有處理這類事情的經驗，只有一切聽任組織的安排。反正我每天到廚房去為弟妹們打來飯菜，晚上帶他們到空房間去睡覺。這樣讓他們住了有兩三天。有一些熱心的「戰友」自發捐了些錢，我就用這些錢給三個弟妹買了點衣服。

某日，指導員找我談話，因為此前有「戰友」向領導建議，說把這三個小弟妹送到八一小學去讀書。當年提這類建議的「戰友」和我本人都不清楚八一小學是個什麼概念，後來才知道那可不是一般平民百姓家庭能涉足的學校。我們卻天真地認為，在美好的新社會必然到處充滿著博愛自由的陽光，那種把生而平等的人分成貧富貴賤正是我們痛恨舊社會的理由之一，新社會絕不會再發生這種醜惡的事件。最終組織上還是決定把三個弟妹送回成都。指導員找我作了一次開誠佈公的談話，談話中有一句十分不客氣的話，早已知道我父親身分的指導員嚴肅地對我說：「這種人的後裔，我們是絕不會照顧的。」兩三天後，組織上派人將我的三個小弟妹送回了成都的家中，後來母親還來信告訴我，看見孩子們都穿著新衣新鞋回到家裡，她甚感欣慰。

死無葬身之地

一九五一年冬，我被調去參加土地改革運動。我們這個臨時組成的單位名叫西南軍區直屬隊土改工作團，以司令部政治部為主軸的軍區直屬隊下面有很多單位，我所在的第三通信團就是司令部通信處下屬的單位之一，就像戰鬥文工團是政治部下屬的單位一樣，其他警衛團、司令部和政治部下屬的各科各處，也都或多或少抽調了些人員參加土改工作團。

抽調來的人員基本上都是幹部，每個分隊（相當於班）大概十多人，每三個人編成一個小組，負責一個村的工作。一個鄉裡一般有五六個村，也就由一個分隊的人包乾負責。我們分隊的分隊長（也就是我的頂頭上司）姓馮，是軍區警衛團事務長，我和他接觸得不多，但知道他是一字不識的農民，也是個老革命。副隊長則是從戰鬥文工團調來的，名叫武角，他兼任我的青年團小組長，參軍前是南京中央音樂學院的學生。從那時起直到半個多世紀後的今天，我們斷斷續續的一直都有交往。雖然他在政治上比較保守，和我似乎有點「道不同」，但由於他的處事態度和工作作風都十分正派，所以絲毫不影響我對他的敬重。另外還有戰鬥文工團調來的唐棣和沈淵，兩人都是讀書人，我和他們混得比較熟。通信團一起調來的也有十多人，因為沒編在一個分隊，接觸不是很多，大家相互之間反而有些疏遠。

若干年後我得知，當年組建的這支土改工作團裡，無一不是家庭背景和個人歷史上存有這樣或那樣問題的人，這當然絕不是用巧合二字就能說明問題的。

我們在嘉陵新村軍區招待所裡集中進行了一番有關土改政策的學習，其中最重要的是劃分階級成分，即符合哪些條件應被劃為地主或者富農，哪些應被劃為貧農或者雇農。我知道這是一件十分嚴肅的任務，不管聽報告或者小組討論，我都是十分認真，一字不差地做好筆記，絲毫不敢大意。因為我是絕對怕犯錯誤的，這不僅是個人得失的問題，而且是發自內心地擔心革命事業受到損失。

大概經過十多天的學習，土改工作團準備出發，臨行前一天宣佈放假一日，讓大家在下鄉之前把各自的私事處理好。對我這種家不在重慶的人來說，不外乎上街買點日用品或者東遊西蕩看看稀奇而已。那時我們實行供給制，每個月津貼費只夠買幾包煙，可我從未覺得自己很窮，也絲毫沒想過多領點錢的事。這些都是個人利益，當時我一門心思想的就是個人利益應該絕對服從革命利益。

大約上午十時左右，我正在一條名叫觀音岩的街道上閒逛，突然有幾輛大卡車從我左側開過，卡車上全都是五花大綁的犯人。那段時間正處在鎮壓反革命的高潮時期，不時有這類卡車裝著一車一車的犯人到菜園壩去執行槍斃。這樣的場景我早已司空見慣，無意間我朝汽車上望去，覺得汽車上的犯人中，有一個人老在盯著我看，那眼神十分像我的父親，只是臉色顯得邋遢憔悴一些而已。恰巧此時汽車拐了一個彎就不見了蹤影，我回頭一張望，右側身邊的牆上正好貼著一張槍斃犯人的佈告，第一個便是「張家駒」，以下百餘字羅列出他的罪狀。看完佈告，我確信剛才汽車上那個看著我的人正是我的父親，而我竟毫無惻隱之心，唯一的想法居然是今天的下場是他罪有應得的。

回到土改團駐地，我便將我在佈告上看到我父親的情況，向我們這個分隊的副隊長，也就是青年團的小組長武角作了彙報。我同時向他表示，我絕對擁護黨和政府對我父親的處理，因為這是他罪有應得的。

土改結束之後，我重新返回位於小龍坎的通信學校學習。這所學校距離重慶大學和重慶醫學院都相當近，三所學校曾多次共同組織活動，或者每個學校出幾個節目，一個聯歡晚會。有時也共聽一場重要的報告講座，如「志願軍」歸國代表的報告大會就是我們幾個學校的學生聚集在重慶大學的大操場上參加的。

重慶醫學院的後門和我們學校的前門僅僅只相隔一條馬路。有一次，重慶醫學院邀請我們全校同學去參觀他們的人體解剖課。在一間偌大的解剖室裡擺著十幾個「床位」，每個「床位」上都陳放著一些人體部位，有頭部、有腳部。這間解剖室裡還散發著一股濃烈的福馬林藥水氣味，這種氣味對人的眼睛有很強的刺激作用，我一走進去就變得「淚眼汪汪」。當我看見那些男女學生拿著人體的五臟六腑向我們講授它的結構和功能時，只覺得這些供解剖的屍體和我們擺弄的收發報機別無二致，都只是一部機器而已，身體上的各個器官也就像電阻電容一樣，只是這部機器上的零件罷了。

除了在解剖室裡的一番講解，我們還參觀了他們的屍庫，也就是好幾座存放屍體的水池子，那裡面重重疊疊堆著很多赤身裸體的男女屍體。據身邊的醫學院同學說，為防止這些屍體腐爛，水池子裡裝的不是水，而是福馬林藥液。他們在找到屍體後還要用高壓注射器械往屍體的血管裡壓入福馬林，以免屍體內部腐爛。有好奇者詢問這一池一池的屍體是從哪裡找來的，帶領我們參觀的同學回答道：「我們是花錢買的，五萬元（舊人民幣，等於現在的五元）一具。有些是死在街上的流浪漢，但更多的是在鎮壓反革命運動中被槍斃的人。這些被槍斃的的人大多無人收屍，就有人給我們運來。」說罷又補充一句：「不過處理這種屍體還挺麻煩，在灌藥水以前，我們得先把屍體中被子彈打爛的血管紮緊，免得藥水從破血管裡流出來。」

當年槍斃人根本沒有通知家屬的安排，因此也很少有家屬前去領屍。況且父親在重慶被殺，而當時母親帶著小弟妹們生活在成都，所以我相信我的父親也會成為這些福馬林藥水池中的一員。這個結局千真萬確地應驗了兩年前他那句：「死無葬身之地」的預言。雖然看到大卜車上鬍鬚拉渣的他被押往刑場時，我內心毫無波動，但在屍庫門口想到父親最後竟落得一個無人收殮的淒慘結局，我忽然爆發出一陣痛哭，哭得站都站不穩。最後是在同學們的攙扶下才勉強走出醫學院的大樓。

又過了十三年，我被關進了監獄。在那時的監獄裡，我時不時還能認識些鎮壓反革命運動時期留下來的犯人。他們說在那個成批量處決犯人的年代裡，自知時日不多的犯人們都用墨筆在自己的大腿上寫下各自的名字，以便家人來收屍時能認清自己的殘骸。不過這樣的做法只是犯人們一廂情願的奢望而已！事實上大多數犯人的家屬為了表示和自家階級敵人劃清界限，作不共戴天之仇狀，並不會如死者所願的那樣去刑場收屍。父親在重慶菜園壩被槍斃，我是全家唯一知道消息的人，甚至還親眼見到他最後一面，但我當時的表現竟然是那樣的無情冷漠，註定使得我父親那句讖語成為更加可悲的現實。

關於武角（一）

武角與我在土改工作團認識，雖然此後有二十多年的時間我們沒有聯繫上，但想不到在行將就木的晚年，我們竟「落葉」在同一座城市，每當在大家高興的時候，我們就相約著搓幾圈麻將，其樂無窮！就憑他與我這五十二年的跨世紀之交，我也得為他寫上一段文字。

大概在一九六〇年代，武角就從成都軍區戰旗文工團轉業到四川音樂學院，任教務處副處長。而我的二妹夫自中共建政後正好在這個學院工作直到退休。我從二妹和二妹夫的口中聽到武角的名字，一經打聽，果然是我認識的那個武角，於是大家又恢復了往來，這是八〇年代中期的事。重新聯繫上之後，我常到他家去玩，七十高齡的他才向我緩緩道來自己的出身經歷，令我產生如夢初醒之感。

他是河南許昌人，出身在一個一貧如洗的農民家庭。因為當地武氏家族中竟沒有一個能識文斷字的人，武家祠堂便主持了一場抽籤的儀式，擇定送一個男孩去讀書，以便學成後能為宗族辦些與文字打交道的事。學習所需的費用由祠堂貼補一部分。令人沒想到的是，這個上上簽竟被武角那老實巴交的父親抽中。其實他父親從來沒有產生過讓自己的孩子能變成一個讀書人的奢望。雖然由祠堂交納學費，生活費卻不得不從家庭支取，而他家的經濟狀況只能讓他在吃不飽餓不死的狀態下勉強度日。家境即便如此，從進入學校起，武角的學習成績就一直出類拔萃，為人處事也受到老師和同學的喜愛。更意外的是，他常常利用課餘時間跟著音樂老師學拉二胡，而且拉得很不錯。幾年下來，在二胡演奏技巧方面，武角竟在學校師生中留下青出於藍而勝於藍的好口碑。

童年的艱難生活磨煉了武角的性格和意志，他平日不苟言笑，顯得老成持重，這種老實規矩的樣子在新舊社會裡都受到主流人士的器重。高中一年級的時候，他被老師拉進了三民主義青年團，並且被直接任命為分隊長。像我們這類在「舊社會」讀過中學的人大體都知道，那年頭的青年團實際上是個很鬆散的組織，絕不像後來共產黨治下的團組織那樣整日嚴密地處理大量事務且人人工於心計。但共產黨歷來善於「將心比己」，總是認為國民黨的黨團員的作用也和他們自己一樣，因此在肅反政策上將三民主義青年團的區隊長定為反革命分子。幸好武角是比區隊長矮一級的分隊長，距反革命分子只差一步之遙。

果不其然，這一步之遙就委屈了武角的一生。像他這樣出身於貧農家庭，對共產黨抱有翻身做主人的階級感情，是共產黨所稱的「依靠對象」，稍稍加上一點勤奮老實的品質，入黨只是遲早的事。但武角是有歷史汙點的人，入黨對他來說可能比登天還難。經過他的反復爭取，到一九五三年，武角終於被批准入黨，不過同時組織上還給了他一個長到離譜的候補期——兩年。

一九四九年春，中共軍隊攻克南京，武角當時正就讀於南京中央音樂學院二胡專業。他像久旱逢甘霖一樣投入到革命洪流中去，加入了中國人民解放軍二野軍政大學文新大隊。進軍大西南後，武角又被分配到西南軍區戰鬥文工團工作。我在土改工作團當他的下屬時，他只是個大約二十五歲的小夥子。那時候我並不知道他的底細，但在我的心目中，一臉嚴肅不苟言笑的他簡直像是黨的化身。我對他的尊重和崇拜非三言兩語所能說清楚，直到半個世紀以後我才知道，這當中也有些誤會。

前年年底，幾個「老戰友」又邀約著打麻將，順便叫上了我。但這次聚會的地點不在武角原來所住的音樂學院家屬宿舍，而是一個名叫金地花園的高檔住宅社區。我從來不知道武角還有另一套房子，電話上他告訴我說，這是他兒子買的房子。我知道他的三個兒子都在法國工作，雖然不是穿金戴銀的千萬富翁，回國來買套房子倒也毫無壓力。

在這所新房子裡，我向武角表達了自己年輕時對他的崇拜之情。萬萬沒想到的是，武角聽得連連擺手，說根本不是那麼回事。數十年來他在黨內一直被另眼看待，例如他入黨時，候補期長達兩年就是一例。雖然他一直擔任領導職務，但幾十年來，從來沒有擔任過一天正職，也就是說，他從來沒有當過貨真價實的「一把手」。說到這裡，蒼老的武角臉上寫滿了無奈，他說：「我全部的問題就是在我年輕的時候，我的老師非要把我弄成三青團分隊長。這唯一的問題在我參軍的第一天就向組織上作了交待，毫無半點隱瞞，但事實就是這樣，逼得我一生都在夾著尾巴做人。」

比起許多和他有近似經歷的人，他這輩子能平安過度已屬不易。談話中他悄聲對我說了一句意想不到的話：「不怕你笑，我現在在專心學佛。」

那次與我同去的還有另一名右派難友，名叫黃稼。我之所以約他同去，是因為黃稼早年也是戰鬥文工團裡的政治教員，而武角的初戀情人朱淼和黃稼曾經同在一個教研室裡當過同事。朱淼後來被一個名叫胡癡的西南軍區政治部主任看中，也像當年老革命找年輕的女兵結婚的路數一樣，通過組織苦口婆心地動員，順理成章地結婚。遭遇失戀之苦的武角只能在一旁忍氣吞聲。

若干年後，武角的妻子邵小琳悄悄地問我，說她發現朱淼的大兒子長得有點像武角，會不會是武角的私生子。我深知武角膽小怕事的性格，絕不敢做出如此出格的事來，便向她拍著胸脯保證：「我敢斷言借他幾副膽，他也不敢幹出給上級領導戴綠帽子的事來。」不知聽過我這麼一句話，藏在她妻子心中的疑團有沒有得到消解。

武角夫婦對我之好，有一件事可作佐證。前些年曾有五個法輪功信徒在我家隔壁租房居住，當時正是政府開始大力鎮壓這批信徒的時日。我雖然不是法輪功的信仰者，但內心感到這些人只是因為信仰的問題無緣無故地遭受打壓驅逐，心裡忿忿不平。在他們即將搬出我家隔壁時，我想起可以借用武角的那套閒置宿舍幫助他們渡過難關。因此我就故意對武角說：「我家住在四樓，現在年齡大了上樓不方便，就讓我去住你們音樂學院那套閒置在底樓的住房吧。」武角欣然允諾，我就讓那些法輪功信徒搬了進去。直到三年後他們搬走時，我都沒有收過他們一分房錢。而武角夫婦更是從未過問過這套住房的事，爽快耿直到這樣的地步，我至今內心感激。

關於武角（二）

最近聽說中共出臺的新規定將禁止共產黨員參加「同學會」、「同鄉會」一類的組織，我想起最早把我帶入同學會的人就是武角。他們那一群河南籍的老同學在成都市「羅馬廣場」有一個定期約會，我曾經幾次經武角邀約而去喝茶聊天。印象最深的一次是伊拉克戰爭爆發後的一兩天，我們在茶館裡喝茶。這一批「老革命」看到中央電視臺正播報抗擊美軍的伊拉克遊擊部隊的消息，老革命們竟然雄赳赳氣昂昂地宣稱：「如果薩達姆召喚我們這些老頭子去幫他打仗，我們還能痛痛快快地發揮作用！當年我們打日軍，打國軍的時候積攢了很多遊擊作戰的經驗！」他們那雄心勃勃的樣子，我看著就覺得可笑，這些過時的老古董，根本不知道現代戰爭的交戰規則，腦子裡還盡是「打一槍換一個地方」的土八路思維。但我畢竟是武角帶去的朋友，當眾奚落這幫老古董肯定會讓武角難堪，所以我也就暗自發笑，坐在那裡一言不發。從此以後，我就很不樂意繼續參加他們這一群人的聚會了。今天想來，忽然覺得中共這麼荒唐的新規定用在這群荒唐的老糊塗身上也不無道理，似乎還有點對症下藥的意味。

武角死於二〇一一年十一月二十六日，他的夫人邵小琳多次在電話裡向我說，訃告上提到武角生前職務的時候，特別強調他是教務處副處長。尤其令她感到噁心的是，在副處長後面還專門加了一個括弧，聲明「享受正處級待遇」。中共在幹部等級制度上一絲不苟到犯病的態度，由此可見一斑。

我前文多次提到武角不苟言笑的形象，似乎他是一位表裡如一的正人君子。武角生前有每天都記日記的習慣，大小瑣事皆洋洋灑灑一個不漏地如實記錄在案。內容倒是沒太大意外，和毛澤東時代中大多數人在日記裡連篇累牘堆砌的辭藻一樣，他記下的日記幾乎都是在表達自己對黨的一片忠心。但意外的是，他竟然把自己在中央音樂學院進修時，曾經和當年紅遍大江南北的女歌唱家郭蘭英有點風流韻事的祕密也寫進了日記。日記本裡記有郭蘭英特意虛掩房門待他深夜摸去的描述，所以在他不苟言笑的背後，也同樣暗藏著不為人知的另一面。

文革期間武角吃盡苦頭，在批鬥大會的會場上飽受拳打腳踢，唾沫耳光。他自己也覺得顏面盡失，多次產生自殺的念頭。以至於他有時候出門時會在衣兜了裡揣一根繩索，一想不通就可以就地找一棵樹上吊。只要夫人邵小琳看見他揣著繩索出門，便會一路跟著他以防萬一。今天我回憶起年輕時自己十分尊重的偶像，他的一生竟然是在這樣哭笑不得的歲月中渡過的，實際上這也是中共治下的知識份子群體的縮影。不論是名不見經傳的武角，抑或是赫赫有名的郭蘭英，他們的遭遇與所經受的傷痛都令人扼腕。

土改千載難逢

西南軍區直屬隊土改工作團成立之初，全團大約有三四百人。成立的當晚，我們在西南軍區大禮堂裡聽了軍區政治部主任王新亭的動員報告，他反復向我們強調說，土改是培養鍛鍊幹部的絕好機會，要知道土地改革和階級鬥爭的意義是多麼重大。我記得他還講出這麼一句名言：「秀才三年一考，土改千載難逢。」說這句話是毛主席說的，毛主席什麼時候什麼地點說的這句話王主任並未闡明。不過我當時認為主席的這兩句話很有水準，像他的其他話一樣，都是英明正確的，因此我決心在土改中好好改造我與生俱來的非無產階級思想意識。

我們在重慶乘輪船溯長江而上，很快便到了合江縣。那時的四川劃分為四個相當於省級的行政公署，合江縣屬川南行政公署管轄。公署設在瀘州市，主任為李大章和郭影秋。我們這一大批人到達後，郭影秋還專程來到合江向我們作報告，介紹合江的基本情況。這些似乎是例行公事的事，我卻照樣認真嚴肅地聽講並作筆記。

我們幾十個人被分配到先市區，武角領導的這個分隊被分配到一個鄉（鄉名忘了），在鄉上按每三人一組負責一個村進行，每個小組還指定一名負責人。我們這個三人小組中，另外兩個人都是來自西南軍區警衛團的半文盲，雖然論年齡兩個人都夠格當我的父輩，但小組長還是由可以寫總結報告的我來擔任。

剛剛到達先市區的第一天，土改的血雨腥風就深深地震驚了我。因為先市區內已有一些鄉先一步開始了土地改革，可能屬於試點性質。在我們到達的第二天，區上將召開一個規模空前的公判大會，附近各鄉被鼓動得熱血沸騰的農民人山人海擁擠在先市區的街頭巷尾。那天準備槍斃的人有六個之多，可見其盛況。

我們這批工作人員也奉命到場學習經驗。抵達的時候，大會已進入高潮，即將要被槍斃的地主已被貧雇農訴苦鬥爭完畢，主持會議的區長正在宣讀判決書，隨後將他們綁赴刑場執行槍決。這位區長是南下工作團的幹部，聽他說話的口音顯然是江浙一帶的人，他大概準備先說幾句話，然後再宣讀判決書。我聽見他大聲吼出一個剛剛被鬥完了的地主的名字，接著說：「到今天你還在會上對你的罪行強辯……」浙江話裡強辯二字的發音和四川話裡的槍斃二字幾乎一模一樣，扭著這個地主的兩個土包子民兵一聽到「槍斃」二字，馬上死拖硬拽地把這個地主架起來，邁出大步子往面前的刑場奔去。雖然後面有人大聲呼喊「轉來、轉來」，但這兩位性急的民兵像中了邪一樣根本不受干擾，糊裡糊塗地將這個倒楣的地主拖到預先劃定的刑場，當眾一槍擊斃。整個會場立刻秩序大亂，因為後面還有五個早已被嚇得魂不附體的「惡霸地主」需要宣判。而會場上的群眾也不再有興趣繼續聽區長那一口難懂的「鳥語」，大家自發湧向那具死屍的周圍看熱鬧。後來經過幹部們重新組織了一番，公判大會才得以繼續進行，後面這五個嚇掉了半條命的人才付出了他們剩下的半條命。我們這些工作團幹部也不認為這中間存在什麼程序上的問題，充其量也只是先死一小時和後死一小時的「時差」而已。所以若干年來，它一直作為一個小插曲在「戰友」們的談笑中傳播。

我們下鄉後，第一階段的工作叫「訪貧問苦」。也就是要求我們去接近最貧苦的農民，和他們交朋友，瞭解他們的疾苦，搞串連，然後把他們集中在一起開訴苦大會。每個人都要發言講述自己所經歷的苦難，這時候訴苦者常常痛哭流涕，一副悲痛欲絕的樣子。我們從中物色那種苦大仇深，歷史單純，且有一定表達能力的人，日後可培養成農民協會的基層幹部。

這個村處在重重山巒之中，用現在的話說，可稱為貧困山區。整個村子竟找不到一個像模像樣的地主，只有一個小地主和幾個富農。老實說，按照我這樣一個在大城市裡長大的公子哥兒的標準來看，這些地主富農都是「窮人」。他們穿著破舊的土布長衫，頭上包著白布帕子，住在簡陋的土牆房子裡，一家人省吃儉用，甚至在嚴冬臘月裡連一件像樣的棉衣都沒有，棉褲更是稀世珍品，就靠夾在褲檔裡的一個烘籠來取暖。這就是我當時看到的真實情況，完全不是有些文藝作品中刻畫的那些床前三妻四妾，穿著綾羅綢緞，吃著山珍海味，抽著鴉片煙的地主老財。但按文件規定的劃分標準，他們人均所占土地數量確實已夠格當一個地主或者富農，我們工作組便毫不猶豫地把他們劃出窮人的隊伍，並按土改工作程序沒收財產加以批鬥。不過鬥爭的規模和氣氛不那麼盡如人意，而當年的我竟對此感到一絲遺憾，為我所負責的村子裡沒有一個大地主大惡霸，就不能向組織上展示我對敵鬥爭的堅定風采而倍感可惜。

在合江縣搞完一期土改後，我們這個工作團又轉移到鄰近的敘永縣。分隊所在的鄉名叫農會橋，與貴州省赤水縣近鄰。我們在那裡又搞了一期土改，我所負責的仍然是一個貧困山區裡的貧困村，也同樣是一個既無惡霸也無大地主的窮村。只怨我運氣不好，在這千載難逢的天賜良機中，似乎也沒有遇到什麼驚心動魄的事情發生。

唯一令我難忘的是，每期土改結束時，剛剛分到土地的農民敲鑼打鼓熱淚盈盈地歡送工作同志的場面。那不是奉命行事的安排，絕對是他們發自內心地對共產黨分配給他們夢寐以求的土地自然流露出來的感激之情。

所有的凡夫俗子，沒人能預見到幾年後發生的事。

貌似魔鬼

今天，每當我回憶起為時半年多的兩期土改中我的所作所為，總有良心虧欠的感覺，有幾件事特別令我感到羞愧：

第一件事是合江縣土改結束時，我們這個鄉召開了一個慶功大會，會上對土改中湧現出來的積極分子進行表彰，同時也對揪出來的地主富農反革命一一作出處理。在民兵的押解下，這些階級敵人被送往會場進行示眾亮相。工作隊安排我負責管理那幾十個地主富農和偽保長，我提著我的駁殼槍（工作團的小組長每人配發一支）在這些人面前耀武揚威地走來走去。這時，我突然發現一個蹲在地上的地主在和身旁的人嘀咕著什麼，這顯然是不被允許的行為，我立刻走上前去惡狠狠地呵斥他。尤其過分的是，我還用駁殼槍的槍尖對著他的額頭用力敲了一下，以至於敲出血來，一縷鮮血順著他的額頭往下淌。我擔心一會兒把他拖到會場亮相時影響不好，便用另一隻手將他纏在頭上的帕子往下一揉，擦拭掉他額頭上的血跡。之後還順便拿他這張骯髒的帕子當遮住傷口的「紗布」。做這動作的同時，我還煞有介事地吼出一句：「你給我老實點！」他是一個五十多歲的老人，現在想來，其實他也並沒有做出任何出格的事來，但我這個十幾歲的小毛頭就可以隨便拿著一支手槍在他頭上敲敲打打，且不說萬一走火就會要了他的命，這樣肆無忌憚的胡作非為必定會澈底摧毀一位長者的自尊。若干年後，每當我想起那天這位老人那張因飽受驚恐而發抖變形的臉，愧疚之心難以言表。

此外，在我們駐地附近，有一位年齡和我近似的村小女教師。不知出於什麼原因，她對我百般照顧，衣服替我洗淨折好放在我的枕頭下，有時還會蒸一份粉蒸肉端來款待我們，但是我卻板著一張冷酷的臉叫她少來獻殷勤，甚至擔心她是來「刺探軍情」的，似乎這世上唯有我才是最貨真價實的革命者。我想我肯定大大傷了她的心，每每想到那時我的那副嘴臉，對自己的厭惡便難以消彌。她作為一個年輕純潔的姑娘，做這些事當然是出於一份簡簡單單的善意。僅僅因為她那住在鄰村的寡母是一個小土地出租家庭成分，而這個家庭成分距離剝削階級最近，我就將她視作「準階級敵人」，怕她的殷勤會玷污我這個革命戰士的「純潔」，把她的舉動視作可能阻礙我「進步」的絆腳石，這樣的想法現在看來簡直就是荒唐至極。

另一件事是屬於認識層面上的，第二次世界大戰以後，我對美國一直有著良好的印象。一方面是二戰時，我生活在大後方的湖北恩施，無數次目睹美國飛虎隊員駕著戰機在空中與日本飛機搏鬥，直至最後奪回了制空權，使我們也再不用每天提心吊膽地躲警報了。另一方面，抗日戰爭勝利以後，我隨父母回到老家武漢，我像所有的小孩一樣喜歡看電影，當年放映的好萊塢電影中，很多影片都是描寫第二次世界大戰的，這類電影的主題大多都是在歌頌美國在二戰中所作出的犧牲和貢獻。在電影方面的耳濡目染也讓我一直對美國抱有很大的好感。

土改結束以後，工作團到川南行署的瀘州市進行總結。在一次聽報告時，作報告的首長告訴我們說：「美國國務卿最近造謠說：『中國共產黨把土地分給了農民，但很快他們便會把土地收回去。』」這對親手將土地證交給農民的我來說簡直就是不能容忍的侮辱，因此我對這個美國佬恨之入骨。

遺憾的是，若干年後的事態發展還真讓這個「可惡」的美國佬言中。

昔日西南軍區通信學校四個老同學（左一卓朝清，左二為張先癡，右一尹蓉成，右二黃毅）。

關於黃毅

在前面有關軍政大學的那個章節裡已經簡單介紹過黃毅的情況，概括地說來，在我的朋友中，如果以對方對我的忠誠度來評判，黃毅絕對是首屈一指的。

我在一九五七年被劃為右派，一九五八年送勞動教養，一九六一年，我又被扔進看守所，和外界斷了聯繫，成為一個從往日的老朋友中間澈底消失的人。想不到一九六六年文革爆發以後，黃毅在江蘇省無錫市弄了個造反派司令的頭銜當上。借用外調的機會，他特地到成都市公安局查「口卡」（如果不是黃毅向我轉述此番經歷，我甚至不知道這個屬於公安系統的專用詞彙，其意思大概就是內部掌握的戶口卡）。在找到我母親的戶口卡片後，他翻開一看，發現上面赫然加蓋著「反屬」二字的紅色印章，便因此猜到我的處境不妙。一九八〇年我平反出獄後，消息靈通的黃毅很快從其他「戰友」那裡打聽到我的近況，此時他已是無錫市一家工廠的供銷科科長，便再次假公濟私跑到成都來看我。這時我們已分別整整三十五年。那天他一走進我家所在的住宅社區，就開始在樓底高聲呼喊我的名字，一邊喊一邊從樓梯間上來。我家住在四樓，在聽到他的聲音後我趕緊打開房門，站在門口等待他慢慢走上來，闊別幾十年的一對老友終於見面，他立即給了我一個大大的擁抱。

一九九二年，我應聘到北京的一家報社工作，第一次出差就是為了報答黃毅假公濟私前來看我的那份情誼，我也假公濟私地跑去他所居住的江蘇無錫。白天他騎著一部破摩托車載我去那些必須例行公事探訪一番的工廠企業，晚上我就住在他家裡。之後的兩年內，我曾先後三次去無錫找他，他順便帶我去了很多同在無錫的通信學校老同學家裡作客。我們偶爾也跑遠一點，到蘇州城裡探訪另外一些分別多年的「老戰友」，其樂融融也。只可惜黃毅所在的國營企業效益每況愈下，我的經濟狀況向來也是捉襟見肘，直到我倆都進入耄耋之年的今天，仍偶爾通過電話相互問好，大家共同的遺憾是手裡閒錢太少，經常往返旅遊實在是一個很難實現的願望。

黃毅和我都是一九四九年黃埔軍校在大陸最後一期、即二十四期招收的學生。入學才二十天，我們就在一番不明就裡的的統一安排下，全總隊「起義」參加了中國人民解放軍，隨即編入了西南軍政大學三分校四總隊七大隊三十五中隊。那時我十六歲，是全隊年齡最小的一個，單純得像一張白紙，日後在這張白紙上寫字畫畫留下印記的除了黨的各級領導以外，在日常生活中結識的朋友裡，首推比我年長兩歲的黃毅。

從通信學校畢業以後，我和他一起分配到西南軍區通信團，都在無線電營，並同在四連。後來軍區抽調幹部參加土地改革，我和他又一同下鄉開展土改運動，只是各自在不同區鄉，沒有什麼接觸的機會。土改結束後，我們又回到通信團，團裡剛成立了戰士演出隊，令我當隊長，黃毅是連隊的文娛骨幹，也加入其中。他的戲演得相當不錯，我自愧不如。那段時間裡，戰士演出隊的演出任務挺多，排練和演出的機會使得我倆可以經常湊在一塊兒胡鬧，交情也就更進一步。

如前文所談及的那樣，當年被抽調加入土改工作團的無一不是在家庭背景或個人歷史上存在「汙點」的人。黃毅的生父是一位國民黨的中級軍官，在他十二歲左右，生父在抗日戰爭中陣亡，母親帶著他隨軍隊的調動東奔西走。黃毅在這種居無定所的環境下長大，又整日和那些丈夫不在身邊的軍官太太們朝夕相處，因此受到很大的影響，甚至可說是從中得到「鍛鍊」。年紀輕輕的他卻儼然情場老手，心理上展現出很明顯的性早熟傾向，在我成長發育的當年，他是我的性啟蒙導師。那時的黃毅從外表看雖相當稚嫩，但卻已經積累了豐富的性經驗，經常繪聲繪色地跟我講一大通床笫之間的浪蕩故事，每次都聽得我滿腦子邪念翻滾。

他曾告訴我，在他才剛滿十一歲的時候，有一晚他緊挨著一位軍官太太睡覺，半夜裡醒來，他不由自主地伸出手腳摟住這位太太的大腿，想不到一寸多長的小雞雞竟然翹了起來。那位軍官太太也明顯感覺到異樣，醒過來摸到他那低能的小雞雞，發出哼哼的兩聲冷笑。

從軍政大學畢業以後，我們都分配到連隊當文化教員。連隊的任務是剿匪，在一次戰鬥結束後，黃毅在打掃戰場時發現了一個匪團長的一大摞精裝日記本。他草草瀏覽了一番之後，選中了其中的一本帶回駐地。這一本日記既無政治價值也無軍事機密，而是這位倒楣的團長在結婚那年所記的日記，其中對男歡女愛的場面作出了淋漓盡致的刻畫。這冊內容私密而又火爆的日記本成為黃毅悉心收藏的戰利品，他甚至在日記中某些「精彩」的段落旁作下批註，但具體寫了些什麼我已經想不起來了。黃毅給我翻看過這本日記，他還怕有些段落我可能看不懂，便在一旁擔任解說。我現在還記得，匪團長在新婚之夜洞房後，特意寫下「初夜未見流丹」的字句。兩人還專門為此燒香磕頭一番，相互表示不再計較對方以前的是是非非，這輩子下半輩子都要忠誠相守。

黃毅還曾經向我講過他成功勾引到的一個軍人妻子，兩人的關係如膠似漆，在一起密會的時候，只要走到看不見路人的地方，免不了一陣熱吻親昵。有一次兩人在重慶南溫泉旅館裡雲雨一番後，軍人妻子忽生悔意，坐在床上隱隱哭泣，低語著「我怎麼對得起我的某某啊」（這位倒楣的丈夫至今健在，故隱其名）……最離譜的是，黃毅曾信誓旦旦地告訴我說，家裡的近親，只要是沒有直接血緣關係的女子，無一不被他引誘上床。我始終對他這一說法抱懷疑態度，覺得實在是難以置信。平反出獄後，有一次我和他一起去蘇州遊玩，晚上在街邊找住宿旅店時，他向我許諾今晚給我露兩手，看他如何施展調情的功夫把陌生的女孩勾引上床。走進旅店裡，他竟然真的三言兩語就把一個女服務員逗得兩眼放光，乖乖地跟他去了樓上的房間。此時的黃毅已是年近七十的老翁了，但仍然「寶刀不老」，想必年輕時對異性的吸引力更是我等不敢想像的。從此我對他所說的那些風流韻事深信不疑，再也不懷疑他空口吹噓，每一件都應當是真實的。後來我再去無錫找他時，他經常騎著摩托帶我去一些商店，停車走進商店裡去和櫃檯裡的服務員說幾句嘰哩瓜啦的無錫方言，走出店門他即得意洋洋地看著我說，我睡過她。

我曾說過，朋友中黃毅對我是最忠誠的，他最大的一個祕密，是他多年來一直都是公安局的線人。據知情人士的分析，當線人的要求，是要有一點點歷史問題，但又沒到需要追究懲處的地步。這樣的線人在五六十年代是相當盛行的，故意接近受中共懷疑的對象以套出其真實情況，假裝在身邊人中煽動反動情緒以識別出政治上的危險分子，凡此種種都是線人的分內之事，但他居然連這一層祕密身分都向我親口坦白過。我和他作為無話不談的老友，唯獨關於他當年做線人時的所作所為，黃毅自始至終沒有向我透露過一言半句。我想這可能是他們線人中的紀律規定，也就從未主動向他打探過，怕問了反而會讓我這位老友難堪。

另外，我獲得平反後，黃毅利用自己供銷科科長的身分坐飛機去雲南，又是假公濟私的老伎倆。他找到原來通信團裡的「老戰友」們，向他們一一告知我的下落，並邀約大家日後相聚，對於他這份熱情，我始終心懷感激。

浪蕩灑脫如此的黃毅也是需要家庭生活的。一九五五年，我從部隊轉業到南充的時候，黃毅也即將從部隊復員（即發放一定費用，回家自謀生路），那時他的生母已經改嫁，而嚴密緊張的軍營生活中依然有黃毅的可趁之機。通信團有線電營裡有一名名叫王芳明的無錫女孩懷上了黃毅的孩子，無奈之下，這一對情人只好雙雙復員回到女方的故鄉無錫。只可惜這段姻緣只維持了大約兩年時間，沾花惹草的黃毅最終同王芳明離婚，和我後來認識的黃夫人走到了一起。

雖然我們剛認識的時候，黃毅也很年輕，但後來我發現他仍有老辣之處。通信學校開學不久，在全國的機關、團體、學校開展起一場旨在查清個人歷史的政治運動，也就是後來為人所知的民主運動。領導號召每個同志交待自己的問題，黃毅竟交待出自己還在黃埔軍校時，大約是一九四九年十二月十九日左右，也就是軍校同學「起義」前一兩天。當時我們住在大邑縣安仁鎮大地主劉文彩的公館裡（也就是七十年代風靡神州的收租院），劉家人倉皇出逃後，黃毅竟潛入內室翻箱倒櫃，盜得金戒指一枚。難怪我和他在通信學校重逢時，他手腕上竟然戴著一隻手錶，這在五十年代可是個相當罕見的器物，說是「身分與地位的象徵」也不為過。雖然他當時也給我翻看那本色情口記，似乎你我都是信得過的鐵哥們兒，但那一年多來，手錶的事他卻始終守口如瓶。後來我在他們中隊的黑板報上讀到黃毅關於盜竊金戒指的自我檢討，不禁大吃一驚。事後我就此事質問他，他回答說：「你那時是團支部副書記，我咋敢對你說。」可見此公真是機敏之極，大事面前不犯糊塗。

二〇一三年四月十四日，我突然心血來潮想起了黃毅，若干年來，隔不了多久，他就會從無錫打來電話致以問候。這些長途電話都有一個共同點：如果不是公家報銷，便是他的某位「先富起來」的朋友替他付款買單。但是這幾乎一個多月的時間以來，我一個他打來的電話也沒接到，於是我想何不破例給他打過去。我撥通了他的電話，意外的是，電話接通後，聽筒裡傳來的卻是另一個陌生的聲音，在問明打電話者是曾多次去過他家的張叔叔以後，電話那頭傳來哽咽聲，黃毅的兒子告訴我，父親已於昨日去世，家裡正在舉辦喪儀弔唁。我叫他節哀，並委託他替我給他爸爸燒一炷香。我這通似乎是巧合的電話也為我們這一生的友誼作了一個了斷。

看待事物時，我素來不接受任何迷信玄乎的解釋，但黃毅的去世與我這通不早不晚的電話卻始終讓我困惑，這究竟真的只是巧合，還是冥冥之中的天意？

指導員王慶曾

土改結束以後，我們回到了通信團。通信團駐地從重慶巴縣大興場遷往不遠處的廣陽壩，這裡有一座早已廢棄的飛機場，機場裡的幾間房屋便是我們的營房。這是一個地理位置十分偏僻的孤島，方圓十裡之內沒有任何場鎮街道，一片荒涼的景象讓我這個貪玩好耍分子沒了用武之地。幸好在一次軍人大會上，「戰友」們推選我擔任連隊俱樂部主任。俱樂部下設一個圖書室，每個月都有點經費用以添置圖書室的書藉。我聞訊之後大喜過望，立馬揣著錢趕往市區，千方百計購買各類我渴求已久的世界文學名著。那時我視力極佳，用空閒的時間以每天看十萬字左右的速度吞噬這些書藉，乃至這座小型圖書室的藏量和採購經費皆無法滿足我的需要。我不得不到別的連隊去找些書來填補我對閱讀的渴求，讀書的興趣也因此越發濃厚。

恰好從那一年起，部隊實行三十天暑假制，同時強制戰士睡午覺，規定的午覺時刻裡，只允許我們躺在床上，不得四處走動。從那時起我便養成利用午睡時間躺在床上看書的習慣，直到年愈花甲時，我才因為精力不濟的緣故而稍有收斂。不過這個習慣給了我更多的時間用以讀書，使我受益終身，成為我深為自豪的一件事。

一九五二年，我們部隊奉命遷往江津縣城。年代之所以記得這麼準確，有兩個原因，一是因為我們去和江津中學的學生搞聯歡時，有幾個女同學叫我解放軍叔叔，當場羞得我滿臉通紅。我覺得她們的年齡可能和我不相上下，這「叔叔」二字實在不敢當。第二個原因是一九五三年春，我們在江津市體育場參加了史達林的追悼會。

當時我們二營一位姓薛的副營長是個嗜酒如命的傢伙，此人特別愛喝酒，我總覺得隨時隨地都能在他身上聞到一股濃烈的酒氣。他對我頗有好感，有個週末的夏夜，他竟然拉著我要我和他一起去酒館。因為部隊在這方面的紀律規定非常嚴苛，穿軍服的人是絕對不允許上酒館的。薛營長叫我穿著和他一樣的內衣內褲逃避衛兵的檢查，帶著我從營部的一個後門飛也似的溜了出去。

因為我不會喝酒，薛營長特地為我要了一種名叫廣柑酒的低度酒精飲料陪他舉杯。三杯下肚，薛營長開始滔滔不絕地跟我說起掏心窩子的話。他告訴我，論軍齡他比我們的團長還早兩年，而且他屢立戰功，在部隊裡的前途一片大好。只是因為在他當排長的時候，有一次他帶領兩名戰士去執行一項偵察任務，結果中了敵軍的圈套，三人全部被俘，但他獨自一人拼死跑了回來。組織上從此對他產生了懷疑，經過反復審查，留下一個永遠說不清道不明的個人汙點……說著他又猛灌了一口酒，然後像個孩子似的哭了起來。

這個場景至今記憶尤深，是因為在我的心目中，薛營長不僅是老革命，而且是個堂堂正正的軍官，怎麼黨還對他如此不信任。同時我又想到，一個同志在戰鬥被俘，能冒著生命危險跑回來，這顯然是他革命意志堅定的表現啊，慰問褒獎還來不及，怎麼還要反復審查呢？這一切在我不諳「內部鬥爭」特點的心目中，簡直不可理喻。

江津給我留下了非同一般的印象，不僅是因為薛營長這一番苦楚的陳訴，還因為在這裡，我們連調來了一個名叫王慶曾的指導員。從那時直到今天，歲月已過去半個多世紀，我和這位指導員的友誼卻綿延不斷。雖然他以後慢慢升上了比指導員大得多的官，成為一位正師級幹部，但我仍然一如既往地喚他

二〇〇一年陪老指導員王慶曾遊覽青城山時合影。

指導員。事實上我們在若干重大問題上存在著分歧，但每次我們發生爭論以後，或者我或者他，總有一個最後會說一句：「爭歸爭，不影響我們的友誼！」

前文中我寫過一段題為《在槍林彈雨中》的文字，文中那位我參軍後遇到的第一個指導員在一次國軍部隊突然發動的襲擊中犧牲在我身邊，他英勇壯烈地倒下去的樣子我一生銘記在心。巧合的是，這位王指導員和他是同鄉，一口敦厚的河南話在我聽來如出一轍，而且他倆都比我大不了幾歲。不同的是這位王指導員雖然談不上有多高的學歷，但一手鋼筆行草寫得讓人歎為觀止。另外還有一個不同的地方，和第一位指導員恰恰相反的是，他是我在部隊裡遇到的最後一位指導員——我在他的麾下離開部隊，轉業到地方。

在王指導員領導的連隊裡，我努力學習，勤奮工作，深得他的好評。那年在連隊成立了革命軍人委員會，指導員為理所當然的主任，副主任則由全連戰士無記名投票產生，我竟以絕對優勢的票數勝出，恰似眾望所歸。我們連隊在全團舉辦的文娛體育之類的競賽中屢屢奪魁，出盡風頭，這一切都和我這個軍人俱樂部副主任的貢獻息息相關，也使王指導員對我刮目相看。

那個年代的年輕人往往以加入中國共產黨為自己的奮鬥目標，而且當時在入黨之前的審查中，組織上對家庭出身這一要素的考察還非常寬容，王指導員在我入黨的問題上也多有鼓勵，只是一九五三年春，我便被調往涼山「剿匪」，暫時離開了他。

一年以後，也就是一九五四年春，部隊用轉業復員的方式對一些家庭出身不好、本人歷史複雜的人員進行淘汰，我被安排轉業（實質上就是淘汰）到地方工作。臨行之前，王指導員把我叫到他的辦公室，讓我看一份他已寫好的鑒定材料。這份即將裝入我的檔案袋的材料上，他作為直接管轄我的領導，給出了一個極高的評價，並建議新單位的黨組織繼續對我進行培養以便成熟時接納入黨。我匆匆地看完材料，抬起頭來時，指導員驚異地看著我：「你就看完啦?!」言外之意是，他寫得那麼用心的一大段話，我怎麼這麼快就草草讀完。那時候，我心中已感覺到，由部隊轉業到地方其實就是對不被信任的同志進行的清洗和排斥，不管他寫得多漂亮，對我的前景都不會有實質性的影響。我對革命隊伍的真誠熱情也是從這時起開始降溫的。我轉業不久，由於越南戰爭的關係，王指導員隨通信團遷去昆明，我和他便失去聯繫。

其實當年的王指導員也很單純，他不知道「出身不由己，道路可選擇」只是中共在奪取政權階段爭取人心的策略口號而已。一旦政權到手，坐上「龍椅」，昔日共同奮鬥的盟友恐怕就會迅速淪為「臥榻邊干擾安睡的人」。我轉業到地方工作三年以後，也就是舉世聞名的一九五七年，轟轟烈烈的旨在清除「異已」的反右派運動開始了。我和五十多萬「干擾安睡者」均被打入另冊，成為反黨反人民反社會主義的右派分子，送去勞教勞改，全面落實了兔死狗烹的歷史經驗。

我在勞教和勞改中煎熬了二十三年，自認為並未「脫胎換骨」，也沒必要「革面洗心」。這時有好消息傳來說，經過漫長的四分之一個世紀，「英明」的黨終於發現「實踐是檢驗真理的唯一標準」。聽到消息的我哭笑不得，不知此前檢驗真理又用的是什麼標準，只是這樣一個看起來稀鬆平常的「發現」來得太晚。落難的人群中我算命硬的，熬到出頭的日子，可以返歸社會，重新開始正常人的生活。而太多太多無辜而卑微的生命卻永遠留在了監獄與勞改農場裡。與此同時，「英明」的黨還順便發現，反右鬥爭所波及的範圍令人遺憾地被擴大了一些——由「五大右派」擴大成五十五萬之眾，說個玩笑話，也就是擴大了十一萬倍。正因如此，區區小輩如我才得以被反右運動「擴入」其中。組織上決定將我這個年近半百遍體鱗傷的「準老頭子」給予改正後平反出獄，准許我回歸人民的行列，除了再也不可能恢復的青春年華以外，其他工作崗位、工資級別均予恢復。

使我感動的是，昔日的老友們陸陸續續打聽到我的近況，到家裡來探訪恍若隔世的我。前文提到的黃毅經過一系列輾轉努力，終於在一九九一年得知我的下落，專程到成都來和我熱烈擁抱。一九九三年，此時的黃毅已退下來在廠裡當了一名顧問，當他再次來到成都時，我說我很想念王指導員。黃毅便繼續發揮公費旅遊的餘熱，前往昆明輾轉又找到了王指導員，當電話上傳來王指導員那一句熟悉的河南口音：「這麼多年真正是委屈你了。」我竟然返老還童似的落下滾滾熱淚。

此後我們通信頻頻，電話不斷，節日壽誕互道平安。因為王指導員血壓偏高，他若單獨出門遠行，子女們多有顧慮。而一兒二女既有工作難以丟開，又有家庭拖累，很難找到機會陪伴他。我們渴望的團聚會晤只得一拖再拖，直到二〇〇一年春天。

二〇〇一年春天，王指導員決定由女兒陪同，從昆明乘飛機到成都與我相會。我們這個連在成都還有一位名叫卓朝清的老戰友（唯獨此處戰友二字不帶引號），在大涼山地區進行所謂的「民主改革」期間，他曾一度和我同在一部電臺上工作。幾年前，他從成都軍區一個師級崗位上離休下來，也是經常與王指導員保持聯繫的戰友。他各方面的條件肯定比我優越得多，比如他的子女早已成家，都處在條件比較優越的工作崗位上，一家人在找個車用用、找個打折扣的賓館這方面很有辦法。雖然指導員在電話上早已和我們約定，他到成都後原則上不麻煩我們，反正他隨行的女兒會照顧他。但卓朝清還是早早地在成都軍區招待所為他安排好房間，我們便靜靜地等待幾十年未曾謀面的王指導員的到來。

二〇〇一年我和五〇年代的指導員王慶曾、老友卓朝清在成都雙流機場重逢（左為卓朝清，中為王慶增，右為張先癡）

跨世紀重逢

老卓和我一起在雙流機場等王指導員的時候，我心裡一直在想，當我見到他的時候，我會不會控制不住自己而當場哭出來。我不希望出現這種情況，畢竟大家都是七十歲上下的人了，哭哭啼啼的總不怎麼好看。

終於迎來了王指導員乘坐的航班，終於迎來了他那雙溫暖的手掌，我們的目光停留在彼此想念已久的輪廓上，但在那裡還能找回青年時代的影子。半個多世紀的風雨過於漫長，過於猛烈，已給我們留下了疾病烙上了蒼老的印痕。

王指導員在機場讓「護駕」的女兒給三個簇擁在一起的長輩合影留念後，我們登上老卓找來的桑塔納轎車，前往老卓安排好的成都軍區招待所。在車上我稱呼他老首長，他立即制止了我，並說：「還是叫指導員吧，因為那段時間是屬於我們三個人共同的。」我接著說：「指導員，你在我的個人歷史上創造了一件獨一無二的事。」指導員問我是什麼，我說：「我轉業時，你給我寫的那份鑒定，是我檔案袋裡對我評價最好的一份材料，因此你是領導過我的人中，最欣賞我的一個。」

在招待所住定以後，我從衣兜裡拿出幾篇打印好的書稿，那是我當時正在寫作的回憶錄《格拉古軼事》中的幾章片段，想交給他請他過目，他欣然接受。隨後我們商定，老卓因帶孫兒沒法陪指導員到處走走，最近這幾天便由我全程陪同。指導員單獨又與我約定，這幾天不管旅遊吃飯不准我花一分錢，否則他寧肯不要我陪同。

隨後幾天，我們一一遊覽了成都市的主要旅遊景點，如草堂寺、青城山、武侯祠、青羊宮。在我們遊覽的路途上，我斷斷續續的向他訴說了我被打成右派後以及勞教勞改期間受迫害的苦難經歷，其中難免有些牢騷滿腹忿忿不平的言詞。指導員聽出我的一些觀點，他說：「你的看法有你的依據，從我來說，我父親是個貧農，他終生勞動，連背都壓彎了，如果沒有毛主席，也就沒有我的今天。」我說：「我不同意你的觀點，但我不能強求別人贊同我的觀點，否則我也就成了極權主義者。」幾天的相處中，他每次聽到我說些帶情緒的話，總是微微一笑說：「我得承認，你的看法也有你的根據，我們都別著急，歷史會替我們作出裁決。但這也不會影響我們的友誼。」我心裡一直在想，指導員能這樣容忍反對意見，已經大大不同於與他有類似經歷的共產黨人，而這太難能可貴了。

指導員後來還專程到我清貧的家中小坐，看望我的妻兒。家中盡是老舊的家具設備，指導員也看出我的境況並不太好，連連歎息說：「沒想到你這把歲數，還這樣困難。」搖頭歎息著坐了不足十分鐘便回招待所去了。離開成都以後，他專門給我寄來一萬五千元錢，這在當時可算得上一筆相當可觀的數目了。「拿去為你的孩子買個戶口吧」，他在電話裡這樣對我說。（根據上世紀九十年代的戶籍管理制度，農村戶口若要轉入城市戶口，必須在相關戶籍管理部門繳納大約七、八千元左右的費用）

指導員將要離開時，在送他去往機場的路上，我還向他打聽了一下他的私生活。他說老伴幾年前已去世，兒女均已另立門戶。因此我向他提出建議，如有恰當人選可物色一位老伴。他說這事有利有弊，還是從長計議的好，況且這種事要講機會啊。其實他所謂的機會，也就是人們所稱的緣份。

三年以後，我去昆明探望他，這時他才告訴我，老伴離開他後，他曾一度和一位老太太共同生活了兩年。但因為兩家子女的交往十分複雜，家庭之間始終未能和睦相處，兩人最終還是分開。這一趟去昆明之前，我特地買了一些補品帶去指導員家中。令我吃驚的是，指導員住在一棟普普通通的紅磚樓房裡，家中的陳設也十分簡陋。我這才醒悟過來，他寄給我的那筆錢也許是他攢了好多年的積蓄，指導員真的是在傾盡全力地幫助我。

從昆明返回成都之後的幾年裡，逢年過節的日子我們都通過電話相互問候。再後來，我撥給他的電話就無人接聽了，我想王指導員可能已經先我一步去了天堂。

與家人重逢

現在讓我們把話頭又拉回遙遠的過去。

一九五三年，這時我已是一名副排級幹部。這個級別按部隊略帶戲謔的說法，稱之為「兵頭將尾」，即兵之頭頭將之尾巴是也。我們當時實行的是供給制，所謂供給制，即服裝伙食均由公家供給，每月發些津貼費作為零用錢，正班級彷彿是八元，副排級是一三・五元，如此而已。如有隨軍家屬，其費用全由公家開支。不過這是中高級幹部才能享受得到的待遇，與我等兵頭將尾沒有什麼關係。

這年的夏秋之交，第三通信團奉命抽調八部電臺、十六個報務員、前往大、小涼山，去那裡支援正在進行的所謂的民主改革。按我們當年的觀點看，這是一個絕好的鍛鍊機會，鍛鍊的不僅僅是技術，也就是業務能力，更重要的是思想立場的鍛鍊，我因為得到這個機會而歡呼雀躍了好一陣子。

我們一行年輕軍人在進涼山之前，乘火車從重慶來到了成都。在成都逗留期間，我專程回到家裡，看望了母親和弟妹。

那時我大哥大妹已參軍在外，母親帶著五個小弟妹租房住在純化街五十九號，一座破舊的四合院裡。因為我們家三個子女在部隊，可算是軍人家屬中的翹楚，按規定可視家境情況享受少許軍屬補貼費。有一年我母親還被選為軍屬代表，光榮出席了市模範軍屬會議，後來，父親的事情敗露，母親便具有了光榮的軍屬與恥辱的反革命家屬的雙重身分。至於政策上如何處理這樣對立矛盾的身分，我至今不甚瞭解。但從個案實例觀察，反革命家屬的身分應放在首要的位置，因為毛主席說：「階級鬥爭是個綱，綱舉目張」。

母親當時大約四十歲左右，身子骨也還硬朗，五個弟妹中最大的二妹還不到十四歲，幫不了大人什麼忙。由於父親早已「死無葬身之地」，母親也一直沒有正式工作，於是便幹起了替區政府幹部洗衣服的活。那時的機關幹部大多是單身的年輕人，衣服承包給一些生活無保障的中年婦女洗滌是很普遍的現象。每天下午的下班時刻，在各個機關大門旁邊，總能看到一排候在那裡的「洗衣婦」——給幹部送去洗好了的衣服，再接手他們剛換下的髒衣服。幹部們每月發給「洗衣婦」少許工錢。感謝當時中國的落後，洗衣機還未出現，母親也就能每月從洗衣的活中掙幾毛錢補貼家用，洗一件衣服能掙（〇・〇二元），有時順便還能為家裡減少一點的困窘。五十年代政府動輒組織機關團體學校的人舉行遊行示威，或為反對美帝侵略某某，或擁護蘇聯發表某某聲明。遊行時學校常要求學生著統一白襯衣，當時我二妹已在中學讀書，因家裡的貧窮，母親悄悄對我說，她有時只好從替人洗的衣服中偷偷地「借」一件，拿給第二天將參加遊行的二妹穿。聽後我十分難過！

那時成都沒有自來水，不分春夏秋冬，母親都背著一背篼衣服去到老南門大橋下的河邊，站在河水裡，為掙錢哺養幼小的兒女們含辛茹苦地搓洗著。那時的河水清澈見底，不像今天這樣已遭到嚴重的污染，臭氣熏天，更別提在河裡洗衣服了。二〇〇一年冬，母親以九十二歲的高齡病逝，她守寡整整五十年。近年來我聽聞到有金婚銀婚鑽石婚之類的新式提法，但不知有無金寡銀寡鑽石寡的共和國傳統流傳。

在供給制的條件下，我也沒有錢可以支援家庭，相反母親還按照舊時的習慣，執意要請我的「戰友」們來家裡吃頓便飯。年輕的朋友們大多比較單純，有人帶頭資助了我的母親，這樣就湊了大約十五塊錢（舊幣）交給她老人家。母親於是拿這個錢去置辦一桌像樣的飯菜。離開成都之前，我和「戰友」們果真在家裡吃到一頓母親親手操辦的飯菜。

我們家房子很窄，盛不下眾多的客人，筵席擺在四合院眾住戶共有的天井裡。五個小弟妹此時都不知被母親藏到了什麼地方，估計是她擔心這幾張平日裡缺乏油葷的饞嘴在客人面前會露出什麼令我難堪的樣子，所以就想方設法讓他們回避開來。母親的慣例我是深深知道的，弟妹們往往只有處理殘湯剩水的份兒，況且借來的一張方桌再怎麼擠也添不進弟妹們的碗筷。

我知道母親能做一手好菜。民國時期一個有身份和地位的家庭縱然雇有家庭廚師，但主婦也必有幾樣拿手菜，親自做出來端上席桌由客人們褒獎讚揚，可說是非常體面的一件事。所以那天我的「戰友」們吃到了一桌讓他們回味了很久的地道南京菜。

父親的慘死並未將母親徹底擊倒，她心甘情願地由一位闊太太變成洗衣婦，唯一支撐她活下去的信念，是將嗷嗷待哺的弟妹們撫育成人的願望。像世間所有的母親一樣，她始終如一地為孩子的成長奉獻著自己的汗水和心血。

雖然母親是一個能識文斷句的中學生，但因我們姊妹眾多，母親的終生職業也就僅僅是家庭婦女。從不過問政治，雖然一九五一年她失去了丈夫，也失去了富貴榮華的生活，但面對「新中國」的一派生機，她也是打心眼裡擁護的。此番回家，母親反復叮囑我，叫我努力工作，爭取立功當模範。當她的解放軍兒子帶著這些雄姿英發的「戰友」們在院子裡談笑風生時，我看到她滿心的自豪感洋溢在那張慈祥的臉上。

初進涼山

我這一生中有三個最重要的時期，唯一能夠見證這三個重要時期的地方就是涼山。

這三個時期分別是當兵期、勞教期和勞改期。在這三重經歷中，我都曾或長或短地在涼山停留過。到一九八〇年我平反出獄離開涼山，算下來我差不多斷斷續續地在涼山待了二〇年。那可都是人生中最精華的青壯年時期啊！

我們這群被抽調出來的報務員從重慶乘火車來到成都，在成都稍作停留，在北較場四川軍區司令部通信處領了八部電臺。這些電臺全部是解放戰爭時期繳獲的戰利品，美國V－一〇一式軍用報話機和手搖式發電機（俗稱狗頭馬達）。借領器材的間隙，我專門去了一趟四川省圖書館，借來一本商務印書館「萬有文庫」中的一本名叫《涼山彝家》的小冊子。這是一本大約三四十年代出版的讀物，作者名叫林耀華（一九五五年，我開始搞文學創作，首先就是翻譯和整理彝族民歌，其中涉及到某些不甚明瞭的彝族的習俗時，還曾寫信到中央民族學院向這位教授請教，他也認真地回了信）。

看完這本小冊子，我立即成為這十六個人中的「彝族問題專家」，我知道彝族在歷史上是排斥任何外族絕對是封閉的奴隸社會。它沒有貨幣、沒有市場、沒有媒體、沒有政府也沒有法律。社會運行全靠彝族的風俗習慣維繫，以黑彝（奴隸主）姓氏為名稱的「家支」，便是彝族的族群。所有的族群均各自為獨立派系，更無「中央集權」加以制約，有的也僅僅是以婚姻關係為紐帶的家族聯盟。實質上正如一句彝族民諺所說：「黑彝腦殼一般大」，民諺的意思是，沒有一個黑彝能管轄另一個黑彝。

家支與家支之間靠婚姻血緣來維繫關係，決定了黑彝家的未婚女孩身價不菲。一個家族實力（軍力）強大的黑彝女孩，其售價可高達數千兩白銀。因為一旦攀上這門姻親，便等於與一個強力集團建立了政治軍事的同盟。在彝族社會綿延不斷的冤家械鬥中，具備這種實力後盾至關重要。

像這類彝族的奇風異俗，多得不勝枚舉，姑且按下不表。

一部軍用卡車把我們十六個人連同機器載到了樂山軍分區。在這裡，我們和軍分區幹部們一同聽了司令員唐興盛所作的關於涼山的形勢報告。組織上隨即宣佈成立樂山軍分區前方指揮部。指揮部設在當時的涼山首府雷波縣城，唐興盛兼任司令員。

第三天，在前方指揮部新上任的偵察科白科長的率領下，我們一行人登上一條小木船駛往犍為縣。記憶中似乎當天就到達了，登陸後，部隊雇來民工為我們揹運機器和背包，我們就空著雙手輕輕鬆鬆地向雷波縣走去。這種觀山望景似的行軍大概意味著戰爭已經結束，到了該我們享福的時候了，模模糊糊地記得這一趟行軍一走就是兩三天。

雷波是一座只有一條正街的小縣城。在這座城裡我第一次見到彝族的男女老少同胞，他們的語言服飾無一不強烈地刺激著我的好奇心。有時我竟尾隨著他們，煞有介事地聽他們那些嘰裡哇啦的「鳥語」。那些魁梧彪悍的黑彝（奴隸主）最引人注目，他們經常喝得酩酊大醉東倒西歪，動不動就相互打鬥謾罵。這些場景讓我大飽眼福！我常常以「事不關己，高高掛起」的態度，坐在路邊好好欣賞他們的「失態」行徑（我終生忌酒可能來自對這些醜態的反感）。

還有那些身材高大乳房高聳的女奴隸主，在這些黑彝婦女的頭頂上、衣領上鑲滿了閃閃發光的銀飾，耳垂下戴著色澤鮮豔的瑪瑙珠子，身邊帶著一兩個丫頭。這些丫頭因多為世襲奴隸，實際是擄來的漢人的後代，個頭都比較矮小，黑彝女人用手扶著她們的肩膀，昂首闊步，目空一切，似乎拄著一根肉拐杖。

幾個月後，估計是因為涼山地區跨越雲南，西康（當時還未轍省）兩省，一個師職幹部跨省協調工作多少有些困難。上面又另調西南公安總隊司令員魯瑞林到涼山，原來的前方指揮部更名為涼山指揮部，同時還成立了中共涼山工委，由魯瑞林任司令員兼工委書記，實際上統攬了涼山地區的黨政工作。三十年後，類似於他這種職位的情況還有一個專門的稱謂，叫做「黨政軍一把手」。

魯司令員官至正軍級（後授銜少將，擔任過昆明軍區副司令員），但在我們這類「兵頭將尾」面前毫無咄咄逼人之勢，給下屬的印象是平易近人，和藹可親。有時他會來電臺和我們聊天，談一些他年輕時的戰鬥故事。我覺得很受教益。當然，另外一大好處是我可以順便嘻皮笑臉地騙他的中華牌香煙抽，那可是煙中極品！

有一次，魯司令員在司令部召集會議，對排級以上的幹部傳達了「貝利亞事件」。在前蘇聯，這是一件十分重大的事件，因為我當年還很年輕幼稚，認為這些事件與我們這些「蝦兵蝦將」沒什麼直接關係，於是就當成耳旁風。倒是魯司令員作涼山形勢報告時，因談及到許多彝族歷史民俗，反而使我好奇心大增而聽得津津有味，每一句話都牢記在心。

例如司令員在報告中說，彝族是個十分封閉的民族，對任何外來文化都持排斥態度，對漢族文化如此，對外國文化也如此。如三十年前有一個法國傳教士深入涼山傳教，被彝族頭人抓去當娃子（也就是奴隸）。如果這個傳教士還活著，應該有八十多歲了，我當時還很想在今後的進軍中親眼看看這位「老娃子」。行文自此，我突然想起四十年前我在雷馬屏農場勞改時所發的一段感慨。本質上講，勞改犯也是奴隸。當年的彝族奴隸主至少還要為手下的奴隸提供價格不菲的鴉片煙，讓奴隸在勞作間隙抽上幾口，提神消遣。更重要的是，對所有的彝族男性奴隸都配給一位女性奴隸當作妻子，而勞改隊裡的男犯人卻經年累月地承忍受性饑渴的折磨。這種痛苦除非親身經歷，否則無從體會。

又例如司令員在談到彝族的起源時曾說：「還有一種說法，是說這個民族其實來自俄羅斯的一個部落……」後來我在果戈理的一本小說中讀到，古老的俄羅斯民族在給小孩子剃頭時，有用一個小碗蓋住腦門心上一小撮頭髮的習俗。我立刻聯想到，這不就是彝族留在腦門心上的「天菩薩」嗎？當然這都只是我的揣測而已。

司令員的報告結束後，軍隊的領導又向我們宣佈，涼山的大政方針是「謹慎穩進」四個字，並把尊重彝族的風俗習慣提到了和三大紀律八項注意等同的高度。說來也是，他們的有些習俗甚至有點可怕，比如你要是在黑彝姑娘面前放一個屁，該姑娘就會因這一「奇恥大辱」而上吊自殺。

我們在指揮部電臺上實習的工作非常悠閒，一部通常只需兩三個報務員輪流值班工作的電臺，突然間擁入了十多個我們這類剛剛畢業的新手，人多事少的程度可想而知。所以我們一有空便去逛街，或者打籃球。最盼望的日子便是星期六，因為只有在這個晚上，我們才有機會在工委禮堂裡舉行舞會。當時的中共涼山工委和解放軍涼山指揮部司令員這兩個要職均由魯瑞林少將擔任，而這位少將又極其熱愛跳舞，舞技也出類拔萃。按照官場中「上有所好，下必甚焉」的習慣，「一把手」的愛好總有下屬為其張羅安排，因此跳舞的場地燈光音響等等事務從不必擔心沒人籌辦，每個週末的舞會總是開得風風火火。尤其誘人的是，只有在這時，我們這些單身青年才能看到機關裡幾位面容姣好的女戰士，一周也就這一次一飽眼福的機會。舞會只有排級以上的幹部才能參加，我恰好剛剛夠資格。

一個多月後，幸福的生活就宣告結束了。我和卓朝清組成一部電臺，從連隊抽來十名戰士擔任搖機員，我們一起配屬到公安十七團的二營四連。連隊駐紮在距離雷波縣城三〇華里左右的上田壩，這裡實際上只是涼山的邊緣，距離漢人聚居地很近，當地彝族老鄉也多能說些簡單的漢語。中共涼山工委西蘇角工作團的團部就設在這裡，連隊的武力便是工作團的後盾。

彝族的奴隸社會等級森嚴，哪怕白彝（奴隸，奴隸主稱他們為娃子）也分三等，即最低的鍋莊娃子，中等的安家娃子和已經贖身的取奴娃子。上田壩住的是沙馬家，不是黑彝沙馬家（黑彝是奴隸主），而是白彝沙馬家。換一種說法，他們可以被稱為是黑彝沙馬家的取奴娃子，算得上是娃子中的「貴族」。一家老小住在一起，繁衍子孫，經年累月也發展成為一個白彝家支。家支內部為了互相照應，如有打冤家之類的突發事件，為共同禦敵之便，大家也就聚居在一呼百諾、方圓十餘華里的地盤之內，這類地盤中有一塊就叫上田壩。

這類白彝家支也有自已的頭人。不論是白彝頭人或者黑彝頭人的產生，都有一個共同特點：在種群內部，頭人的形成並不依靠血緣財產之類的先天因素，全看本人在戰鬥中表現出的英勇程度，以及在處理家支內部事務中是否具備大公無私的品德。這些品質都要經過歲月的考驗，為族人所公認，頭人的威信便會自然形成。沙馬家這位德高望重的頭人名叫沙馬古迫，我一直尊稱他沙馬大爺。

凡有工作團的地方，就要建立貿易公司，賣些布料農具之類的生活生產資料。在工作團修建房屋之前，貿易公司就開設在沙馬大爺的家裡。沙馬大爺有兩個兒子和兩個女兒，小兒子沙馬阿捷與我同年，他教我學彝語，我們關係很要好。有天晚上我在他們家中玩耍，忽然有人提議喝酒。彝族男子嗜酒如命，每每以能否豪飲來決定你的身價和名聲。我作為「彝族問題專家」當然知道個中情由，便在貿易公司買了半斤老窖大麯酒。四川本地出產的白酒度數不低，我又是生平第一次喝酒，完全自不量力，在眾目睽睽之下我竟將這半斤烈酒一飲而盡，贏得滿堂喝彩。

喝完後我便返回電臺，倒在我那張用亂木棒捆紮起來的床上呼呼大睡。睡夢中將那天的晚餐連同那半斤酒全部嘔吐在床上，那一片狼藉的場面簡直令人不堪回首。此後只要聞到酒氣，我就會聯想到那佈滿整床的一攤穢物，連同在雷波縣所目睹的醉漢鬥毆的醜態，我在心理上對酒味產生出一種反感，以至於形成我終生厭酒的習慣。

這番狼狽的景象和日後影響一生的結果當然為沙馬大爺所不知。第二天他因為我的「豪飲」行為特地獎賞我老羊皮一張，並為我取了個讀音為木直檻樓（意為木直家的英雄）的彝族名字。按彝族習俗，如果我拒收這張老羊皮，那就等於是看不起這位頭人，禍及民族團結，於是我只能接受這一褒獎。關鍵是我因此獲得沙馬大爺的認可，除了我和他的私人友誼得以確立之外，還等同於為我日後在沙馬家支內走家串戶搜集民歌民謠頒發了通行證。

沙馬大爺的小女兒叫沙馬烏子，會彈彝族姑娘喜歡撥弄的月琴。她的音樂天賦給我留下很深的印象，在貿易公司的收音機上，她聽熟了《康定情歌》、《新疆好》這些當年十分流行的歌曲後，轉手就能在月琴上依樣彈奏出那些歌曲的旋律。

一九五六年，我已離開涼山並由部隊轉業到南充縣搞民政工作。作為工作人員，我參加了當年在成都召開的四川省復員轉業軍人、烈軍屬、社會主義建設積極分子代表大會。在會場我見到一位來自西蘇角的民政工作者，他告訴我，沙馬大爺在「彝匪叛亂」的日子裡隻身前往一座雕樓面前，向盤踞在裡面的「匪徒」喊話勸降時，不幸被族內兄弟射殺身亡。離開涼山之後，我時常想念起沙馬大爺那慈祥的面孔，這一消息的傳來使我非常傷心。

過後不久，在某期《中國青年》雜誌的封面上，我突然發現沙馬烏子那嫣然的笑容，原來那年她代表中國青年出席了在捷克首都布拉格舉行的世界青年聯歡節。實事求是地說，沙馬烏子彈奏月琴的水準充其量只是個業餘愛好者。在我認識她的時候，她彝文漢文一字不識，不知簡譜為何物，五線譜就更是一無所知了。總之她只是個普普通通的音樂愛好者，不具備基本的音樂常識。不過我看到沙馬烏子穿著彝族傳統服裝在布拉格青年聯歡節上亮相的照片時，也由衷地為她能幸運入選感到高興。

一九五七年以後，我被接二連三的政治洪水吞噬，沉淪在被放逐的泥淖之中，直到一九八〇年平反出獄後，生活才漸漸恢復常態。一九八九年，天安門事件之後，全國各地開始清理學生運動的同情者和支持者。省作家協會新調來一位書記專職負責清理工作，此人工作作風極左，引起作協幾位副主席的強烈不滿（尤其是時任副主席孫靜軒等老右派對他意見極大），大家暗中密謀，想推薦既是黨員，又小有名氣的青年彝族詩人吉狄馬加到省作協來替換掉現任書記主持工作。我受孫靜軒的委託，特意去往新的涼山首府西昌市，會晤涼山作協主席吉狄馬加，動員他到省作協來擔任主席一職。交談中我向他問及沙馬烏子的近況，馬加告訴我，烏子的愛人阿牛在新華書店工作，她們一家人就住在新華書店。

那天中午，我謝絕了吉狄馬加的宴請，興致勃勃地敲開了烏子的家門，迎接我的卻是她那一臉的茫然。我自以為當年在上田壩名聲顯赫的木直鑑樓肯定會將她沉睡的記憶喚醒，但經過我一番自我介紹，這位老木蘇（彝語老太太）除了淡淡一笑之外，並未回憶起任何昔日的往事。結果就是我辛苦了大半天，落得一個尷尬的下場，只能不停地向她證明來者並非套近乎的騙子，唯一的收穫也僅僅是她招待我吃了一頓彝族式的家宴。

不准挖廁所還不准埋屍體

彝族的奇風異俗多達百條以上，不准用廁所便是其中之一。涼山地區地廣人稀，他們的居住習慣是每家每戶都有單獨的院落，相互間的距離比今天商品房開發商修的別墅院落遠得多。家庭內的年輕人一旦結婚生子，就必須和父母分居，也就不會出現什麼四世同堂、五世同堂之類全家住在一個屋簷下的熱鬧場面。一個彝族家庭裡一般都只有三五口人，而彝族社會顯然又是「低密度社區」，人們盡可以去住宅周邊的野地裡解大便，但絕不解在田地中。野地裡的大便日曬雨淋幾天，也就沒人看得出來了。

但我們是一百多號人組成的連隊，而且軍人待在駐地軍營裡也不允許隨意進出。在沒有廁所的情況下，去哪裡大便就成為困擾我們日常生活的一個難題。幸好駐地附近的田野裡散立著一塊塊巨石，這天然的屏障為我們的屁股充當了掩體。可惜它只能解決問題的一面，問題的另一面在幾個星期之後開始顯現其威力。這漫山遍野的一堆堆大便像地雷一樣威脅著來來去去的人們，特別是晚上，如果手電筒裡的電量不足，你可千萬不要上「廁所」。踩在「地雷」上絕不是件愉快的事！

彝族男女終生不洗臉，他們的衛生習慣還真得令人側目而視。我知道彝族人絕不吃狗肉的習慣以後，曾經專門就這個問題前去請教一位彝族「知識份子」。他理直氣壯地回答我說：「因為狗要吃屎！」所以出於同樣的考慮，他們種任何一種農作物也都絕不施用人糞肥料。我想了很久，始終覺得彝族人不修廁所的原因很模糊，但很可能是因為他們忍受不了糞池裡成堆成堆的大便對他們造成的視覺污染。

另一個麻煩出現在紅苕地裡。營房附近有一片彝族老鄉的紅苕地，我們的戰士絕大多數都是農民出身，也許他們想順便給紅苕施些肥，便在苕地裡解了若干堆大便。後來，彝族老鄉來挖紅苕時發現這些臭屎，一個個驚愕萬分，大喊大叫地問道：「你們解放軍不知道這紅苕是人吃的嗎？咋個能把屎屙在地裡？」於是這團糞便方圓一公尺之內的紅苕他們就通通不要了，敵視糞便到這種程度，也許連法國貴族都望塵莫及。

彝族人的經濟頭腦也和我們完全不同，他們沒有種蔬菜賣給部隊的觀念，我們吃的菜都是從外地運來的。進入涼山以後，部隊補給全靠邊民用背夾子背進山裡。為減輕重量，增加運量，以減輕後勤壓力，我們吃到的蔬菜以黃花、木耳、海帶之類的脫水菜為主。長時間吃不到新鮮蔬菜成了我們的心病。指導員畢竟智高一籌，他根據「三大紀律八項注意」損壞東西要賠的要求，令事務長賠給上述故事中的紅苕地主人大米若干，這些長年吃著雜糧的彝族老鄉懷著因禍得福的喜悅，連連稱讚解放軍「挖及挖、挖及挖」（彝語：好、好）。我們這邊的連長也立刻派出幾個戰士，下到地裡去把紅苕挖了回來，交給炊事房讓大家改善換換口味。

彝族老鄉瞪大眼睛看著我們大口大口地吞咽大便地裡挖出來的紅苕，這時他們再也不說解放軍「挖及挖」了。而是他們通常的表達方式，先在地上噴一股口水，因為彝族人視漢人方式的吐口水動作為沒有教養的行為。他們吐口水的方式很有特色：口水從齒間噴出，並自認為他們這種吐口水的方式才是有教養的行為表現。接著罵道：「這些漢人簡直連狗都不如。」

除了不准挖廁所外，也不准掩埋屍體。作為社會制度，奴隸社會也許比我們這個「新民主主義」社會落後幾千年，但在實行火葬方面，彝族可能比漢族又先進了幾千年。漢族社會大約是上個世紀七十年代左右才開始推廣火葬的。

一次，有個文工隊到我們連隊來演出，連隊奉命派六個戰士到另外一個連隊去接這一批文工隊員。結果半路上遭遇彝族人的伏擊，六個戰士犧牲了五個。後來將屍體運回，經過無數次協商，彝族老鄉才勉強同意將他們的遺體掩埋在附近的一塊空地上。每個戰士的墓前都立了一塊木質的墓碑，碑文全是我親筆書寫的。印象最深的是五個人的年齡加起來還不到一百歲，那年我十九歲，和他們幾乎同齡。

關鍵是，我和這幾位犧牲的戰士在感情上是息息相通的，他們的遇難使我難過了很久。這次伏擊發生在森林裡，我們的戰士太缺乏警惕性，幾個小夥子嘻嘻哈哈一路談笑，和我們十幾個報務員剛到涼山時的那股興奮勁兒如出一轍。埋伏等候他們的是三個彝族槍手，總計只聽到六聲槍響，我們的戰士就被撂倒五個。從其精準的槍法就可看出他們確實訓練有素，刻苦訓練的原因是他們非常非常珍惜子彈，據說在涼山地區武器裝備最為精良的頭人吳琪家，其庫存的彈藥也只有兩箱步槍子彈。他們在冤家械鬥中沒人捨得用殺傷力巨大的輕機槍，其根本原因也是捨不得子彈。

大約半個月後，我們抓住了這三個「恐怖分子」。其中一個在追捕行動中爬向山上的樹林躲藏起來，追捕的戰士尾隨其後，從背後一槍擊中了他的屁股。槍傷所致的傷口在肛門附近，按政策當然要給他療傷換藥。每次為他換藥時我都故意在一旁觀看，他抬高屁股讓衛生員用鑷子紗條在傷口裡消毒，這時他那淒厲的號叫聲震動山谷。他不停地用彝語高聲喊道：「阿媽古！」（意即我的媽呀）我看到他那副痛不欲生的樣子，內心感到一種滿足，因為他殺害了我的兄弟們。

原諒我吧，我不可能預見到的是，這哭爹喊娘的嚎啕聲有朝一日也會從我的口中喊出。事情發生在八年以後，那時我已是勞教中的右派分子。

軍事演習

現在回憶起來，上個世紀我們被調往涼山執行任務，其性質和戰鬥的殘酷性都和美國獨立後對印第安民族的征服有些類似。我們進入涼山前，彝族人民按他們的風俗習慣平靜地生活著，雖然貧窮，倒也怡然自得。但我們以「解放全人類」的神聖使命而自詡，怎麼能讓奴隸們繼續受苦受難！

那時我腦子裡稀裡糊塗的，根本不懂政治，只是政治家手中把玩的一顆再小不過的棋子。而我卻自認為是一顆快樂無比的棋子。沒想到十多年後，我就被扔進了打著社會主義旗幟的奴隸社會，和涼山裡的奴隸比起來，我付出的不僅是被折磨的肉體，還有被摧殘的靈魂。

讓筆觸回到遙遠的當年吧！有一天，上級突然宣佈要進行一次軍事演習。用今天的眼光看，這就是要對彝族頭人來一次軍事示威，讓他們見識下我們有多厲害。由於彝族內部經年累月的冤家械鬥形成了族內男子崇尚武力的特點，但凡青年小夥，幾乎人手步槍一支。早些年，在國民黨禁煙令鞭長莫及的崇山峻嶺中，他們種植大量的鴉片，收穫後與附近的軍閥部隊進行以物易物的交易，於是換來這些槍支。那時除了武器彈藥之外，還需要向漢人換取的主要物品是布匹和鹽巴。

工作團將所轄區域內的頭人都請來「參觀」。小小一個連隊的演習，當然談不上什麼規模，而當年的裝備條件，連我這部唯一的電臺也派不上用場。我們電臺不作為戰鬥人員直接參加演習，連長指導員都知道我粗通幾句彝語，便命令我擔任聯絡員，配合彝族翻譯向前來參觀的頭人們解說演習的程序和內容，並注意收集這些頭人的反應。

演習的地點在連隊附近的一片荒地裡（我的天，那可是戰士們的「公共廁所」），演習的內容且不說十分簡單，簡直就是萬分簡單。整個流程的時間大約一小時，剛開始時，由前進中的散兵面對「敵群」射擊作迂回前進狀，約數分鐘後，天空中升起三顆紅色信號彈，剎那間陣地上早已架好的輕重機槍射出排山倒海般的子彈，密集的火力網霎時間交織在「敵陣」之上，隨即衝鋒號響起，眾戰士高呼：「衝哇！」一個個腳踏大便地雷，呼嘯而上。總之我們想要達到的效果就是在彝族頭人們面前表現出英勇無比的氣勢，讓他們感到徹頭徹尾的恐懼。工作團頗費心機地將這一威懾目的視為演習的首要目標，大家巴望著最好能在演習偃旗息鼓的時候看到頭人們愁眉苦臉的表情。

然而可笑的是，演習真正開始後，當步槍、輕機槍、重機槍橫掃荒野時，我聽見身邊的頭人小聲嘀咕了一句「阿媽古……」。我一邊心想「嚇壞了吧」，一邊緩緩湊得更近一點，不料他接下來說出口的話讓我大吃一驚。這位頭人悄悄地跟旁人說：「這些漢人真他媽是一群敗家子，能像這樣浪費子彈嗎？」演習結束後，我帶著翻譯專門找到這位頭人，不無得意地告訴他，這點子彈算什麼，我們在成都的倉庫裡整房整房都是子彈，說著還叫翻譯跟他比劃了一下我說的倉庫有多大。得到的回答卻是：「你在吹牛，吳琪家都只有兩箱子彈！」如此荒唐的回答讓我當場發出哼哼兩聲冷笑，我請翻譯直接了當地問他：「難道你沒看出來？剛才我們打出去的子彈也遠遠不止兩箱了。」

演習中另一件好笑的事情是，連長用信號槍指著空中發射的那三顆信號彈時，頭人們看見那三團鮮亮耀眼的紅光徐徐升上天空又徐徐降了下來。全體頭人立即撲倒在地，渾身顫抖哆嗦不已，嘴裡發出一陣陣怪叫。他們可能誤以為是什麼妖魔鬼怪要現身了吧。

雙土地之役

電臺的聯絡因被視為軍隊裡的機要工作而蒙上了一層神祕的色彩，特別是在戰鬥前線。按照保密訓練要求，電臺工作人員必須嚴肅認真地執行嚴格的保密紀律。雖然大涼山裡有「潛在的敵人」（涼山地區所謂的「彝匪叛亂」發生在一九五五年），可這些「敵人」全都是文盲（彝族除筆母，即巫師以外，全都不識本族和異族的文字），也根本不知無線電為何物，更不可能擁有監聽監測以偵察我軍行動的技術手段。但保密措施是鐵的紀律，任何情況下都必須遵守。

電臺主要由報務員、譯電員和搖機員組成。報務員掌握最重要的「密」，就是用莫爾斯基電碼和英文電碼表述的聯絡呼號和暗語（使用報話機時用暗語表述）。這個由上級印發的呼號和暗語小冊子在封面上印著「犧牲前必須銷毀」的字樣，而且幾個月便更換一次，也可能幾天更換一次（假若某報務員犧牲前來不及銷毀）。至於從報務員指尖拍發出去的電報，其電文內容全都用英文字母和阿拉伯數字通過「秘方」喬裝組成（收電方的譯電員有同樣的「秘方」可以解譯），它們的真實含義是什麼，報務員根本不知道。所以作戰時抓到敵方的譯電員肯定比抓到報務員的價值高得多，後者身上才有真正有用的情報。

某日下午四點鐘左右，突然接到命令，要求我們立即出發，同時派來一個班的戰士掩護缺乏戰鬥能力的我們。我們的任務是跟著隊伍向山野走去，到哪裡去？去做什麼？沒人告訴你，而且一個合格的軍人也不應該過問。你時刻牢記的只是，我去戰場，去打仗。

另外我們還知道，晚上七點鐘之前，電臺必須到達目的地，也就是一個叫雙土地的地方。因為時間緊迫，我們一路小跑著前進。我和另一個報務員卓朝清身上除了手槍和裝著密件的小軍用掛包以外別無他物，而搖機員戰士則要背負機器、馬達和槍支彈藥。更令人遺憾的是，從跨出駐地的第一步開始就是一段羊腸小徑的上坡路。其中有一段十分奇怪的上坡，這些上坡的地面既非泥土也非岩石，而是類似冰糖般大小的石塊，行進中每向上跨出一步，堆積的這些碎石便自然向下塌陷，等於讓你退了半步下來。我們在這片碎石路上不僅消耗了大量體力，而且行程也事倍功半，大大延長了行軍時間。

更麻煩的是，在接近雙土地的時候，我們一行人遭遇到敵情。這顯然是包圍目的地的「敵軍」為阻止我們增援而放了冷槍。幸好這時已是晚上九點鐘左右，天已黑盡，神槍手也無用武之地。更幸運的是，「敵軍」沒有輕、重機槍之類殺傷力巨大的武器，所以不能對著道路掃射加以封鎖。負責掩護我們的是連裡的一位副排長，他指了指正前方不遠處，叫我們徑直衝上目的地，然後用衝鋒槍對著「可疑方向」胡亂掃射了一通，說：「我掩護你們。」

目的地估計有兩個排的兵力，關鍵是這幾十號兵力裡有一個副團長。據我個人的瞭解，這位副團長有兩個與眾不同之處，一是他下達任何命令都附有一個時間要求。兩個月前我看見他在上田壩向一位偵察排排長下達任務，上田壩在金沙江邊，江對岸就是雲南昭通永善縣的某地，他要求這位排長在兩小時內送信到那裡。我知道從上田壩到過江的渡口最少二十多華里，如果這位排長到達渡口時，渡船正停在對岸，他需要大聲呼喊把船叫過來。如果遇上這番折騰，光過江的時間就得費去一兩個小時，更別提路途中翻山越嶺，在陌生的羊腸小徑上判斷東南西北的趕路時間。僅僅兩小時夠嗎？這位副團長的另一個特點就是喜歡換手電筒，私下裡「戰友」們甚至給他起一個綽號叫「電筒團長」。後來我和他還因為電筒一事打過交道，連同他喜歡下達的那些時間限制過於嚴苛的要求，我對他身上這兩個特點的印象都很深。

我們一行人到達以後，立即架設電臺準備開始工作。這時，掩護部隊中的一位戰士急匆匆地跑來說：「副排長掛彩了，讓衛生員帶個擔架去一下。」這半夜三更的到哪裡去找什麼擔架，幸好彝族老鄉家家都有碉樓，而每座碉樓的樓梯都在碉樓外面，幾個戰士便就近抓了一副樓梯趕緊往陣地上跑。

約摸四十分鐘過後，副排長給抬回來了，但他已經犧牲了。據抬他的戰士說，臨終前他給副團長帶的最後一句話竟然是：「我沒有完成任務。」我們全台都已平安到達，怎麼能說沒有完成任務呢。但我知道他的意思，副團長下達的命令是晚上七點鐘到達，而此時已是九點多了。遲到了兩個小時，讓這位身經百戰的英雄排長留下了一個終生遺憾！實際上「電筒團長」規定的時間也並非精確到不可延宕。

半個小時候後，我打開機器開始工作，譯電員送來譯好了的電文，順便帶來了副團長的口頭命令：「這份電報一小時內必須發出去。」這個嚴厲的命令除了顯示他的權威以外沒有什麼實際意義。因為發報紙上印有等級欄，一般用幾個英文的「A」字表示電報的等級，如一個「A」表示非急電，而五個「A」表示特急電，也就是立即發出。但不論多急的電報，也要受電臺聯絡時間的制約，因為收電報的對象和發電報的對象有時兩小時、有時三小時、有時甚至半天才聯絡一次，非聯絡時間裡，再急的電報也發不出去。除非一種情況，為執行某項特殊任務而建立的專職電臺，這種電臺處於Long Keep（電臺專用術語：意為二十四小時守候）狀態，但這種工作狀態很難遇到。

我們的電臺架設在一間相當大的彝族老鄉的空房子裡。這時已接近凌晨一點，我們的「電筒團長」走了進來，我本以為他來這裡是要追查那份「一小時電報」是否發出，但他卻隻字未提此事，一雙眼睛死死地盯上了發報機旁邊倒立著的那只手電筒。

這是一隻美軍軍用電筒，那時因為我奉命到農村參加土地改革運動，知道在鄉下都用桐油燈照明，沒有電筒很是不方便，於是買了一隻。電筒之所以吸引副團長的眼球，應該是這只電筒的確與眾不同。我當年是在重慶街頭的一家舊貨店裡買的，深綠色的塑膠外殼看上去就已大大不同於通常所見的鐵皮電筒，這顯然是第二次世界大戰結束後的剩餘物資。更令人稱奇的是這把電筒的「頭」，只要用手指掰動就可以做一八〇度的旋轉。對電筒有特殊愛好的副團長一言不發地走過來，拾起電筒愛不釋手地把玩著。

似乎是因為我擁有這樣一隻珍奇的手電筒而讓副團長心情大好，以至於他在離開時打招呼的聲音都是甜滋滋的。我暗暗認定有兩件事必將發生：第一，副團長今晚肯定失眠；第二，這只電筒肯定將很快離開我。

電筒離去的方式比較特別。一天副團長令他那位通信員帶給我一隻常用的電筒，再加上一對新電池，另外還送給我一包大前門香煙，可能他認為這三樣東西加起來便是這只美國電筒的代價。

兩天後，我們回到了上田壩。

唯一的戰友

在我的生活經驗中，對於「戰友」這個常用詞，我抱有相當大的成見。前文提到戰友，我都一一加上引號。因為在我今天看來，作為政治組織的執政黨能夠掌控軍隊的，恐怕放眼全世界也找不出幾個國家，所以我如今看待自己早年從軍經歷的態度也發生了很大的轉變，不僅絲毫不覺得有什麼值得驕傲的，或多或少還有點恥辱感。唯有當年和我在同一部電臺上出生入死的戰友卓朝清老兄，至今仍然是我的鐵哥們兒，我對他也充滿了尊敬之情。

卓朝清是福建人，在進入涼山的這八部電臺的報務員中，他是唯一的共產黨員。實際上他在參軍之前就在家鄉加入了中共地下黨。論軍齡他比我還少兩年，但論黨齡，他可說得上是我的老前輩了。在涼山時，我和他共同經歷了最險惡的戰役，也就是上面寫過的雙土地之役。在這場艱難的戰鬥中，我們相互關心，同心協力地活著走出了戰場。更重要的是，從那時起直到今天，我們都親如弟兄。以後他在成都軍區官運亨通，官至成都軍區機關工作處副師級處長。我曾經問過他，好好的處長你都不想當了，為什麼要提前離休？（因為他在距退休還差五六年的時候就主動離職了）。而他作為一個出身貧下中農的早年地下黨人，仕途當然還有上升的空間，但他卻放棄了升官發財的機會。他聽到我的提問，淡淡一笑回答我說：「你不知道機關事務管理工作面對的都是些官太太官老爺，這些人有多難伺候是你無法想像的，不得罪張三就得罪李四，我早就厭煩透頂了。」他退休後專心從事體育鍛鍊，甚至還斬下四川省老年運動會的乒乓球單打冠軍。

卓朝清的妻子名叫尹蓉芳，被我妻子喚作九姐，這說明她在家中排行第九，足以見得她的家族姊妹眾多，人丁興旺。她的大姐名叫尹蓉成，恰恰是我在西南軍區通信學校的同班同學。一九五四年，適逢部隊裡將女兵全部轉業到地方的風潮，她便由此去了成都鐵路局。通過她，卓朝清才得以認識在成都的尹蓉芳，二人結為伉儷。因為卓朝清是我的老戰友，尹蓉成又是我的老同學，所以我和他們整個家族關係密切。每次他們在某個旅遊景點的家族聚會都不忘把我也叫上，飯桌上的場面也常常是一家子老小聽我一個人「發表演講」。無奈我經歷太多複雜曲折的變故，看過無數悲喜交加的逸聞，大家也都聽得眉飛色舞，津津有味。

九姐性格開朗，說話又無所顧忌，加上父親是在土改時就被槍斃的地主，在文革的恐怖歲月中，卓朝清很是為自己妻子的這種直率作風擔驚受怕。這也是他提前退休的原因之一。因為在組織嚴密的軍隊裡，笑裡藏刀的人際關係是相當可怕的，指不定哪天一個小報告就足以將高高在上的你打成另類。我平反之後，卓朝清知道我在單位裡級別很低，收入有限，他曾多次對我說，缺錢的時候你儘管開口，平日裡也常常兩千三千地塞錢給我。二〇〇七年我到美國普林斯頓大學參加反右運動五十周年理論研討會，他曾特意帶給我五千塊錢，供我在國外花銷。

如果不是因為今天的卓朝清已是八十七歲的高齡，這些話我是萬萬不敢寫出來的。他曾對我說，我一見到你就感到愧疚難當，因為在我們同生共死的生活經歷中，你遭遇最大折磨的那些日子裡，我卻始終未能向你伸出援助之手。我回答說，如果你在我坐牢的時候幫助了我，一旦洩漏出去，你什麼官也別想當了，這就是當時中國的現實。依據幾十年來我對中國政治現實瞭解，我也開始懷疑，為何當年自己恰巧與所有十六個報務員中唯一的一個共產黨員分在一部電臺上？這會不會是組織為了監視我這個不可靠分子的言行，特意作出的安排？問這個問題時，我們都已經是老人了。卓朝清直接作出回答，組織上當年並沒有給他安排這個任務。但我仍然固執地認為，這一定是組織部門刻意作出的安排，錯不了，只是當年沒有明明白白地告訴卓朝清罷了。或許他們認為，這對卓朝清來說，也是一個考驗。

護士長和副團長

如前所敘，我們住在雷波縣城期間，每週末都要舉行交誼舞會。魯瑞林司令員的舞技在我們這些初學者看來是一流的，舞會上經常與司令員伴舞的是雷波縣醫院的一位名叫康繼馨的護士長。這位護士長估計比我大一兩歲，在雷波城內為數不多的漢族姑娘中，她算是數一數二的美女。我在舞池中認識了這位原來自自貢市的姑娘，並且經常在一起跳舞，交談中得知她還是一名共產黨員，便更對她產生了一種敬佩之情。我的直覺告訴我，她對我還挺有好感。

在我離開雷波縣城，住在上田壩的那段時間，當時這裡還沒有通郵，涼山工委和工作團之間的書面往來主要靠機要通信員在兩地間來回傳遞。康護士長知道我酷愛文學，便通過她在內地某城市定居的一位親戚，給我弄來很多種新近翻譯出版的小說。這些書幾乎都是當年大力提倡的蘇聯文學作品，如《遠離莫斯科的地方》、《阿里泰到山裡去》、《金星英雄》等大部頭著作。書籍源源不斷地通過工作團的機要通信員給我捎來，那段時間我的工作任務也不重，閒置時間很多，使得我有機會大飽眼福。此外她還給我找來不少如《儒林外史》、《紅樓夢》之類的古典名著。正因為如此，對這位曾經無私地給予我莫大幫助的康護士長，令我至今充滿感激之情。

西蘇角工作團的團長姓馬，是一位來自革命老區的幹部。副團長姓楊，是一個彝族土司，也是雷波縣彝族副縣長楊代蒂的堂弟。他的漢族名字叫楊宗權，彝族名字叫植木嘎嘎，年齡與我相近。在學習

「總路線」，當年「鼓足幹勁、力爭上游、多、快、好、省地建設社會主義」這句話為總路線的時候，我們電臺上的幹部和工作團的團長分在同一個組。我對彝族充滿好奇，自然和這位彝族副團長成為了好朋友。他對我最大的貢獻是幫我校訂了不少我翻譯的彝族民歌，我對他的回敬則是幫他寫了若干「地下」情書。

為什麼稱為「地下」情書，其中也有緣由。因為按彝族風俗，哥哥死後，嫂子就應下嫁給弟弟。這位副團長的妻子原來就是他的嫂子，不僅年齡比他大得多，而且他作為民族訓練班的學生，早已多次去過重慶成都這些繁榮的城市，二十世紀的現代風味也就與時俱進地融入了他的生活。而反觀他那位足不出戶的老嫂子，哪怕是電燈電話這類司空見慣的家電在她心目中都如神話般不可思議。那種怪異的感覺，簡直就像強迫我張某去娶一四〇〇年前的武則天為妻一樣格格不入。更何況這位共產黨員副團長早已在文工團裡覓得了能歌善舞的意中人（當然也是一位彝族姑娘），並隔三差五地寫些火辣辣的情話捎給她。他當然希望寫給意中人的信件更流暢一些，但這段關係又涉及「婚外情」，讓他難於啟齒。恰好這類差事是我兩肋插刀也要出手相助的，於是我倆一拍即合，在好朋友的關係上又添加了一層「戰略合作夥伴」的意思。可惜的是，我在第二年的春天被突然調離了西蘇角，他的這首悲喜交加的戀曲究竟如何了結，我也就不得而知了。

想不到三十五年後的一九七九年，我在雷波縣西寧鄉的國營雷馬屏勞改農場服刑（其實那年頭根本沒有私營農場，況且勞改場所肯定是國營，但該農場的名稱就是如此，只得如實道來）。有一次我獲得出差的機會，到西寧鄉的街道上採買一些物資。剃著犯人光頭、穿著一身骯髒邋遢勞改服的我剛跨進一家商店，就迎面與這位「舊友」狹路相逢，他睜大了眼睛盯著我，顯然從我的「髮型」和服裝上判斷出我是正關押在當地的勞改犯。與此同時我也從他的舉止儀表上看出他的境況與我早已天上地下，為避免自討沒趣，我立即低頭遁去。

此後又過了十年，也就是前文提到的那次西昌之行，我還特意向青年彝族詩人吉狄馬加打聽了一下楊宗權的近況。按道理，那時的楊宗權肯定是涼山州領導層的元老級人物了，一定無人不知無人不曉。馬加告訴我，楊宗權現在是中國人民銀行西昌支行的行長，身體不太好，最近才退休。我本想去看望他，和他敘敘舊，但我想到沙馬烏子那一臉茫然的表情，便斷然止住了腳步。

回憶起一九七九年我當勞改犯時和他在西寧鄉街頭的偶遇，如果此番我又忽然出現在他的面前，這位老兄說不定會突發奇想，以為我是一個越獄逃跑的犯人。

我的內心一直存在這種特殊的心結，還特意用一個專用詞彙加以命名，它就叫「勞改後遺症」。

口弦之戀

彝族有音樂也有舞蹈，但都非常簡單。樂器除了前文提到的月琴之外，還有一種更為普及的樂器，人們稱它為口弦，其大小相當於一隻自來水筆。確切地說，用以彈奏的口弦是一截比自來水筆略細，又稍短一些的竹筒。裡面經過精細加工的是兩截薄竹片（也有三片的），每截竹片上都挖出一段類似口琴內簧片那樣的結構。樂器的一端為削尖了的竹片，連接著簧片。彈奏時不斷撥動這個尖竹片，使簧片和彈奏者吐出的氣流發生共振，便可以產生悅耳的音樂聲。不過樂聲很微弱，只有離得很近的人才能聽見。

竹片的另一端鑽有小孔，用紅線穿過兩片口弦片，將它們套在一起。紅線的另一頭延伸進竹筒，穿過竹筒在筒身外形成繩套，可以套在主人的脖子上。口弦就掛在胸前，倒像一個小小的裝飾品，取出彈奏十分方便，而且不易丟失。

楊宗權既然是土司，又是工作團副團長，還是我可以互通隱私的好朋友，我就請他幫我找一隻口弦，他很快就為我弄來了一隻。

這時，我們連隊正在為上田壩挖一條引水渠，工地在大約兩公里以外的一個山腰上。那裡也屬於沙馬家的地盤。我的一個彝族好友沙瑪律迫就住在施工工地附近，距我們連隊駐地大約三公里左右。

有一次在工地休息時，我坐在地上取出口弦練習彈奏。這時一個過路的彝族姑娘在近旁發出一聲驚呼，顯然是因為她發現一個解放軍戰士在彈奏彝族特有的樂器而驚奇不已。我當即認出，她就是沙瑪律迫的胞妹爾吉姆。她徑直來到我的身邊，挨著我坐下，叫我取下口弦讓她彈奏。我聽她彈出的聲音十分動聽，正想請教她，這時動工的哨音響了，我便拿起我的工具向工地走去。

爾吉姆拿走了我的口弦，這種事在彝族十分正常。

第二天我去到沙瑪律迫家裡，想通過她哥哥叫爾吉姆把口弦還給我。我爬上碉樓的梯子，進門一看，屋中間坐在地上的正是爾吉姆。她說爾迫出去了，我就直接說，把口弦還給我。她說：「過來，我教你！」我當然希望得到「名師」的指點，也就湊身靠了過去。

她告訴我，這種琴要夜深人靜的時候彈才好聽，又說，它彈出的樂聲與彝族語言十分近似。她取出口弦彈了幾下，問我：「懂不懂？」我當然說不懂。她說她彈的是：「客的客的古」（彝族語的語音），漢人說的意思就是你在思念誰？接著她又彈了幾下，告訴我說，她彈的是「木直襤褸古……」我的天，她竟然通過口弦說她想我。

這時我發現我和她坐得太近了，幾乎能感覺到她的體溫在上升。因為彝族姑娘終生不洗臉，黑色的污垢掩蓋了她滿臉的緋紅，同時也掩蓋了她的青春和靚麗。而我也正處在青春躁動的年齡，緊挨在身邊的她雖然一身邋遢，衣服上還散發出一種難聞的異味，但畢竟她擁有的是一個異性的身體。她甚至伸手摸了摸我的臉，又伸來另一支手捏著我的手。此時此刻，我的心跳在加速，有一種衝動在體內奔突，真正像眾多小說中所形容的那樣「乾柴烈火，一觸即燃」的狀態。

然而還是沒有「燃」。如果「燃」了，我的命運也將澈底改變。在地廣人稀的涼山，我和她的姦情也許可以隱瞞一時。但根據我對自己思想認識的瞭解，在日後各種各樣的政治運動中，我也肯定會響應黨的號召，坦白交代出我的這段「姦情」。雖然那時我早已離開容不下任何異族姦情的涼山彝族聚居區，但這樣的行為性質畢竟為軍紀所不容。或者說，它最少也是一個可大可小的過失，因此受到嚴厲的處分也理所應當。

我當時之所以「按兵不動」，最重要的原因，還是因為我作為一個革命軍人、一個共青團員對革命紀律的自覺遵守。首先我有這個自控的「覺悟」，其次才是對這類姦情可能帶來的後果的畏懼。按照彝族的風俗，等級不同的人發生姦情，下場就是將雙雙處死。漢人在五十年代初彝族人的心目中是等級最低的，他們的民諺說：「石頭不能當枕頭，漢人不能交朋友。」當時我們作為最早進入涼山的解放軍部隊，軍紀要求十分嚴格。部隊最為擔心的就是民族關係遭到破壞，對這類第一個吃螃蟹的人，以殺一儆百的方式給予嚴懲也是完全可能的。

爾吉姆對我說過，她一個人不敢進山，「我們彝族男子是亂來的。」這讓我想起流動電影隊第一次來上田壩給部隊和當地的彝族老鄉放映電影的情景。當時放映的是一部蘇聯電影，當銀幕上映出一對戀人在樹林中攜手散步的畫面時，從未看過電影的彝族觀眾錯以為眼前的兩個演員是「真材實料」的一對情侶，於是激動萬分地對著銀幕發出此起彼伏的高聲呼喊：「幹嘛！幹嘛！」以此鼓勵他倆在銀幕上做愛以飽大家的眼福，只可惜任由他們怎麼呼喊，放映機裡投射出的光影也無法響應他們的號召。

幸好幾天以後，一紙調令讓我離開了上田壩，也讓我遠離了一場可能使我身敗名裂的危機。

離開前的那天下午，我告訴爾吉姆，明天我將離開上田壩遠走他鄉。第二天清早，我背著背包，離開上田壩向雷波方向走去，當我從爾吉姆家的山下走過時，我抬頭望瞭望她家的房子，卻看見她也站在地壩邊向我眺望，雖然遠遠地我看不見她的臉，但我知道她是在向我道別。

十多分鐘以後，在一座小山梁上，我再次回頭向爾吉姆家的山頭望去時，看見她仍然站在那裡，默默地為我送行。此時，我內心懷著一份愧疚，似乎對不住爾吉姆的那一份真情，辜負了一個少女獻給我的純真之戀。在我的生活旅途中，第一個如此坦誠地向我表達愛意的異性角色，難道不是她嗎？

一九八九年，我在那一趟西昌之行中特意去新華書店找沙馬烏子，我最想向她打聽的「故人」就是爾吉姆，她也該是年近花甲的老人了。說起來爾吉姆還是沙馬烏子的堂妹，雖然他們兩家貧富相差很大。我問她沙瑪律迫現在怎樣，她記不起了；又問她沙瑪律吉姆的近況，她竟然還是記不起。我甚至詳細地向她描述爾吉姆家的地理位置，以幫助她回憶。可惜烏子還是一臉惘然，我只能就此打住，讓那些記憶隨同歲月一併消逝吧！

打入另冊不自知

這次調動對我來說意義非同小可。我到指揮部報到時，管理人員「順便」告訴我，調動是因為原單位令我立即返回（軍人的調動可以不說原因）。此外他還告訴我，有一位「戰友」將與我一路同行。當天我便前往就近的組織科和供應科辦理了組織關係和供應關係的手續，然後去縣醫院準備向康繼馨護士長辭行，並感謝她長期以來帶給我的書籍，遺憾的是她出差在外。

第二天清早，「陪同」我一起踏上「歸」途的幹部露面了。我對這位陪同者的身分、他此行的目的一無所知，也不便於打聽。我們兩人一路翻山越嶺朝行暮宿，雖形影不離卻夜無交流。對我這種喜歡交朋友的人來說，這種局面頗為例外。我對這位不苟言笑的「冷面孔」唯一留下的好印象僅僅是途中某夜，我們住在新市鎮兵站的被服庫房裡，到第二天離開兵站時，我換上一身嶄新的軍裝，並將之前那身髒衣服扔在庫房的角落。對於我的「煥然一新」，他視而不見未置一詞。

一年後我聽說另一個報務員、同我一道進入涼山的好友謝邦瓊，在我走後一個月也由涼山調出，同樣是一位不苟言笑的冷面孔全程「陪同」（不知是不是同一位）。這個謝邦瓊畢竟在國民黨軍隊裡當過報務員，多多少少有些政治經驗，可不像我當年那樣天真無邪。那晚他倆同在黃螂鎮一家旅店住宿，謝邦瓊趁陪同者不在室內時，「借」用了他的白郎寧手槍對著自己的腦門開了一槍。謝邦瓊算是我朋友中第一個用自殺的方式換取個人尊嚴的好漢。

比起謝邦瓊，我算是地道的糊塗蟲，我當年絲毫沒想到組織上會對我有什麼「居心叵測」，更別說預感到某種危機正一步步向我逼近。直到通信團同時轉業的人先後亮相時，我才在對比中發現，同行者中大多是起義參軍的國民黨軍官，如趙國璧、梁秋。另外就是家庭背景有「紅疤黑記」的那一類。我隱隱感覺到這是一次政治清洗運動，但並沒有意識到有人正把我引向了一條通往懸崖之路。可聰明的謝邦瓊早早就意識到了，於是他用如此決絕的行動直接拒絕了在「被告席」上就座！

西南軍區直屬隊的轉業幹部集中到重慶市郊一個叫新橋（或叫石橋鋪）的地方。轉業幹部估計六百人左右，上司對我們宣佈說，轉業是為了支援地方社會主義建設。若干年後我終於知道，領導上做任何一件事（不論光彩不光彩），必然會借用一個神聖的名義，即使是我們極不情願，也無力抗拒的政治清洗亦是如此。

趙國璧和梁秋原來都是國民黨軍隊中某個通信團的軍官，動員他們起義時，他們收到信誓旦旦的許諾，起義後的軍階、待遇不變，與解放軍同級軍官一視同仁。在他們剛剛入伍的戰爭時期，解放軍通信技術人才奇缺，他們在生活待遇上也確實被「一視同仁」過。可隨著戰爭結束，新政權在全國站穩了腳跟以後，年年不斷的各種政治運動隨即鋪開。他們一同起義的人中，許多人先後以各種名義消失得無影無蹤。趙國璧和梁秋沒有從解放軍中「消失」的特殊原因，是因為趙國璧是我們團籃球隊的絕對主力，同時還是隊長，在大小運動會上，他為本團贏得過數不清的榮譽，且一直擔任著團俱樂部的體育幹事。至於梁秋，他的一手美術字也是各類宣傳招貼畫上必不可少的存在。

當年也有一些將級起義軍官留在軍內，來自起義部隊的下級軍官們私下裡曾如此奚落他們：「小事不用管，大事管不了。」對於他們真實的處境，這可真是十分貼切的寫照。實際上，他們只是一幅對敵宣傳的廣告，它對敵軍說：「起義過來吧，過來了還是當你的軍長師長」。當這些國軍將領起義「投誠」以後，這些廣告的使命便宣告終結。接下來便是轉業、復員，然後不知在哪件事情上你一不小心犯了錯誤，於是來一個「老賬新賬一起算」，最終勞改隊、監獄、甚至是刑場才是你真正的歸宿。別說趙國璧、梁秋、謝邦瓊這類初級軍官難逃魔爪，連我這個小小的列兵也在劫難逃。

一九五四年，我轉業到南充縣後，曾聽上面傳達過一個以中共中央十人小組的名義頒發的內部機密文件。估計軍隊早於地方，在一九五四年當年就已經貫徹落實了這個文件，我的轉業實際上就是落實這個文件的措施之一。該文件規定，國民黨區分部書記以上、三青團區隊長以上、舊軍隊中連級以上官員以及憲兵中的普通士兵一律劃為反革命分子。另外還規定，凡直系親屬在歷次運動中被殺的人（我平反後得知，在中共黨內有一個名詞把這類人群刻畫得入木三分：血仇分子），或者有海外關係的人，一律不准入黨、不得在要害部門工作……特別是有關血仇分子的條文，和我有直接的關係，我認為它是階級偏見的鐵證，順便也證實了「出身不由已，道路可選擇」的口號是一個徹頭徹尾的騙局。

我們這個剛成立的臨時單位名叫西南軍區直屬隊轉業大隊，每個成員所幹的事不外乎也就是聽報告和參與小組討論，中心內容都是支援地方建設的重要性。整天都是沒完沒了的老生常談，組織上要求我們轉業後要把部隊的光榮傳統帶到地方上去。

有一天，在聽大報告之前，有負責人宣佈了一個名單，通知大約二十多人在會後留下，其中也有我。留下的人集中在一間空房子裡，坐定後，負責人開始講話，大意是說，你們這些同志過去對黨是忠誠的，黨對你們是信任的，目前因形勢發展需要，你們將下到地方去支援地方建設。但我們畢竟是軍隊，軍隊有它的特殊性，保密性，我們為了對黨負責，在離開部隊之前，對全體同志的私人物品包括日記本、書藉進行一次澈底的清查，看有沒有同志一時疏忽帶走了機密文件或其他不應帶走的東西。

接受任務之後，我們就分成幾個小組，一分隊檢查二分隊，二分隊檢查三分隊，三分隊又檢查一分隊。我感覺參加檢查的人個個都十分認真，至少我自已是十分認真地在進行這項工作。結果只發現少數有幾位同志帶有印有機密或者內部讀物的書籍，似乎都不是機密等級很高的東西。

檢查結束後，我回到自已的床位，發現我的東西也被檢查得十分澈底，連私人日記也似乎被逐頁翻看過。因為作為要害工作者，我接觸的絕密文件肯定比一般人多，所以心想被檢查得仔細一些似乎也是有必要的。

但這件事使我產生了一種怪異的聯想：「在革別人命的時候，別人也在不知不覺中革著你的命」。

除此以外，這個轉業隊裡還有兩件事給我留下了印象：一件事是我們這個組有一位同志罵著髒話說，組織上決定讓他轉業是對他不信任的表現。在一次小組討論中，另外一位同志又喋喋不休地批評那位同志的說法。而我卻支持這位罵髒話的同志，竟然在這位喋喋不休的同志中止發言時，忍不住接了一句：「聽了你的發言，我簡直感到肉麻。」不知是誰把我這句「落伍」的話彙報了上去，第二天聽大報告時，作大報告的領導人對「肉麻」的說法進行了十分尖銳地批評。雖然他沒有點我的名，但我已十分後悔，並開始擔心他們會不會將這一「肉麻事件」裝入我的檔案袋，使之殆害我終生。

另一件事，是轉業隊組織我們看了一部名叫《幸福的生活》的蘇聯電影。當年我真以為蘇聯人個個吃喝玩樂，生活得像影片中那般幸福美好，為「蘇聯的今天就是我們的明天」這句膾炙人口的豪言壯語興奮不已。「戰友」們還把影片中男主人公瓦夏的名字作為綽號贈給了我，後來又把女主人公娜塔莎的名字給了一個名叫胡君的姑娘。一年以後，這位姑娘成了我的妻子，我和她用半個世紀的風霜雨雪，連袂演出了一部慘絕人寰的人生悲劇。

農村工作

一九五四年，我們一行三十多人，由一部軍用卡車從重慶拉到南充。南充是一座因誕生過某些名人而名聲顯赫的小城市：如第一任中華人民共和國副主席張瀾，又如解放軍總司令朱德、還有鄧小平（當時二位的家鄉儀隴和廣安都隸屬於南充專區），以及羅瑞卿大將……。

毫無疑問，這三十多個從軍隊裡「清洗」下來的幹部多多少少都帶著自己的汙點。但是在地方工作的幹部中，特別是年齡在三十歲以上又有點文化的中年人，他們在「舊社會」或多或少都有過一段社會經歷。想找出幾個既「身清如玉」，又與「異己分子」毫不搭界的幹部實在是難上加難。所以比較而言，我們這批軍轉幹部暫時還是可用的。

比方說日後成為我妻子的胡君，她的父親和我父親一樣也是解放後就被槍斃的，所以她自己也就成了文件中指認的血仇分子。我參軍時年僅十六歲，胡君十五歲，我們畢竟屬於「年幼無知」的人，只是不適於在「要害」部門工作。在轉業之前，胡君一直在西南軍區保育院工作，這一聽就是典型的「要害」部門。那裡面的孩子可以說無一不是高幹子弟，賀龍、鄧小平、王新廷的兒孫，都是在這一所保育院裡長大的。

剛去時，我們住在地委黨校那棟空蕩蕩的房子裡，除了偶爾上級會派有經驗的農村工作者前來介紹形勢情況以外，我們終日無所事事。只用了七、八天，我就趁這段空閒的時間和胡君確立了終身大事。

其中詳情，在我以前寫的那篇《恩恩愛愛與淒淒慘慘》中已經作了詳細介紹，在此不再贅述。

當年給幹部分配工作，強調的是服從組織安排，放棄個人利益。胡君被分配到南充專區人民醫院，我被分配到四川師範學院（當時尚未遷到成都）。因為我去的是一所大學，而且和胡君都留在南充市內，我倆對這樣的結果非常高興。不料第二天又突然接通知說，師院去不了了，我便想不通，獨自找到負責幹部分配的地委組織部，要求留在南充。我內心唯一的願望僅僅是不願和初戀情人胡君分開。

最終的結果是我被分配到了南充縣。南充縣它和南充市是兩個不同的行政單位，縣政府設在距南充市三十華里的龍門場，它的工作重心是管理農村事務。

和我一起分來的另一位轉業幹部名叫章尚義，貴州遵義市人，原在西南軍區司令部防空處工作。他個頭不高，年齡可能比我長一兩歲。如前所述，從部隊「清洗」到地方機關工作的人，肯定帶有某種「紅疤黑記」。在以後和他的交往中我得知，章尚義出身在一個基督教世家，因為宗教信仰及附帶產生出海外關係，他和我一樣被打入另冊。我至今記得他青梅竹馬的女朋友名叫甯美恩。我這個曾經就讀於教會中學的人，一眼便看出這個名字上那濃濃的宗教印記。

我和章尚義一同被分配到中共南充縣委辦公室，好幾次我們還分配到同一個工作組工作，於是我們成為朝夕相處的工作夥伴。這樣斷斷續續相處了一年左右，後來他又進一步被「貶」到了瀠溪區，我也進一步被「貶」到了民政科。此前雖然我和他從編制上看都是縣委辦公室的幹部，但事實上我們倆從來沒有坐在辦公室裡辦過一天公，甚至也沒有接過一次電話。縣委辦公室畢竟屬於要害部門，我和他與生俱來的出身背景，決定了我們再也不能染指要害部門的要害工作，也決定了我們一貶再貶的下場。

章尚義和我在性格上截然不同，我一貫風風火火（以後伴隨我二十多年的專用詞是「反動氣焰囂張」），而章尚義則相當低調。他從來不會對社會提出任何質疑，更不會有什麼異議。沉默寡言、逆來順受，都是他相對保守的性格所致，但這樣的姿態也相對安全。因此，當我在反右鬥爭中被鬥得死去活來時，他似乎還可以「蒙混過關」。事後他曾悄悄告訴我，曾經有人叫他檢舉我，他說我從沒有和他說過任何反動言論，這應該是實事求是的說法。如果他想要故意掙一番表現，像那些積極與我接近的某些傻瓜一樣，添油加醋地揭出一籮筐我的反動言論，領導自會聯想，為什麼張先癡會找你這樣的知音？或者想到，面對張先癡的誇誇其談，難道你會一言不發？你不是右派也是和右派同一個鼻孔出氣的人。倘若章尚義這麼做的話，再加上他那海外關係的家庭背景，把他打成貨真價實的右派實在是太容易了。

章尚義在與人為善的宗教薰陶中長大成人，他心地善良，為人忠厚。但他不幸和我生在同樣一個時代，我替他感到十分惋惜。

二十多年後，我偶然間得知，大約是在一九六四年，他終於如願與青梅竹馬的女朋友成婚，也如願調回了他的家鄉貴州遵義。不過我始終覺得，只要他在這片國土上，「文化大革命」必然是他們這對夫妻難以翻越的火焰山。因為他們的家庭，因為他們的宗教信仰，還因為他是一個好人，而且是一個不容易變壞的好人——一位虔誠的基督徒。所有這些珍貴的特質決定了他將要在內心承受比普通人多得多的痛苦。

各種各樣的工作組

我曾經在合川縣和敘永縣搞過兩期土改，農村工作對我也並不陌生。在縣委辦公室，我總是接二連三地奉命在區、鄉、村之間深入基層開展調查研究工作。對此我並無反感，唯一反感的是一到每年春種秋收的大農忙季節，縣委就會下發文件佈置工作，召開三級幹部（縣、區、鄉）擴大會議。領導幹部在會議上作的報告簡直堪稱荒唐，下達的要求具體到幾月幾日開始犁田耙田，幾月幾日開始栽秧。我認為有點如民諺所說，「狗咬耗子多管閒事」。農民世世代代在地裡耕作，千百年來沒人下達春耕生產的文件、也沒什麼領導來開大會、作報告，向你指示最適合收割的具體時間點，但農民不是照樣犁田、耙田、栽秧子嗎？這些毫無必要的會議，這類多此一舉的文件，歸根結底似乎也只是為了向世人證明，這一切都是黨在指揮，黨在領導而已。表面上看來這是工作，實質上是一種權力的炫耀，但這種想法我不敢向任何人說。

下鄉的主要任務就是去參與各種類型的工作組，最常見的就是在不同時期裡貫徹中心工作的工作組。所謂「中心工作」，其實是一個大類，下面又有很多具體的事宜需要不同的工作組去實施。典型如春種秋收時，縣級機關各部門的幹部就會傾巢出動，分配到各鄉各村去指導農民勞作，說白了就是到鄉下去「拖天混日」。畢竟幹部在農民面前絕對是外行，有什麼可以指導的呢？其次是搞各種各樣社會調查的工作組，工作內容就是所謂的「解剖麻雀」。本質上也是下鄉裝裝樣子，其實把它們稱為作秀工作組也並不為過。

我第一次下鄉參與的中心工作便是統購統銷，地點在西興區木老鄉二村。二村的村公所院子裡住著一戶名叫安少棠的貧農，我平時就在他家裡搭夥食。這位四十歲左右的淳樸漢子有一妻一女，耕耘著土地改革分給他的少量田地，平靜地過著自給自足的生活。當地農民還享受著土地改革的餘溫，對上面派下來的工作同志十分友善。他妻子給我煮麵條時，常常在碗底埋一大片老臘肉，按當地習俗，這就是優待貴客的規格。

我當時根本不懂糧棉統購統銷這項嶄新的政策，鐵了心地認為共產黨只會為農民辦好事。會上會下，我開口閉口都在照本宣科地宣講那些政策條文。我既然住在安少棠家裡，也少不了動員他多賣點糧給國家。兩年後，我有次下鄉到太平區去，要路過木老鄉邊的一條大路（當年所謂的大路就是石板路）。這條路上有些木老鄉的農民在抬滑竿，其中有人認識我，他們用開玩笑的口吻告訴我，說安少棠在背後罵我。我聽後十分吃驚，因為我自信不會對人做虧心事。細問之下，原來安少棠說我動員他把餘糧賣得太多，影響了他日後的生活。也許事實真是如此，我相信為人老實的安少棠不會說假話，但我也肯定自己絕不會故意傷害一個善良的人。這時我開始想到，未必是這項政策本身就有問題——這時距離即將發動的反右派鬥爭只剩大約一年左右的時間了。

我們經常下鄉搞所謂的社會調查，收集各階層農民對各種政策的反映。這種工作組往往由一位縣委委員（一般是縣委某個部的部長或者縣長書記）帶隊，一行十多個從縣級機關各部門抽調來的幹部，都是些經常下鄉的熟面孔。大家一路浩浩蕩蕩嘻嘻哈哈，我已經十分習慣於這種表面上熱鬧，實際上卻十分空虛的生活。

日久天長，我身上發生了以下兩個變化：

其一是在工作組中逐步展示出我的寫作才能，我有時也給《南充報》投點小稿，後來甚至給一些期刊投稿。這些雕蟲小技被領導察覺到後，他們開始安排我在各式各樣的工作裡負責寫總結報告，其工作流程大體是這樣的：工作組成員白天分赴農民所在田野或家中，帶著這次下鄉的調查目的去找農民們攀談，從他們原汁原味的回答中去提取出在我們看來具有代表性的言語，三五日後，工作組成員們重新聚攏，一一向領隊委員彙報情況，負責寫材料的我便作詳細記錄備用。

這種工作類似秘書，在工作組內，除那位領隊的委員以外，我的工作就算第一等重要。這個工作離不開一種「悟性」，這裡所稱的「悟性」，實際就是「善於領會領導意圖」的意思。記得有一次，省上下達文件，為配合糧食統購統銷，推行「三定政策」。即按每家農戶的田土和勞力情況，定出該農戶糧食產、購、銷的標準，省上宣稱這個標準可以執行多年而不會變動（可笑的是，這個標準第二年就更改了）。我們一行數十人，由一位副縣長帶隊去到新民區羅家鄉「解剖麻雀」，實際工作就是廣泛收集農村各階層對這個新的「三定政策」的回饋意見。

這裡就凸顯了「悟性」的重要，寫材料的人心裡必須有一個底，就是不論黨的什麼政策貫徹下去，貧農肯定積極擁護，中農肯定觀望猶豫，地主富農則肯定會反對甚至破壞。立下了這個先入為主的基調，才能從眾同志走家串戶所收集的各階層農民的反映中，按他們的階級成份去「對號入座」，提取出有用的材料。有時發現彙報上來的材料中，一句來自地主富農的反對攻擊言論都找不出來，還得派人再去重新交談一番，從他口裡套出點合乎他那個階級特性的話語。這大概就是所謂的階級路線，也是我那兩三年農村工作的主題。

有一個小插曲不得不寫上幾句。那時我已開始投稿，能掙點稿費，工資也由過去的供給制改為薪金制。我雖然已經結婚，但那年頭家用電器還沒走進人們的日常生活，掙來的錢也不用負擔什麼大筆的開支。我的經濟條件十分優裕，花錢的手筆也堪稱「二少爺」作風不改。抽的煙動輒是大前門、中華等名牌，比帶隊的領導還闊綽。因此他們常常找我要煙抽，也喜歡帶上我。久而久之，幾位領導竟形成習慣，他們都是縣長部長，找下屬要煙畢竟有礙觀瞻，所以通常的做法是先以眼神與我「接洽」，緊接著伸出兩根夾煙的指頭輕輕晃動兩三下。這個肢體語言的意思是：指頭間需要夾支煙，但它還空著，你看著辦吧！

使我難以忘卻的是，一九五六年底，我和縣委辦公室主任文從周一起下到東觀區火光公社駐社，他只是掛名而已，實際上很少住在社裡。我通過與農民的交談中得知，他們辛辛苦苦餵一茬豬，有時還要面臨虧本的局面，唯一賺得的僅僅是一攤豬屎豬尿，潑到地裡用作施肥。我調查掌握了這些基本資料以後，以工作組長的名義給縣委寫了一份題為《農民餵豬要折本》的報告。這是我在南充期間唯一一份獨立完成的報告，報告交文從周看後帶回了縣上。幾天後，文從周告訴我說：「黃書記（當時的縣委書記）非常滿意，他說他最需要的就是這些有理有據的報告。」他的高興溢於言表，而我的高興則藏在心頭。

沒想到的是，在幾個月後開展的整風運動中，這份報告竟然成為我「攻擊黨的農村政策」的證據。更奇特的是，我竟然還被誣衊「盜用了文從周的名字」。中共翻手為雲覆手為雨的「變臉」術真讓我始料不及。

杜鹿蘋其人

不久，我從縣委辦公室再度被貶到了縣人民政府民政科。這個科室主要負責的工作是優撫烈軍屬、安置復員軍人和參與社會救濟，偶爾也處理些人民來信。兩名副科長加上包括我在內的五名科員，總共七個人中有三名共產黨員，還有三名白丁群眾和我這唯一的共青團員。反右運動開始後，還可以用另外一種辦法來統計民政科的全體同僚，即兩名右派分子和一名內控右派，以及四名靠得住的同志。巧合的是，這四名平安度過反右運動的同志日後陸續按自然規律壽終正寢，反而是這兩個右派分子和一個內控右派活到了最後。這個內控右派就是我非常敬重的老領導杜鹿蘋。

杜鹿蘋是南充三會鄉人，原名杜學道，一九四八年參加地下黨，中學文化。此前他曾在重慶正陽學院當過短期校役（彷彿是收發室的收發員），在風起雲湧的學生運動中，他接受到一些民主思想的影響。後來他回到南充，在家鄉參加了地下黨。

中共建政後，他進入政府工作，在民政科擔任副科長，成為我的領導。另一位副科長名叫王佑誠，當時他已年近五旬，曾經在舊政府裡當過辦事員之類的低級工作人員。如果不是他圓滑而又謹小慎微的處事態度，加上前述「低級」二字發揮作用，這位王副科長也絕不可能在肅反反右之類的政治鬥爭中安全存活。相反，自恃為領導核心的共產黨員杜副科長卻對當時官場中獨斷專行的現象偶有微詞，在我面前亦有發洩。只憑這一點，他就足夠被打成內控右派了。

反右鬥爭基本結束以後，我們這群右派分子即將下到農村勞動的前夕，杜副科長以地下黨祕密工作的方式，在一個月黑風高之夜邀約我去南充城郊的一個「陰暗的角落」，在那裡他向我暢快淋漓地陳述了一番他對我的同情和理解。別小看這次簡單的約見和親密的交談，在那個人人自危，恐怖四伏的政治運動期間，他可是冒著可能被開除黨藉的風險來安慰我的。

而在反右運動鬥爭的高潮中，每每我站在會場中間被批鬥得痛不欲生眼淚長淌的時候，只要我抬頭掃視一下四周，就能看到圍坐在地板上的同志們那幾十張因憤怒仇恨而扭曲的面孔。人群中唯有杜科長是一個例外，他總是強忍著淚水坐在那裡，咬緊牙關，一言不發，似乎正與我同時經歷著痛苦。要知道在那些唾沫四濺，鬥志昂揚的群眾中，任何一個參與者就算強忍住不被排山倒海的鬥爭情緒所帶動，也最好在姿態上要「表演」出迎合眾人的樣子。杜副科長這樣的表現不僅難能可貴，而且是帶有一定危險的。

我還記得，在反右運動展開之前，有一次他私下裡拿了一張很小的照片給我看，那是一張毛澤東和江青在一起的生活照。照片上二人並肩站在一棵棕樹旁邊，江青還抱著個一歲多的小孩（估計是孩提時代的李納）。杜科長告訴我，這張照片屬於機密，部隊裡營級以上的幹部可以保存一張。接著他又很神祕地對我說，毛澤東在延安和江青結婚時，政治局根本不同意，毛澤東說：「我是主席，我批准。」但這些傳聞絲毫沒有影響我當年對毛澤東的敬仰之心。

杜副科長曾經很隱晦地暗示我，一九五五年內部肅反時，我的檔案「外調」是由他去辦的。所謂外調，是指按照中央統一規定，各縣縣委均成立「五人小組辦公室」，安排下屬各單位的黨員到外地去走訪查證本單位人員的個人歷史和家庭背景，進而作出「歷史結論」，並經本人簽字確認。在此之前，杜鹿蘋自己也曾接受過黨組織長達兩三年的審查。事實上，中共建政之後，像杜鹿蘋這樣來自農村的前地下黨員無一不是被組織重點懷疑的對象。當年他加入地下黨的儀式相對簡陋，僅僅是在鄉間的田野上發誓賭咒一番，沒有嚴格遵從黨章的要求在黨旗下握拳宣誓。審查結論中這竟然成為他的「汙點」，為此還重新走了一遍宣誓的流程才算過關。

一九八〇年我平反回到南充，最後被安排在南充市文聯工作。杜科長當然先於我落實了政策，享受著離休幹部的待遇，回到了三會鄉的老家。這是因為他生性孤傲，看不慣機關裡那些吹吹拍拍拉拉扯扯的虛假作風，而四九年以後翻來覆去的整人運動也早已傷透了他的心，於是他放棄了留在機關裡還能撿到許多便宜的機會，自願回到農村去享受他渴望已久的平靜生活。

然而，杜科長的性格決定了他永遠也得不到這份平靜。因為他最見不得就是社會的不公正。上世紀八〇年代以後，農村基層幹部多吃多占胡亂攤派，鄉下惡霸坑害農民的現象使杜科長義憤填膺。他同情那些老實巴交而又逆來順受的農民，常常為這些受委屈的農民奔走呼號。每年都有幾次，他或者因為上訪，或者因為打官司的事來到南充市里，每次來時少不了在我這位老下屬面前慷慨激昂地「糞土當年萬戶侯」。他知道我是絕對會支援他的！

他記得我年輕時愛吃皮蛋，而他的家鄉盛產鴨蛋，所以他常常叫他的妻子做好以後進城給我帶來。有一次他甚至不辭勞苦地親自背著他妻子製作的一百多枚皮蛋來到我家裡，讓我深受感動。

上世紀五十年代末，我在回顧往事時，總是會發出這樣一個感慨：「一個將人性置於黨性之上的共產黨人，他肯定會蒙受巨大的精神折磨，大人物如彭德懷，小人物如杜鹿蘋。」

願他的靈魂在天堂裡安息！

永遠的肖大哥

民政科總共有七個職員，七人中就有兩人被劃為右派，也就是我和肖遠耀。論年齡，肖遠耀幾乎比我大二十歲，從那時起直到他去世，肖遠耀都算得上是在我一生中對我影響最大的長兄。

肖大哥出身自一個地道的成都本地世家。上世紀二十年代，他就讀於成都市建國中學。肖遠耀的兩個胞弟在那時去了延安，一個叫肖遠動，日後成為北京市委機關刊物《前線》雜誌的主編。一個叫肖遠烈，當上了哈爾濱航空學校的政委（有可能這兩個名字記憶上有誤）。因為肖大哥在家裡排行老大，寡居的母親需要照料，他便沒有和兩個弟弟一起去延安。也正因為如此，一九四九年以後，肖大哥的人生路徑也就和兩個弟弟大不相同了。

肖大哥的妻子名叫謝增德，是一名小學代課教師。肖大哥在下鄉工作時與其妻相識，那時他已是三十多歲的單身漢了。當年組織上對他們的婚姻干涉頗多，曾一度動員謝增德不要嫁給肖大哥，說這個人在歷史上有嚴重的問題，但謝增德堅持要嫁給他，於是黨組織乾脆卸掉了她的臨時教師職務。結婚以後，他們接二連三地生了好幾個孩子，但全家人僅靠肖大哥一人三十多塊錢的月收入維持生活。後來妻子帶著孩子住在成都的肖大哥母親家中，也順便照料母親。肖大哥的收入對於負擔家庭開支非常困難，所以常常找我借一點錢周濟一下。我當時對他的處境瞭若指掌，借錢給他，以我倆的關係，他還不還錢我都無所謂。但他每次都堅決地還清每一筆從我這裡借去的錢，還特別叮囑說：「你不要我還錢，就是在侮辱我。」

因為青年時代的肖大哥一直閉門讀書，讀成了一個缺乏體育鍛鍊的文弱書生。所以被打成右派後，在勞教隊裡他的身體狀況尤為孱弱，只能給他安排些最輕的勞動。比如在我們修隧道時，他就拿著刷子洗刷預備安砌的一塊塊拱石上的泥土，以便拱石能附著在水泥上。被安排的勞動強度低了，糧食供應標準也就隨之降到最低的檔次。但哪怕是這樣，他也吃不完自己的那份定量，把省下來的糧票分給我。特別要說的是，肖大哥的人品極為正派，但在勞教隊裡還是擺脫不了打小報告的宿命。一九六〇年他作為老弱病殘被調入鉛鋅礦繼續勞教，我倆隨即分開。後來聽從鉛鋅礦回來的難友說，肖大哥去了鉛鋅礦之後成了一個專門打小報告的「屁兒蟲」。但以我對他的瞭解，他做事向來很有分寸，即便是打小報告，也絕不會打那種動輒致人於死地的小報告。估計也就是些不痛不癢的瑣事，報上去忽悠下幹部，算是交差。我深知他的苦衷，他這樣做，我也非常同情。三個幼兒在家，妻子沒有工作，和我在一起的時候，他那種近乎病態的節儉讓我深深地感到震驚。每一口飯，每一張郵票，他都要盡力省下來。身上的衣服早就襤褸不堪，但縫縫補補照舊湊合著穿，省下來的錢當然全部寄回家裡。不過所幸妻子後來在南充石油隊裡找到一份體力活幹，等到肖大哥出獄的時候，妻子的工資也還過得去，無奈家裡孩子太多，一家人生活仍然是拮据的。

在勞教隊裡，可憐蟲不在少數，肖大哥絕對一看就是那個最老實巴交的可憐蟲。再加上自己的「假積極」在幹部那兒賺了點好印象，最終竟然如願以償提前獲釋回家，出獄以後，肖大哥他在河邊的挖沙船上打零工，清點沙石的數量，掙一點微薄的工資。直到右派的身分得到改正之後，他才恢復工作，回到南充。但他早已厭倦了政府機關中隨處可見的爾虞我詐，便不願再去民政局，而是去了南充市吉慶巷中學，在那裡終此一生成為了一名英語教師。他曾私下對我說，只有和那些孩子們在一起，心情才最輕鬆。

我平反出獄後，肖大哥兩夫婦很為我的個人問題著急，東挑西選，為我找來一個他們鄰居家的老姑娘。我們很快成婚，但又很快離婚，個中細節，在這裡就不詳敘了。

退休之後，肖大哥竟然養成了酗酒的習性，這讓滴酒不沾的我非常為難。平日裡的肖大哥是一個十分小心謹慎的人，但三杯酒下肚後，馬上氣壯如牛，聲調抬高八度，肢體語言也誇張到極點，又是拍桌子，又是揮拳頭，大有一副指點江山的神氣。酒後的他竟然會和我熟悉的那個肖遠耀產生這麼大的反差，對我來說實在難以接受，每次看到他酒後的窘態，我內心十分痛苦，昔日的老朋友也就逐漸疏遠。待我調到成都工作後，我倆便更加疏遠，他還在世的時候只有兩次來過我成都的家中，共敘舊情。

大概是二〇〇九年左右，他平靜地離去。我從成都專程去南充與他家人在西山坡上的公墓群安放他的骨灰。那是一個淒風苦雨的陰天，看到自己曾經朝夕相處的老朋友，曾經那般鮮活的生命，到頭來只變成了一個小木盒，心裡的傷痛難以言說。來到墓前送他最後一程的只有我和他的妻子以及小兒子肖詩禮三人。對著他的墓碑，我深深地三鞠躬，眼淚止不住地往下流。從此永別了我永遠的肖大哥！

勞教之前右派之後

大約是一九五七年十月左右，南充縣的反右運動已基本完成。被劃為右派的人雖然還沒有正式的「組織結論」予以定性，但他們已經離開機關，且集中在一起，每天被送到南充縣郊附近的鄉村從事挖溝渠，修堰塘之類的臨時勞動。不久，縣委決定將這一批人召集到南充縣興隆場附近的金城山去開荒種地。這其中大多是右派分子，內控右派（即情節輕微，由內部先予控制，不當眾宣佈其右派身分）和一些有歷史問題的人。另外還有些偷摸扒騙奸的壞分子。總之，八九十個男男女女被送往金城山上一座龐大空曠的廟宇裡安頓下來。我每天的任務是和一個來自兵役局的右派張恒一起下山到興隆場去，在常樂區糧站領出糧油，或在興隆場的市場上購買菜蔬或日用品。這些物品通常當天即須用籮筐挑回山上，因為它是這批開荒者日常勞作的供給。剛開始時，我只擔得起五十斤的重量，往後每日，肩上的負重能力也逐日增長，到後來七十多斤的分量也不在話下。

有一天，記不起是什麼原因，我和一同下山的張恒無法當日返回山上，便在長樂區糧站裡借宿一晚。安排給我的宿舍旁有一張老舊的辦公桌，鎖著的抽屜邊緣張開了很寬的縫隙，露出許多花花綠綠的糧秣票證（秣即騾馬的飼料，當年多以騾馬為運輸工具）。見到此景的我大喜過望，伸出手指用力夾出裡面那些面額極高的全國糧票，估計總共有一百多斤，得手之後我將它們藏匿在自己的衣兜裡。

在送去開荒的人群中，有一位年齡五十開外的國民黨留用人員，是一位對我非常友善的老先生。我倆的地鋪相互挨著，晚上睡覺時他經常在我耳邊說悄悄話。老先生當年只不過是農業局裡的普通幹事，但卻因歷史問題被不明就裡地限制自由，遭到長達數年的反復審查，乃至於他的妻子兒女都已和他劃清界線。有一天他一定要把自己的一件華達呢上衣贈送給我，我知道這件上衣使用的是在當時堪稱稀世珍品的高級毛料，推辭了一番但還是沒能拗過他的好意，他說這是我結婚時收下的禮物，看到它難免觸景生情，送給你我會舒服點。誰知道，收下華達呢上衣的第二天，老先生就一個人走進樹林，在一棵黃桷樹上上吊身亡。

一九五八年的三月二十五日清晨，上面突然宣佈，命令我和肖遠耀立即返回政府機關。我與肖大哥之前都是民政科的科員，可說是無話不談的知心朋友。接到命令後我倆立即動身，和兩個神神祕祕的押送人員一起搭上一部路過的貨車，回到了南充縣政府的駐地，並隨即入住民政科的宿舍。肖遠耀早在一九三九年即加入共產黨，在民主運動中被定性為叛徒，但因為他在審查中對自己的歷史問題作出了清楚的交代，所以並未追究，仍留在機關工作。肖遠耀畢竟是個老黨員，對中共的潛規則瞭若指掌，行前他便悄悄對我說，可能我們這一次被押回去，就是因為組織上要處理我倆。對此我深信不疑，覺得此番劫數難逃，當夜即偷偷溜出了宿舍，步行回到距離此處不到一公里的家中。這是我和胡君結婚後，公家分配給我們的房子。至今我仍清楚地記得，我在家中曾對她說過這麼一句話，我這一生當過公子哥兒，也當過兵，也吃過很多苦頭，唯一沒有經歷過的就是我還從來沒有坐過牢。當我說出這句話的時候，妻子趕緊伸手捂住我的嘴，不忍心聽我把更可怕的後果說下去。

和妻子道別之後，我從家裡出來，到街上買了一小瓶白酒，一路邊往回走邊往嘴裡灌，一進宿舍的房門，我便一頭栽倒在床上，昏昏沉沉地睡了去。

在第二天清早上班的時間，我們又接到通知，要全體人員在大禮堂裡開大會。顯然，這就是昨天下山前肖大哥預計到的後果，我們即將在被告席上接受反右運動的最後定論。進入會場後，我很吃驚地發現，與平時開會不同的是，主席臺前的十排座位上竟然坐滿了荷槍實彈的士兵，我們和縣政府的幹部一律坐在後排。剛坐下一會兒，就聽到擴音器裡傳來領導刺耳的吆喝，先是幾句簡要的開場白，說這次反右運動已經取得了巨大的勝利，揪出了不少壞人。突然話鋒一轉，大聲宣佈：「今天，我們就要對這些壞人實行專政！」說完這句話，臺上的領導立刻拿出名單開始宣讀，第一個是辦公室裡一位名叫范裕經的長者（他是當年因演唱《川江號子》而紅遍全國的著名歌唱家范裕綸的胞兄），宣讀完他的名字之後，又簡要概括了他的「反革命罪行」，隨即當場宣佈逮捕。這句話剛一落音，前排座位裡就閃出兩個士兵衝到他跟前，動作麻利地將他五花大綁押出了會場。第二個是農業科的科員、被認定犯有「詐騙罪」的任孝輝，宣讀完畢後也如法炮製押出會場。第三個就是我。

若干年後我早已忘記他們所指控的罪行內容都是些什麼，但我至今記得最後一句話是這麼說的：「開除革命陣營，送交法院法辦！」先前逮捕的兩個人都是從會場左邊的側門拖出去的，而我被綁起來後，則是從右邊的側門拖出去的。跨出門去，眼前便是兩個法警拿著手銬候在那裡。在給我的雙手上銬子的時候，我聽見禮堂裡的擴音器中念出了肖遠耀三個字。他也立刻被帶到我身邊來，戴上手銬，我和他被兩個法警押往距離大禮堂不到一公里處的南充縣人民法院。

在我聽到「開除革命陣營」被押出來時，我還邊走邊想，革命陣營是全世界革命者的統一稱號，如果真有這麼一個陣營，那應該是個成員遍及全世界的龐大組織。可是你這麼個南充縣的區區小法院，怎麼能代表它來開除我這個微不足道的小角色呢？不過我知道，此時此刻帶著手銬的我已失去了講理伸冤的資格。到達法院門口後，法警令我倆蹲在審判庭門前的階梯上。雖然經過昨晚的聊天後我倆已經有了些思想準備，但面對眼前突如其來的場景，我仍然百感交集。我順手從地上拾起一小塊瓦片，在臺階邊刻出「慘絕人寰」四個字，肖遠耀看了，默默地向我點了點頭。

宣佈開庭後，檢察官直接宣讀起訴書，緊接著審判員（他曾和我同在共青團小組裡一起過組織生活）一本正經地宣讀了判決書，判處我「管制五年，送勞動教養」。走出法庭後，肖遠耀接著被押了進去，他收到了一張和我「刑期刑種」都一模一樣的判決書。經過這一連串程序，我們又被押回縣政府，在監視之下取走辦公室和宿舍裡的私人物品。

摟著這些雜物，我和肖遠耀來到後院地壩，單位裡管人事的許幹事命令我們收拾些必要的衣物和生活用品隨身帶走，剩下的如書籍、文具等雜物便棄置在一旁。令我驚異的是，這裡已經聚集了很多充滿好奇心的圍觀者，人群中我看到肖遠耀妻子的身影，她一手抱著女兒，一手牽著小兒子，眼睛都哭腫了。我想起她家裡還有一個更小的嬰兒，這些嗷嗷待哺的子女全靠肖遠耀一人的工資收入過活，而他眼下突遭如此決絕的劫難，一家人往後的日子怎麼過呀！

我急中生智，把那件珍貴華達呢上衣遞給她，在那件衣服的內兜裡，我還藏有總計面額一百多斤的全國糧票。我故作鎮靜地對她說：「嫂子，衣服你可以拿去拆了做幾雙布鞋補貼家用。」（在五〇年代，這種華達呢面料做成的手工布鞋絕對是市面上的搶手貨）但偷來的糧票我卻隻字未提，那畢竟不是一個磊落的行為。

二十多年後，我改正出獄，嫂子帶著一個小夥子來辦公室見我，她指著我對身邊的小夥子說：「快叫張叔叔，當年就是他的糧票救活了你。」這個小夥子便是他們的兒子肖詩禮。

嫂子離開後，我發現散落在地上的一堆衣物中，有一本我的《避孕手冊》，那是一本在當時非常流行的「科普讀物」。我向來反感一貫對我不懷好意的人事科許幹事，於是撿起這本《避孕手冊》，故意嘲弄他說：「這本書對我已經沒什麼用處了，送給你留個紀念吧。」眾目睽睽下的這句話把許幹事搞得十分尷尬，也算是我離開南充之前幹的最後一樁惡作劇。

正式進入勞教行列

收拾完個人物品，我和肖大哥被人事科的幹部押往南充專區招待所。在一間很大的房間裡面，我們見到大約三四十個已經被判決送勞動教養的倒楣鬼，年齡幾乎都在三十歲上下，或躺或坐待在自己的單人床上，個個垂頭喪氣。

我和肖遠耀提著各自的家當站在走道裡發呆，突然間我在人群中看到一個和我相當要好的老同事，他也站在這群倒楣鬼旁邊。老同事名叫張貴亮，是原南充專區檢察院的專職幹部。大約半年以前，我和他一起編入長樂區的農村情況調查組，我和他在一起嘻嘻哈哈地生活了好幾個月，相處十分融洽。但經過這一次反右鬥爭之後，大家都心知肚明各自的身份已不可同日而語，但又絕不會「翻臉不認人」。我看到他的同時，他也看到了我。可能他早就知道我即將到來，因為他作為這裡的負責人肯定提前看過名單，但眼下只能裝作不認識我的樣子。在與我眼神對上的那一瞬間，他朝開水桶努了努下巴，意思是叫我喝水，順帶打個招呼，我也用眼神作答。這時我想到，我應該儘快想辦法把這突如其來的變故告訴妻子。最好的辦法就是通過我這位老同事向我的原單位南充縣政府轉達一個訴請，就說我還沒有棉被，妻子得到消息後自會知曉我的去處。想到這裡，我不由地暗自慶倖，在這孤立無援的境地中還有這樣一位可以囑託的老朋友，如果不是他在這裡執行管制任務，我還不知道該去央求誰來替我送口信。於是我便以打報告的名義故作正經地向他提出這個要求，顯然張兄內心對我的遭遇抱有很大的同情，他不聲不響地應允下來，立刻就著手去辦。大概一個小時後，一床正拆洗的被子出現在我床上，那夜我就在這床被子上入睡。

因為被子是從家裡送來的，那時我妻子還在哺乳期，所以被子上有一股濃鬱的乳香味。一聞到這氣味，我便想起了家裡的妻兒，禁不住淚流滿面。這床被子我也一直捨不得洗，直到數月以後，我身上的汗臭味澈底掩蓋了那絲讓我念念不忘的妻兒留下的香氣為止。

第二天清晨，在管理人員的吆喝聲中，我們排隊登上一輛客車。那時客車內部的陳設和現在的大巴很不一樣，沒有織物材質的座椅，只有排滿的一列列小板凳，大家就坐在這些四隻腳的小板凳上。考慮到一車的「乘客」都是階級敵人，所以還給了一點特別的「關照」：一個面無表情的解放軍士兵端著衝鋒槍站在車頭緊盯著我們的一舉一動。

那年頭路況很不好，從南充坐汽車到成都需要兩天時間。我們第二天才到達成都轉運站，轉運站其位址距離母親在新南門的家非常近，母親和弟妹們還分幾次專門來看望我。那時我的親人們根本沒有意識到勞教的歲月將是何等的漫長而沉重。看望我時，他們常常安慰我說，勞教也就幾個月，忍一忍就過去了。犯這種幼稚病的還遠不止自己的家人，甚至連管理我們的幹部剛開始時大多都和顏悅色，不像日後那般兇狠，我們這些勞教分子當時還可以親切地稱呼他們為「同志」。但在成都轉運站逗留期間，形勢就已漸漸嚴峻起來，隊裡還專門召開了大會，正式宣佈勞教分子之間不得相互稱呼「同志」，只可稱「同學」。對管理人員的稱呼也必須統一為「幹事」，嚴格規定的稱呼終於配得上日益明朗的「敵我關係」了。

真正令人吃驚的變化是，開過大會之後，我們上廁所必須三人同行，且事前須向守在高處監督我們一舉一動的士兵高喊「報告」，方可獲許入廁。在成都的轉運站裡，我們實際上一直在等待全省各地送往勞教的右派在此陸續集結，然後再陸續分批送往勞教地點。雖說是集結，但管理人員是不會讓我們閑著的，每天早晚，我們都要集中學習勞教隊的紀律制度，檢討認罪也是必不可少的日常功課。最過分的是，在學習和認罪之前，我們還被命令列隊唱歌。經常唱的一首歌是《社會主義好》，歌詞中的那一句「右派分子想反也反不了」帶有明顯奚落我們這些倒楣鬼的意味。久而久之，我們唱的次數太多，也就對這句歌詞習以為常，臉皮厚到可以心無芥蒂地昂首高唱出來，頗有點不以為恥，反以為榮的味道。有意思的是，二十年後右派得到改正，這一首紅遍全國的政治歌曲也隨之把歌詞改成了「反動派們想反也反不了」。

大約二十天過後，轉運站門口來了十多輛大卡車。我們排著隊依次登車，每一部卡車的首尾兩端各有一名手持衝鋒槍的解放軍士兵虎視眈眈地監視著我們。我們乘車穿過成都市的幾條主要幹道去往火車站，沿街的市民都用惶恐的神色打量著我們這批政治運動的落網者。雖然行人中並沒有誰發出高聲的喧嘩，但我想他們內心應該明白，這一車一車戴著眼鏡，文質彬彬的傢伙肯定是反右運動中遭殃的知識份子。

火車把我們拉到地處自貢市郊外的涼水井，在那裡有另外一座轉運站。我們在這裡停留，仍舊繼續等待勞教分子的集結，仍舊是每日必不可少的學習討論、認罪檢討，中間還發生了一個特別可笑的小插曲。

隊伍中有一個矮個子的鄉下小學教師，在接受管理幹部訊問罪行的時候，他誇口胡說什麼自己曾經接受了蘇聯大使館幾千盧布的活動經費，用以從事間諜活動。這麼嚴重的罪行在幹部聽來實在有點匪夷所思，索性又去查閱了一遍這個矮個子的判決書。不料判決書上明明白白地也寫著，他的確是因間諜罪被捕，接受了蘇聯人幾千盧布的傭金等等內容。甚至在鬥爭會上，這個矮個子教師仍死不改口，堅持聲稱自己確實是個童叟無欺的蘇聯間諜。但可笑的地方就在於，不管是我還是勞教隊裡的幹部，我們都心知肚明，在他生活的那個偏僻的山坳裡（具體是哪裡我想不起來了），真不可能會有蘇聯人出沒。況且，我們也不知道在那窮鄉僻壤裡能有什麼國家機密可供他打探。他在鬥爭會上那一副斬釘截鐵的陳詞，讓我們在台下的人聽得隱隱發笑，因為大家都知道他是在故意瞎掰。

這位矮個子教師的結局也令人捧腹，鬥爭結束後不久，當局便將他送回原籍，從此他便離開了勞教隊。我始終有一種感覺，這個看起來神經兮兮的矮個子教師，骨子裡可能是一個城府極深，極其善於偽裝的聰明人。深諳鬥爭路數的他知道，與其反省交代完後被別人扣上帽了，不如自己先給自己扣一頂碩大無比的帽子，這樣做反而可能讓勞教隊的幹部無所適從，自己的遭遇也許會因此迎來轉機。

在政治鬥爭中，幾乎所有「觸及靈魂」的反省與痛徹心扉的悔過都帶有或多或少的表演成分。毫無疑問，這位矮個子右派教師奉獻出了我所目睹過的最不按常理出牌的「表演」。至於他離開勞教隊之後的吉凶禍福，我也就不得而知了。

一言難盡的勞教隊

我在以往所寫的回憶文字中，不止一次地提到肖遠耀，並尊稱他為肖大哥。作為同甘共苦的朋友和兄長，他對我的確十分重要。

我和他一同在民政科工作，隨後又在同一場政治風暴中遭遇滅頂之災，且在同一個法庭接到相同的判決，然後我們乘同一輛汽車被押往設立在成都城南位置的勞教轉運站，又一同學習勞教隊的紀律制度。在轉運站，我倆被編入同一個中隊同一個班，然後由同一支衝鋒槍押上火車去到了自貢市那個名叫涼水井的地方。在這裡，我們每天固定一起唱三遍「流行歌曲」《社會主義好》（因為每天吃三頓飯，飯前必唱一遍）。

勞教單位的正式名稱叫四川省公安廳築路二支隊二〇一中隊。這個中隊不同於其他中隊，是一個管制中隊，即全隊的勞教分子都是被判處了管制的。被判處管制與沒有被判處管制的勞教分子唯一的區別是：前者被剝奪了選舉權，後者仍保有選舉權。

在中國，選舉權只有象徵意義，沒有實質意義。原因很簡單，領導早已替選民們、安排好了候選人，選民不過是用自己的所謂「權利」去實現領導的意圖而已。大約是在一九五八年八九月間，位於雲南省鹽津縣黃桷槽的兩座鐵路隧道同時開工，我們負責修建一號隧道，而二號隧道由築路支隊第十九中隊負責。這個十九中隊就是由有選舉權的勞教分子組成。進行選舉的那一天，十九中隊宣佈停工，我們遠遠地望著他們在工地上列隊投票。後來十九中隊的朋友告訴我，雖然選舉只不過是象徵性的表演，但管教還是煞有介事地提醒大家，要和二〇一中隊那些被判了管制，被剝奪了選舉權的違法分子劃清界線。特別可笑的是，經過第二年的重新整編，管制還是沒管制的勞教分了全混雜在一個中隊裡，於是再也沒人來提選舉這回事，也就沒有了停工搞選舉這樣的演出，管教所謂的「劃清界限」則成一句毫無意義的廢話。

在涼水井短暫集結之後，我們坐汽車到筠連縣，在繭莊（即處理繭子的作坊）搭地鋪過了一夜，第二天，我們步行向著目的地雲南省鹽津縣進發，準備去修築計畫中的內昆（內江到昆明）鐵路。雖然是從四川跨省去到雲南，但實際路程也只有百里左右。依稀記得在途經一個名叫牛皮寨的小鎮時，我在那裡發現了路邊滿地散落著的各式書籍，大多是古典文學，也有裝幀精美的世界名著。想必原本都是送去勞教的知識份子們愛不釋手的寶貝，特意帶在身邊，只可惜一路上承受不住翻山越嶺的勞累，大家只好忍痛割愛，紛紛棄之在路傍。看到這樣的景象，我慶倖自己早在從自貢出發之前便把身邊的書籍全部打包，郵寄回母親家中，至少避免了這場「糟蹋斯文」的悲劇發生在自己身上。我想那些丟棄書籍的同學免不了又犯了知識份子的「幼稚病」，大大低估了勞教生活的嚴酷，似乎還設想著自己在勞動的間隙中能抽空讀一會兒「聖賢書」。更有甚者，有人可能深受《基督山伯爵》中那位在監獄裡自學成才的主人翁鄧梯斯所感召，居然還隨身帶了本又厚又重的英語詞典，但也無可奈何地扔到路邊，淪為無人問津的垃圾。很多年後，我回想起這個極富象徵意義的場景，那簡直就是這些右派一生顛沛流離的縮影。從這時起，他們丟棄了各自早年所積累的學識與技能，被驅趕著投入到荒蠻原始的勞作中，一天天遠離了那個曾經嚮往的文明世界。

第二天，我們終於到達了中隊的駐地，那是崇山峻嶺間的一個名叫臨江鎮的小村，小到任何一本地圖上都找不到它所在的位置。原遂寧縣工商局局長、現右派勞教分子謝某是一個高度近視眼，也許是他堅持要在地圖上找到我們所在的小鎮，便仔細地用他那雙近視眼貼著地圖在上面來回「親吻」。後來竟因為他的這一動作，被人檢舉是在「研究逃跑路線」，謝某因此不幸地成為本中隊裡第一個被揪出來鬥爭的對象。這件事實在是太過荒唐，不免讓我想起毛澤東所說「世界上怕就怕認真二字」這句貌似真理的廢話。

小鎮座落在橫江旁邊。四十多年前，流經大城市的河水尚且清澈見底，更別說這樣僻靜的山村了。橫江的江水比今天中國的自來水還要乾淨得多。勞教分子們在江邊甩開膀子開始了勞動，具體作業是淘洗河沙。幹部對我們訓話時說，用於製造混凝土的沙子中不能摻雜一丁點泥土，否則會導致混凝土垮塌的嚴重後果。右派分子們初來乍到，還沒來得及學會陽奉陰違偷奸耍猾的伎倆，對管教嘴裡那些不容商量的命令也都句句信以為真。大家人手一隻細鐵篩，站在冰冷的江水中，本著知識份子一絲不苟的態度，用清涼的河水把河沙淘洗得比將要下鍋的大米還乾淨。這一行動證明，右派分子們是多麼虔誠地在為各自「贖罪」啊！

這輕鬆的勞動只是「序曲」，當然也只是「贖罪」的「序曲」。

緊接著的任務是在橫江的另一岸修築一條簡易公路。對修鐵路的人而言，這條公路的名稱叫作鐵路便道，用來運輸修鐵路所需的水泥炸藥鋼材等物資。但對於這群昔日白面書生而言，修公路絕不是輕鬆的勞動。毛澤東在說到這類「臭知識份子」時，形容他們「肩不能挑，手不能提」，雖然用意惡毒，但這也的確是事實。我相信我們這夥讀書人的右派，沒有一個人能比同是讀書人的毛澤東更「能挑」，更「能提」。所以我們只得從頭學起，手掌上的痕跡由水泡惡化為血泡，最終變成老繭；肩頭上的負重由五十斤六十斤而至一百斤。經過三個多月的鍛鍊，幾千名勞教分子為自己學會了抬石頭，打炮眼這些重活，終於有了點體力勞動者的樣子而感到萬分自豪。

短短不到一年的時間，在每天繁重的體力勞動下，知識份子們個個被折磨得苦不堪言，顯出一番異常狼狽的樣子，就連鼎鼎大名的歸國教授董時光也不例外。我親眼看見他戴著一隻剩一條鏡腿的眼鏡，另一條鏡腿用一根細繩代替，黃皮寡瘦地蹲在路邊唉聲歎氣。他身邊放著才從肩上卸下的簸箕，裡面裝著幾十斤煤炭，那是我們每隔十天才能享受的休息日裡被強迫從事的「義務勞動」。即每個人必須從煤廠用或挑或背的方式，帶幾十斤生活用煤回到駐地。我記得剛開始時，隊部給每個人規定的定量是六十斤，挑著如此沉重的擔子翻山越嶺的走二三十裡路回去，對這群並不年輕，幾乎一輩子沒幹過體力活的知識份子來說絕不是一個輕鬆的任務。但大多數人還是可以勉強完成，至於個別實在太體弱乏力的勞教分子，如果確實不能完成這個任務，隊部的懲罰措施也足夠殘酷：要麼扣下當天的晚飯，要麼再去挑一趟。勞教剛開始時我的體力很差，雖然在判處勞教之前，我在南充金城山有過些肩挑背磨的體力勞動經驗，但那時挑運的重量和強度沒有太大強制性，精神壓力也不大，不像此刻動輒就要扣飯或罰去重做一遍。幸運的是，每次去挑煤炭時，總是由勞教隊的好朋友朱老弟替我多挑一分擔子，到交秤之前再悄悄卸兩砣煤炭還給我，這樣我才得以順利過關。

上面提到的著名教授董時光，他的胞兄是更為著名的中國農學家董時進，後者於一九五〇年去往香港，之後輾轉到美國，終其一生從事學術研究。而董時光則恰恰相反，獲得公費資助赴美留學的他受麥卡錫主義所排斥，於五零年代中葉返回中國大陸。反右之前，他的「鳴放」名言我至今記憶猶新：「共產黨有八百萬軍隊，我董時光有正義感。」這些大膽的言論經常整版整版地刊發在《四川日報》上，他幾乎是當時我心中的偶像。這位既勇敢，又天真的大學講師最終在「四一五」築路支隊勞教醫院裡死去，臨死時靠在一位難友的肩頭，我雖未親眼見到，但也能想像那樣的場面令人扼腕。這位難友的名字叫李益，他曾在一次日後的勞改調動途中與我同行，所以大家相互認識。我很清楚地記得他早年曾在哈爾濱的軍醫院校讀書，所學的專業是X光透視。畢業之後，李益被分配到四川某部隊，成為一名軍醫。被劃為右派送勞動教養後，李益仍然在勞教隊的醫院裡繼續當醫生，董時光就是在他所任職的醫院裡死去的。之所以特別提到這些往事，是因近年來在網上看到有所謂的知情者撰文講述董時光被整死的來龍去脈。說一九六〇年三月，董時光離開勞教隊，被送往雷馬屏勞改農場當馬倌，有一次偶然發現散落在野地裡的馬糞中留有未被消化的胡豆，他在偷偷品嘗這些自己小心挑揀出來的「美味」時被人捉住，旋即以「偷食馬糧」的罪名在批鬥會場上遭毒打不治身亡。在我看來，這套說法純屬無稽之談，且不說我親耳聽到的真實過程是怎樣一回事，單從常識上判斷，也絕無成立的可能。首先，我在雷馬屏勞改農場待了整整十五年，對任何在農場勞改過的風雲人物可說是無所不知，但從未聽說董時光曾在這裡待過。況且在我們這群勞改犯平反出獄以後，定期的聚會當然少不了，新近聯繫上的難友也陸陸續續加入，一次聚會常達幾十人之眾。任何關於雷馬屏勞改農場的往事都是聚會上經久不衰的談資，無數的話題和人物被大家翻來覆去聊了不知道多少次。但是我竟然從來沒有聽任何難友提到過任何關於董時光被打死的事，這不是很奇怪嗎？第二，董時光之前所在的「四一五」築路支隊是一支主要由勞教分子組成的隊伍，而雷馬屏農場關押的卻是勞改分子，二者雖然字面意思相近，意義卻大不相同。一個勞教分子根本不可能平白無故地被送去勞改農場，按中央的規定，反右運動被稱為人民內部矛盾，所以右派是不會因為他的反動言行被判處刑罰的（勞教是行政處罰）。而勞改農場裡關押的全是刑事罪犯，普普通通的右派想去還沒門兒。

最後，既然說到這裡，就順便再說說那位學習X光透視出身的醫生李益。後來他因為在勞教期間涉及到一些私下組黨的行為，並在X光機裡搜出了他的組黨綱領，這在當時被視為極為嚴重的罪行。李益以「反革命集團」罪被判刑十五年並送勞改，所以才得以在上文提到的　次勞改調動中與我相識。他曾經告訴我，董時光是因心臟病突發死在「四一五」醫院的。

當時不論是勞教分子抑或是其親屬，都簡單地認為：勞教條例上說，勞教只是一種最高行政處分，右派分子畢竟只是思想認識問題，屬於人民內部矛盾。通過一段時間的勞動教養，右派分子們便可以很快回到人民行列甚至工作單位中去。這是典型的「以君子之心度小人之腹」的猜測，在情況不甚明瞭的時候，人們總是傾向於把事情往好的方面想，也有一定自我安慰的作用。多年以後，毛澤東死掉，中共對所有右派進行了改正。在這裡，人們又產生了一個新的認識上的誤區，認為但凡是右派，皆得到了平反。而事實上，沒有一個右派得到了平反，他們得到的只不過是「改正」。中共自己作出的結論是「反右運動基本上是正確的，只是被嚴重擴大化了。」因此右派就只能得到比平反次一等的對待，這一待遇被專門命名為「改正」。它不同於文革後對「走資派」的平反，平反意味著恢復名譽，補發工資等具有實惠性的補償措施，但右派的「改正」是絕沒有補發工資一說的。

三十年後，我和幾個「當年勞教分子，今日改正右派」到雲南鹽津縣故地重遊。在內昆線鐵路沿線的一座廢棄的隧道洞口前，我們看到一座維護狀況很好的墳墓，墓前立著大理石石碑。據當地的村民說，死者的後人每年清明節都會開著幾部私車專程從重慶來墓前祭奠。我們聽後十分感慨，墓碑下面埋著的是一位死在內昆線鐵路工程上的右派，大家都為他的後人還存有這份良苦用心甚感欣慰。不幸的是，死在這條鐵路線上的勞教右派何止成百上千，他們無人問津，也無人為他們樹立墓碑，他們最終的歸宿只不過是一座肉眼幾乎無法識別的小土堆，這些小土堆沒有名字，也沒有任何標注，早已無法尋覓。相比而言，這座墳墓的主人簡直算得上是這片土地上隨處飄蕩的孤魂野鬼中難得的幸運兒。

突擊隊員

我們這個中隊在修築鐵路便道時，要面對一段名叫猴子岩的懸崖峭壁。這段峭壁自橫江岸邊沖天而立，當地山民似乎早就認定它只宜猴子攀援而不宜人類行走，便賦予了它猴子岩這個名稱。雖然它的長度不過三十米左右，但若想從這座岩間鑿出一條簡易公路來，對手藝尚且不夠熟練的我們而言，沒有幾個月功夫恐怕是難以完成的。但另一方面，修建鐵路的工程進度太過緊迫，我們根本不可能在打通猴子岩這一小段天然屏障上耗費如此之多的時間。

幸好在這群勞教分子中還夾雜著一些壞分子，也就是右派分子普遍所不齒的偷摸扒騙奸分子。我們這個中隊就有一個曾參與寶成鐵路線工程建設（寶雞到成都）的炮工。該壞分子年約三十出頭，雖然不是彪形大漢，但對開山放炮倒有點「真才實學」，於是隊上的幹部們對他言聽計從。他建議利用岩間的天然溶洞稍事加工，打出裝填炸藥的藥室，又以多個藥室並列以形成炮群，最後進行較大規模的爆破，也就是在江邊炸出一段半隧道形式的公路。在醞釀這項計畫的當天，該壞分子炮工帶著隊上的中隊長、生產幹事、管教幹事、分隊長等一行人來到江邊，作觀察研究狀。我湊巧聽見他們在議論著需要找一個人游泳到岩下江邊去看一下地形。

當時我正在附近的一個工地上揮汗如雨地揮舞著二錘，此時此刻對我最大的誘惑莫過於趕緊跳進江中洗一個清爽的冷水澡。湖北自古以湖面廣闊的雲夢澤著稱於世，雖今日已不復存在，但江漢平原上仍散佈著大大小小許多湖泊。那年頭如果有一個湖北人告訴你他不會游泳，你盡可大膽地斷定他是一個冒牌湖北人。我挺著胸脯站在中隊長身前說：「我能遊過去。」中隊長瞅著我，露出遲疑的神色，讓我懷疑這位來自北方的中隊長說不定是在沙漠中長大的，對我們司空見慣的江河抱有一種莫名的畏懼。對我幾番打量之後，他終於點頭同意，但又提出一個在我看來十分古怪的要求，他堅持要在我腰間拴一根安全繩（估計是為了打撈屍體時比較省事）。當年國內還沒有能力生產尼龍繩，所有的安全繩都是麻製品，直徑在兩公分以上。這玩意兒浸水之後，重量會成倍地增加，隨著游泳距離的延伸，安全繩浸入水中的長度還將不斷變長。我向中隊長作出如此解釋，稱安全繩完全不必拴，徒增危險純屬累贅時，在場的「敵我」雙方一干人等竟沒有一個人支持我。甚至包括幾個南方人在內，都一致認為中隊長的指示英明正確。這件小事讓我懂得一個道理：聰明人永遠別發表與「一把手」不同的意見，同時我也感到，反右運動中被批倒批臭的「外行不能領導內行」的右派言論反而是有道理的。

跳入河中，我才剛遊出了五十米左右，就實在不堪腰間那根安全繩的重負，乾脆潛入水中悄悄地將它解下，扔入水中任其下沉。雖然我明知這樣陽奉陰違的動作可能不會有什麼好下場，但確實是為了避免自己被越發變沉的繩索拖入波濤之中，不得已而為之。

我一邊游泳一邊觀察身邊的岩層，我欣喜地發現浸在水中的岩邊有一個凹岩腔，深入岩裡約六米左右，這對將要實施的爆破而言作用非同小可。在開山放炮作業中，這樣的岩腔被稱為「臨空面」，有了它，爆破就能具備事倍功半的效果。我把所見的情況向在場的領導諸君彙報以後，他們似乎都很高興，居然忘記責備我違背中隊長的命令擅自解開安全繩的事。

當晚全中隊召開動員大會，宣佈將在十天之內打通猴子岩，並將指定八個身手矯健的小夥子擔任突擊隊員。因為勞教隊的幹部大多是軍人出身，習慣用戰爭年代的術語來「改造」勞教份子。因此動員大會一完，挑戰書、應戰書、保證書、決心書等等軍隊裡的行事慣例一時間在宣傳牆面上重重疊疊摞起來。我當然不甘落後響應號召，爭取早日「新生」，真心地盼望當上突擊隊員。第二天出工之前宣佈了八人名單，我果真被幹部們看中，入選了突擊隊。

為了避免發生隊員們不慎落入江中而被淹死的意外，選拔突擊隊員的首要條件就是水性要好。我之所以能幸運入圍，顯然是得益於昨天在眾目睽睽之下游入洞中，給大家帶回了關於「臨空面」這個好消息，因而成為了領導眼中的「著急分子」。（勞教隊裡對積極分子略帶貶義的稱呼）。

當隊長向我們下達任務的同時，另一撥人正在江邊捆紮竹筏。今後四日之內，這八個突擊隊員吃住都在猴子岩上的幾個溶洞裡，這個竹筏的任務是給突擊隊員送水送飯，日後還要用它運送炸藥和藥室的填充物。

其實這次所謂的突擊相當輕鬆，只是操作方式比較複雜一點而已。技術上的負責人就是前文提到的壞分子炮工，他要求我們在溶洞內的某些部位打很多五六十公分的小炮眼，讓這些溶洞更符合藥室容積的要求，這樣才能填裝更多的炸藥。因為自然溶洞內部的形狀非常不規則，我們有時不得不跪著甚至躺著打炮眼。與我同打一副炮釺的人名叫劉新民，是來自樂至縣糧食局，早年當過青年軍的右派，很能吃苦。通過這幾天的朝夕相處，我們彼此產生了一點惺惺相惜的情誼。

七天後的一個傍晚，整個山谷中傳來轟然一聲巨響，猴子岩腳下被炸掉了半邊山岩，形成一個半隧道。爆破的場面看起來非常壯觀，我們也一如動員大會上所宣誓的那樣，在十天之內打通了猴子岩。

隧道裡的炮工

幾個月以後我們才真正開始修建鐵路，二〇一中隊正式成為一個隧道中隊。施工的地點在剛剛修好的便道對面，也就是橫江的另一側，一個名叫黃桷槽的小地方。雖然在地圖上仍然找不到這一地名，但再也沒人像當年的謝局長那樣「冒險」在地圖上去尋找了。

鐵路的施工進程中，隧道的挖掘可能就是技術難度最高的一種。雖然在外行看來，隧道由一座山的南北兩側同時開挖，最終在大山的腹中分毫不差地會合，這似乎需要高科技設備的協助才能完成。但事實上挖掘隧道並沒有那麼高的難度，只要具備經緯儀和水準儀這兩種很平常的儀器，有三五個識方塊字的人稍稍動點腦筋，就可以通過這兩種儀器測定好方向和水準高度。

我所謂的「技術難度最高」不是指這些，而是在全面開挖隧道之前，必須先打通一個「導坑」。所謂導坑，也就是引導隧道的坑洞的意思。導坑的大小約有兩米見方，在這狹小的空間內竟然得容納九副炮釺，即十八個人同時實施掌炮釺和打二錘的工作。我們不僅要在一個工作日（即八小時）之內同時完成七十公分左右的炮眼進度，還需完成裝填炸藥放炮，清除爆破石碴，處理頂蓬上的危石等一系列工作。當接班者開始第二班作業，叮叮鐺鐺打炮眼時，頭一班的人還要用翻板車通過輕便軌道嚮導坑外運送爆破之後清理出來的碴石。如果再加上照明電工、廂架工等雜工，最多會有三十多人同時在這個狹小的隧道導坑裡施工，相互之間卻很少干擾，這就是被我稱為技術難度很高的原因所在。

所有這一切都可以用人們的勤勞智慧加以克服，因而並不可怕，真正難以克服而且至今令人後怕的是為外行人所不知道的呼吸問題。

隧道裡爆破所用的炸藥多為硝胺炸藥，這種炸藥爆炸後會在導坑裡形成一種對呼吸道有極強刺激的氣體，令人流淚咳嗽苦不堪言。而導坑裡並無通風設備，這種氣體久久無法散去。隨著導坑深度的延伸，氣體就更加難以消散，如果勞教分子能在洞外休息，等待硝煙散盡後再進洞勞動，那倒是個頗具人道主義精神的好主意。可惜人民政府（即勞教隊的領導）從未規定過是否需要待刺激性氣體散盡後才可入洞作業，反倒是強行規定了每一個班次在隧道裡必須完成的進度長度。這個長度不僅十分嚴苛，而且受到勞教隊幹部們一絲不苟的監督。每一個班次下班前，他們都會派施工員用皮尺丈量該班次的實際進度，以此衡量該班的勞教分子是否在「真誠地接受改造」。由於規定的施工長度幾乎是一個不可能完成的任務，而我們所面對的岩面又多是堅硬的花崗岩，炮釬極易磨損，使得施工的進程比想像中緩慢得多，每次爆破以後，操作人員都不敢在洞外過多停留，只能屏住呼吸早早進洞，任由毒氣折磨。

如今四十多年已經過去，當年二十多歲的小夥子們大多已經作古。倖存至今的老右派中，但凡當年在隧道導坑裡幹過的，幾乎個個飽受氣管炎肺氣腫肺心病之類的疾病困擾。在可以預見的日後，很可能就是這些不治之症將我等送進骨灰盒，而這才真正是那些殘酷的體力活中最可怕的一面。

隧道導坑的修建過程中還有些小插曲。距離我們被送勞教沒過多久，所謂的大躍進運動徐徐展開，神州大地上四處可見水稻畝產萬斤甚至十萬斤之類的「超級牛皮」。大約是在一九五九年左右，領導也藉著這股風潮向勞教分子發出號召，要大家破除迷信敢想敢幹，動腦筋找竅門提合理化建議。於是在勞教隊裡也出現了各種各樣違反科學規律的荒唐事，所依據的那些所謂合理化建議大多是偷摸扒騙奸之類的壞份子提出來的。而原因也正是因為他們毫無起碼的科學常識，反而想趁著大躍進的勢頭邀功掙表現，把這些荒誕無稽的「合理化建議」演變成一場又一場胡作非為的鬧劇。

比如，他們說在炸藥中摻入少許食鹽可增強爆破效果，於是便找了幾個勞教隊裡的老弱病殘，把原裝的炸藥一筒一筒挨個倒出，摻上鹽巴後重新裝進去。試驗數日後，發現效果似乎並不明顯。於是又有人提議摻上石灰粉，結果爆破後一眾勞教分子個個白灰糊一臉，全變成了白種人，場面十分滑稽。後來又有人提出用煤炭粉末摻入，說不僅爆破效果不會減弱，還能節約炸藥用量，結果又把一眾勞教分子炸成了非洲黑人。總之，當年所謂的「六億神州盡舜堯」批量生產了數不勝數的超級國際笑話，令後人為之咋舌。

當年我對這些荒唐之舉看法很簡單，但又不失正確，只不過從未公開宣佈，只能悶在心裡。畢竟「反對大躍進」這頂大帽子可不是任何一個右派分子敢於承受的。我當時想，如果鹽巴石灰和煤粉真能增加爆破效果，那造炸藥的人早就摻進去了，何須我們這些外行在那兒瞎折騰。幾十年後，我和范通才、周茂歧、羅鐵夫、趙堯生等當時一同在隧道裡打眼放炮的幾個「改正」右派分子重游故地，面對著遺棄在荒野中的一座座隧道和破敗不堪的橋墩，我們百感交集。一九六五通車的內昆線並沒有用上我們當年修建的這一段隧道和橋墩，通車的鐵路就在我們當年施工介面往上五米左右的地方。也就是說，這段我們曾經為之付出汗水，血淚，乃至生命的廢品工程，到頭來只不過是一場規模無比巨大的瞎折騰。

自然災害

標題所謂的自然災害這四個字必須加上引號。查百科全書可知，自然災害意指颱風、洪澇、乾旱之類嚴重危及動植物生存環境的異常現象。這和我們今天所知的那一場「自然災害」大不相同。後者不分地域，廣袤的共和國領土之內皆受波及；沒有類別，徑直將所有的惡果全部嫁禍於「自然」；甚至連具體的時間也難以闡明——「災害」一來，就是整整三年。

這一場發生在一九五九年到一九六一年之間，長達三年的所謂自然災害，其殘酷的真相至今為官方所竭力遮掩。有學者估計在此期間有超過四千萬中國同胞非正常死亡，這個數字比歷時八年的抗日戰爭中整個中華民國的總傷亡人數還要高，大約是二戰中納粹殺死的猶太人總數的七倍。但直到今天，官方也沒有對這樣慘絕人寰的史實作出認真的反省和查證。那些御用學者以「自覺維護黨的威信」為已任，明知這樣一個必須深刻反思的歷史事件的存在，卻又以筆尖的沉默來對待那幾千萬無辜的生命。

應該誠實地說，以我的經驗而言，在這超過四千萬的死亡人數中，大約有百分之九十以上的遇難者都是農民。因為當時的城市居民還有每月十幾斤的糧食供應標準，情況相對要好一點，但農民卻連十幾斤的糧食供應標準都沒有。當報紙吹噓著畝產上萬斤的神話時，基層的幹部卻收光了每一家農戶的餘糧，農民只有扒樹皮，嚼草根，吃觀音土。

我們剛剛進入隧道作業時，國家規定了一個糧食標準，這個標準依工種的不同而高低有別。隧道工是體力消耗最大的一個工種，每月的糧食配給是人均六十斤，這在當時已經是勞教隊裡最高的標準了，對我和任何年輕力壯的人來說，分量是絕對夠吃的。那些和我們一起修隧道的輔助工勞動強度比我們低得多，但配給的標準也和我們一樣。他們大多吃不完自己的那份定量，於是便交給大廚房統一調劑。結果當然是皆大歡喜，大家敞開肚皮各取所需。一九五九年，大躍進運動煽動起來的狂熱浪潮蔓延到全國，遍地架起了小高爐，提出所謂的「大兵團作戰」，讓全國人民（特別是農民）一夜之間全都加入到大煉鋼鐵的隊伍之中。與此同時，各地方也組建了規模龐大無比的伙食團，統一開夥。本該去務農的農民都被拉去煉鋼，成熟的紅苕洋芋無人收穫，眼睜睜地讓它們爛在地裡，但沒有人敢對這些日後災難的苗頭提出異議。我認為，這樣萬馬齊喑的狀況，正是反右運動的直接效果。

接近年底的時候，人口大國的糧倉向人們亮出了紅燈，這場虎頭蛇尾的鬧劇終於走到了盡頭。面對如此尷尬的局面，領導人直接把責任推給了永遠保持沉默，也不會為自己辯解的大自然，「自然災害」這個弱不禁風的謊言便應運而生。御用文人還特別在這四個字前面加上了「特大的」、「嚴重的」、「持續三年的」、「百年未有的」四個無以復加的定語。從中央到地方，從大報到小報，全都統一口徑，一字不差地反復強調，謊言就這樣被重複了一千次，變成了人們心中的「真相」。

從一九五九年起，我們原本每月六十斤的標準被突然削減為五十斤。大家每天幹活時的飢餓感越來越明顯，常有人還沒到開飯的時候就已經在叫嚷肚皮餓了。晚上學習發言時，經常出現的場面就是批判某人說什麼吃不飽之類的「誣衊糧食政策」的反動言論。每一次開飯時，人們都在排隊領飯的佇列中吞咽口水，並不斷踮起腳尖向飯桶的方向張望，巴不得趕緊把那一大桶熱氣騰騰的大米飯全吞進肚子。記得有一位來自中江縣姓丁的前小學校長，在一次開飯時他排在我身後，我聽見他輕聲歎息說：「活了五十歲，到如今才開始聞到飯的香味。」

一九五九年冬，內昆鐵路全線停工，我們奉命向成昆（成都到昆明）鐵路線轉移。在勞教隊，這類遷移工地的舉措屬於高度機密，但我們早已從種種異常跡象中看出離開雲南已成定局的事實。甚至早已有消息靈通的人士宣稱，新工地就在成昆線上，而具體在成昆線的哪一段，則是嚴格保密的。為了穩定勞教分子們的情緒，避免有人趁機逃跑，我們那位很有心計的管教幹事何體壽，在臨行前向勞教分子們宣佈即將去到的目的地時只說了一句話：「那裡糧食肉類全都敞開供應。」

我們即將去到的目的地是大涼山喜德縣，對我來說，這是故地重遊，也是我第二次進入大涼山。因為從雲南遷往大涼山的途中沒有可以吃飯的食堂，出發前炊事班的勞教分子製作了大量的窩窩頭，全部發給大家，充作途中三天食用的乾糧。試想一個每天都處於極度飢餓狀態下的人，一旦糧食定量全由自己掌握的話，會發生什麼怪事。

押送勞教分子的汽車都是貨車，為了防止有人逃跑之類的惡性事件發生，貨車中途是不能停車的。而這一路上光是吃得太撐拉肚子的人就不在少數，常常有人突然宣稱要拉肚子了，而且急不可待的樣子一看就知道他根本憋不住了，於是只好讓他扒在汽車的尾部，將屁股懸在後檔板外面稀裡嘩啦地傾泄一番。這麼一來，拉肚子的人倒是解脫了，可一車的人都被他害苦，因為每次都不可避免會有一些糞便噴灑在檔板上，那個氣味真是不堪回首。更過分的是，有些偷摸扒騙奸分子仍舊惡習不改，趁機在車上大顯身手，一有機會便悄悄拿走別人的窩窩頭。但尷尬的是，得手之後他們又無處藏匿，只好放進自己的肚子裡銷贓，結果是也脹得半死，被拉肚子折磨得苦不堪言。更有甚者，有一位從南充送來勞教的中尉軍官，名叫李打更，是一個食量很大的北方壯漢。他在途中因乾糧吃得太多，又耐不住口渴而大量飲水，竟然被活活脹死。與「自然災害」同時降臨的，就是這些扭曲了人性的人間悲劇。

在從鹽津向涼山轉移的途中，我們常常看到路邊橫著一些乾癟的屍體，顯然都是被餓死的農民。聯繫上何管教蹩腳的謊話和隊裡每況愈下的糧食供應標準，勞教分子們大略猜得到，外界的饑荒可不是鬧著玩的。但經歷反右運動之後，我們也很清楚，這樣的事情是萬萬說不得的。

再進涼山

經過一番晝夜兼程，我們到達了地處大涼山的喜德縣。地廣人稀的大涼山雖然未遭旱澇，但仍然隨處可見「自然災害」的「影響」。比起一九五三年我初次踏入的大涼山，此時的大涼山已顯得異常荒涼，而我們的糧食標準已再度下降，降到了三十五斤。當時的城市居民定量為十四斤，三十五斤這個數字在當年全國同胞心目中已屬夢寐以求的分量。但因為我們擔負重體力勞動，沒有任何副食品補充營養，甚至連蔬菜也極少，這每天不足一斤二兩的定量，最多也只能吃個半飽。

因為飢餓感與人求生的本能緊緊相連，沒法吃個飽飯，人們的心理也跟著發生了變化。勞教分子們在分飯分菜的方式方法上絞盡腦汁，斤斤計較，人人都在擔憂自己吃哪怕一丁點虧。很多人不顧別人的死活，想盡辦法只求自己能分到比別人更多的份量。飯是用洗臉盆蒸的，供四個人平分，摻水的程度恰到好處：蒸好之後盆裡的飯還是固體，而不是液體。如何將這盆飯均勻地分給這四個饑腸轆轆的人，便是一個頗費周折的問題。此時知識份子們的幾何知識便派上了用場，他們用直徑與洗臉盆相等的木片做出一副角度精準的十字架，分飯時端放在飯盆中間，用手指往下一壓，尤其需要注意的是，下壓的動作必須標準，應當垂直用力，避免傷及另一側的「牆腳」。這樣就將這盆飯平均分配給了四個「嗷嗷待食」的勞教分子。

在「自然災害」的壓力下，炊事員成為最令人羨慕的職業。當年在勞教隊裡流行著這麼一句話：

「天干三年也餓不死炊事員。」不僅他們自己能吃飽，還能利用自己所掌握的「特權」，給「圈內人士」以特殊照顧。比如我的好友李才義就一直在勞教隊當炊事員，一九八三年我們在成都重逢的時候，他才對我說：「你以為當年你那一碗四兩的米飯真就只有四兩嗎？」言外之意，他曾悄悄地在蒸飯的時候往我的碗中多添了些米。除了特殊照顧，炊事員也可以利用手中的「分菜權」對自己看不慣的人施以報復，而且這樣的報復往往都施加在那些靠近幹部的「屁兒蟲」身上。因此在勞教隊裡，沒人敢招惹炊事員，除非抓住他們作弊的把柄。又比如某某是某某炊事員的關係戶，既是人們喋喋不休的談資，也是打飯時佇列中所有人目光所向的焦點。

雖然分飯時人們為防止不公平而製造了精密的量具，分菜則往往是由炊事員掌勺。打菜的人手執空菜盆依次向大菜桶走去，炊事員用菜瓢從菜桶裡把湯菜舀出來。如果伸手前來接菜的是一張看不順眼的臉面，舀菜的瓢稍稍對你來點「感情上的傾斜」，你得到的分量可能就會銳減三分之一。如果來者是個「關係戶」，炊事員便不妨將菜瓢沉入桶底，學過物理的知識份子們都知道，沉在桶底的肯定是重量更重的固體物，從桶底舀出來的乾貨則會令關係戶好一陣「竊喜」。這個「竊」字非常重要，如果稍事張揚，輕則招來譏諷挖苦，重則一頓拳腳相加。

毫不誇張地說，在那個吃不飽飯的年代，炊事員絕對算是手握生死大權的重要角色。在眾人百般挑剔的目光監督之下，炊事員舀湯菜時所面臨的壓力可想而知。下瓢時甚至不敢抬頭看看來人是誰，以免引起圍觀者的懷疑。但哪怕謹小慎微到如此地步，仍然有不懷好意者故意拈過拿錯，將炊事員的無心之過告到勞教隊幹部那裡去，用這樣無恥的方式出一口吃不飽飯的惡氣。

既然天天都吃不飽飯，人們當然就會想方設法儘量多往肚子裡塞點東西。常見的招式是半夜摸到廚房裡去偷食物，後來又發現有人偽造飯菜票。剛開始時，這些行徑只有壞分子下得了手，但很快就傳染給了右派勞教分子。偷吃騙喝的現象像瘟疫一樣在勞教隊中蔓延開來。還有些人在開飯的時候故意站在佇列的最前面，打回的飯菜囫圇吞棗般幾口「倒」進肚子裡，馬上又捧著空盆排到佇列的尾端再打一份。因為排隊的佇列非常長，通常都在兩百人以上，這就給混飯的人提供了可趁之機。想來這些小偷小摸的卑賤行為居然出自那些文質彬彬的知識份子，真可謂斯文掃地！

但即使在那樣生死存亡的艱苦環境中，也有很多寧可忍饑挨餓也要堅守道德底線的謙謙君子。這樣的好人往往被餓得最慘，一天一天地消瘦，進而全身水腫。最嚴重的情況，當然是給活活餓死。我始終敬佩他們，但這一份敬意背後，是他們承擔的代價實在太過高昂。我每每想起都禁不住毛骨悚然。

總之，由於生存品質的大幅下降，人們的精神狀態也每況愈下，開始出現了偷別人的飯票、工資（雖然每月只有二十二元）甚至衣物的情況。許多人寫信向家人求援，求他們寄來食物或維生素之類的藥品。報紙幾乎是身處深山老林中的我們瞭解外面狀況的唯一管道，但那時的報紙和現在的一樣，永遠只登著整版整版報喜不報憂的新聞。我們也只能從報紙上看到一片欣欣向榮的景象，殊不知自己的親人同樣在經受著飢餓的煎熬。

勞教隊裡的飢餓所帶來的另一個「副作用」，便是大規模的告密。一來特別吃不飽的人嫉妒那些竅門多，能儘量吃飽的人；二來每半年召開一次的立功授獎大會，對積極告密者給予表揚，記功等獎勵，甚至還有極個別解除勞教的特例發生。這都對告密的大肆蔓延起到了立竿見影的鼓勵作用。告密擴大，隨之而來的就是懷疑和報復，惡人先告狀是當時時有發生的一種情形。估摸著自己違反紀律的行為可能快要被某人揭發了，便提前捏造一樁針對這個潛在告密者的事端，先一步告到幹部那裡去，使對方失去信任，於是他再在幹部面前說什麼壞話也就不被採信了。

眾所周知，中國大陸的漢語中已經摻入了太多意識形態的產物，政治的、軍事的詞彙被常常借用到方方面面的生活語言中。近年來常在報紙上讀到某某領導深入基層召開現場辦公會，親自指導基層解決某項工作難題。這種現場辦公會，四十多年前就已流行，當時稱為現場會，以一九六〇年最為普及。那時尤其常見的是炊事方面的現場會，如某中隊的炊事員能用一斤大米煮出十斤以上的乾飯，就要召開現場會以傳授經驗。他們的經驗或者是先將米炒幾分鐘然後下鍋，或者是用火的奧秘。總之創造奇跡者們往往口若懸河大言不慚，最關鍵的問題卻始終三緘其口：那就是究竟在生米中摻了多少水。對於這一點，所有人都諱莫如深。總之，不管煮出來的飯裡究竟有多少水分？這樣的現場會在當年絕對是所有人喜聞樂見的，因為每個與會者都能趁機飽餐一頓。今天想來，如果當年的這些豐功偉績都來自未曾「摻水」的真才實學，那若干年後雜交水稻之父袁隆平的榮譽，就應該讓位給這些將大米膨脹了十幾倍的魔術師們。那時，任何人敢於對這些缺乏良知，違背常識的人和事提出挑戰，其下場必然是一張有罪判決書，他原本的生活也會隨之灰飛煙滅。

在這個飢餓的年代，有一個奇特的現象，人們異乎尋常地在意所見到的任何餐具。典型如飯碗菜盆，不僅大小深淺頗有講究，而且形狀色澤也一絲不苟。連吃飯用的湯勺（那時很少有人用筷子吃飯）也力求精美實用，擦得鋥亮。並且在勞教隊裡，大家煞有介事地互相換來換去，「市場」十分繁榮。有些右派分子害怕自己的心肝寶貝被人偷走，特地製作一口布袋盛放餐具，出工收工和夜晚睡覺時都掛在身上，形影不離。這件事給我的啟發是，當人們在物質上（食物的匱乏）得不到滿足時，就千方百計地在精神上（餐具的光彩照人）去尋求補償。

一九五三年到一九五四年，我曾經在涼山當兵，學會了一點彝語，沒想到這時竟派上了用場。如前所敘，彝族是一個奴隸制社會，幾乎不存在市場化的商業活動。一九五五年「民主改革」後，雖然中共對外聲稱全國已飛速邁向社會主義，但從絕大多數涼山地區純樸憨厚的彝族老鄉的情況來看，他們幾乎仍然沒有買賣商品的習慣。

我們這個中隊所在的工地叫耳普地隧道，地處一座荒涼的山上，每隔三五天也會有彝族老鄉從路邊經過。勞教隊仍然是三班倒的上下班制度，下班時間，我常常拿一本書坐在路邊閱讀，但真正的目的是在守候彝族老鄉路過。一旦遇上，我必上前用彝語和他們搭訕。彝族老鄉都有隨身攜帶乾糧的習慣，通常是一個體型堪稱巨無霸級的玉米粑，我用手指指著他們掛在腋下的「巨無霸」，用彝語發問：「嗚嗚？」（可以被理解為賣不賣）。憨厚的彝族老鄉往往被我這突如其來的彝語所驚愕，心想這個漢族人怎麼會說彝語，一臉十分為難的樣子站在那裡皺眉。但遲疑片刻後，他們往往會直接掰下一半送給我，運氣好時，甚至會得到一整個「巨無霸」。有時候彝族老鄉也用彝語問我：「你們是幹什麼的？」我只能回答說：「我們是修鐵路的。」我絕沒有故意隱瞞勞教分子這個卑賤身分的意思，只是因為彝語裡無論如何找不到「勞教」這個詞彙，甚至連意思近似的也找不到。這不僅足以說明漢語的複雜多變，也足以證明中共統治制度的怪誕。

平反以後，我結交了一些外語專家，有的還是翻譯過若干文學作品的知名翻譯家。除英語以外，我還專門請教過德、日、法、西等各門語言的專家。這些每個月領一百元「國務院特殊津貼」的學者，竟沒有一位能在各自精通的外語中找到可以與「勞教」二字意蘊對應的單詞。所以我才說，我們這個國家語言真的是「博大精深」。

初到涼山勞教時，我們的工作任務仍然是修鐵路便道。這就像剛到鹽津時一樣，我們還得首先搭建工棚，地廣人稀的涼山並沒有民房可供我們臨時居住。便道工棚搭建完畢後，緊接著就正式開始挖掘隧道。

有一個畢業於國民黨中央政治大學的老兄對我頗為友善，他名叫韋凌雲，勞教前他是南川中學的數學教師。某天他悄悄對我說，他收到了一封女兒的來信，內容是妻子過世的噩耗。女兒在信上說：「媽媽臨死前唯一的願望是想吃一個包子。」韋凌雲告訴我：「這就是說，外面（指涼山以外）正遭遇著饑荒。」結合勞教隊糧食供應每況愈下的情況，我相信韋凌雲的判斷是正確的。這件事對我的刺激極大，我們當時就作出判斷，認為這一切都是所謂的大躍進瞎指揮造成的人為災難。

挖掘隧道的進度對每個班要求都很具體，體力消耗也大得驚人。人們日益承受著飢餓的威脅，無精打采，唉聲歎氣，身體日漸消瘦，少數人的腳部出現水腫。這時又有新發明出現，那就是一種名叫小球藻的玩意兒，據說還是日本人研究出來的營養品。其製作方法是將人的小便裝入洗臉盆，植入少許所謂的菌種後存於室內。若干天後盆裡就會生出一種綠茵茵的藻類，撈起來讓身體不好的人吞服，據說可以補充營養。我當時不知那年頭的日本國是不是也遭遇了「自然災害」，不得不利用人尿養出來的玩意兒拯救民族於危難之中。反正在我們這裡，這種新發明的受惠者都是腳上出現水腫的患者，由於我偶爾能得到彝族老鄉「巨無霸」的拯救，除體重大幅下降以外，從未出現如水腫之類的病變。留下的「遺憾」便是我不能在這裡寫出小球藻的「美滋美味」。

不久，又有人發現涼山生長著一種名叫槐山的中藥。這種塊狀的植物根塊因其形狀似人腳，俗稱為腳板苕。每到休息天，人們便三三兩兩進到山林中去尋找這種吃食。雖然偶爾能在樹林裡挖到這種野生植物，但畢竟僧多粥少，難以為繼，最後不了了之。經過幾番尋找，最終大家還是決定以減少活動，降低熱能消耗為上策。

大約就是在這一時期，我開始逐漸意識到自己過去對黨的迷信是錯誤的，因為那些畝產十萬斤，「人有多大膽，地有多大產」之類違背科學常識的大牛皮，竟然被黨報奉為真理大肆鼓吹。黨報被譽為黨的喉舌，但這喉舌吐出來的字卻盡是騙人的鬼話。由此及彼觸類旁通，明明大家都在挨餓，誰要說出一個餓字，誰就是攻擊黨的糧食政策，誰就是反改造份子，這難道不是在鼓勵人們說自欺欺人的假話嗎？

在認識上否定了自己過去的盲從，多米諾骨牌效應便在身上的方方面面都顯現出來。從生活層面上升到政治層面，我終於看明白，所謂的反右派鬥爭從頭到尾就是一場陰謀，也終於開始質疑曾經心目中高高在上的統治者。這個轉變對我來說順理成章，就好像卸下了很重的包袱似的，有一種輕鬆愉快的感覺。

有一次，韋凌雲對我說：「在我們這個國家，有些事你可以做，但絕對不能說。又有些事你可以說，但絕對不可以做。」他舉了個例子說，你可以千方百計地去弄東西吃，但你絕不能說出真正的原因是由於飢餓；又例如你可以大聲疾呼，要反對官僚主義。但如果你真的那麼不識趣地去反對一個官僚的哪怕一丁點主義，你的行為就會被視為反黨。他說：「這是一個掛羊頭賣狗肉的社會，我早就已經看透了。」當年他的這種言論，在勞教隊裡也是相當可怕的，但我一字不差地全盤接受，這說明我的態度已從膜拜走向懷疑，最終抵達否定的彼岸。

前不久，我寫過一篇《朋友之間的尷尷尬尬》的稿件，其中陳述了朱老弟（這是他的化名，在拙作《格拉古軼事》中提到）冒用我的名字給周總理寫信，支隊部派幹部下來對我進行調查的事。這裡我不再重複此事的過程，我只需說明，在查清之前，中隊幹部對我百般刁難，動輒辱罵。手段之歹毒，變本加厲地刺激出我對中共統治者的反感，逼迫我在幹部所稱的改造道路上漸行漸遠。雖然事情最後不了了之，但我已經不可能再萌生出剛剛投入勞教時的那種否定自我的心態了。

不久我發現，這種本質意義上的轉變，不僅發生在我身上，而且還發生在許許多多勞教右派身上。他們似乎都從一場曠日持久的騙局中幡然醒悟，這就像林肯所說的那樣：「你可以騙人一時，不可以騙人一世」。

與肖大哥灑淚而別

如之前章節已經講述過的那樣，我和肖大哥一九五四年相識於南充縣，同在一個科室的我倆事實上都屬於被「打入另冊」的「同志」，他是因為歷史問題，而我是因為家庭出身。按當年黨政機關的習俗，這類「可疑份子」雖然編制在機關，但具體工作卻一直在鄉村。一會兒搞這項試點，一會兒搞那項中心工作。或者落實這個政策，或者貫徹那個文件，整天像個聽傭一樣被呼來喚去。每隔十天左右，我們就回機關彙報一下工作中所瞭解的情況，也可以趁這間隙休整一兩天，畢竟鄉村工作中沒有星期天這個概念。彙報完後，領導往往又馬上給你安排好一項新的任務，你又得翻山越嶺去到另一個村子。總之，縣級機關裡，常年累月都有這批人在流動著，說是在政府裡工作，但卻幾乎沒有幾個時候是坐在辦公室裡的。

我曾多次在下鄉搞所謂的中心工作時和肖大哥分在同一個工作組。有時民政科因為本身業務需要，也得下去搞些不三不四的調查，我和他不僅沒有專職負責的業務，而且因各自身上的問題受到特殊對待，所以更是當然的搭檔人選。

因為出生年代的差異，比我年長十七八歲的肖遠耀受過相當良好的古典文學薰陶，唐詩宋詞元小令、史記漢書古文觀止，信手拈來的篇目不勝枚舉。我們在一起時，他常常給我背誦整篇整篇的詩文，還像老師教授學生一樣，對其中一些生僻字句加以解釋。有一次，我們在萬家鄉一個農民家裡意外地發現了一本舊版的《史記》，我在閱讀中遇到疑難問題，他一一給我解答，並向我講述這部書的重要性。總之，在那兩年多的時間裡，他既像老師，又像兄長，給了我很大的幫助。

當然這一切都是勞教以前的事，那時我們已經是很好的朋友。到了勞教隊以後，我們更是相濡以沫、相依為命。他的妻子沒有工作，一家人的溫飽都全靠肖大哥掙錢維持。進了勞教隊，在每月工資只有二十二元的情況下，他最少都要給妻兒寄出十元錢以上的生活費，可見他生活簡樸到什麼程度。我因為有吸煙的嗜好，手上的錢留不住，能給他的幫助也十分有限。

真正能證明我們之間友誼的，便是我和他在糧食標準不斷下降的情況下，都一直不分彼此地在一起吃飯。也就是從廚房打來飯菜以後，我倆合在一起吃。別看這似乎是一件小事，在飢餓威脅著人生存的時候，友誼親情都面臨著生死考驗。當年家家戶戶的日子都過得不容易，子女指責做飯的母親厚此薄彼而引起家庭糾紛也並不鮮見。甚至鬧得母親不堪壓力上吊自殺的悲劇都時有所聞。生存條件之險惡由此可見一斑。肖大哥只是一個在隊上專搞輔助勞動的「文弱書生」，吃的是最低糧食標準，而我吃的是最高標準。我感到他一直有意讓我多吃一些，因此每頓飯我都和他推推讓讓，沒人願意吃下最後一口。我要公正地說，事實上肖大哥是在克制著自已的飲食需求，甚至可以說是他救著我的命。

一九六〇年秋，似乎為了證實中共「瞎指揮」的名副其實，修建中的成昆鐵路像內昆鐵路一樣，再次宣佈停工下馬。上級決定對築路支隊的勞教分子進行一次調整，一部分老弱病殘調到會東鉛鋅礦，那是省內數百個勞改企業之一。剩下的青壯年統一調往內地旺蒼縣，去支援廣旺（廣元到旺蒼）鐵路的建設。上述兩個去向我們當時並不知道，是調動完成後甚至若干年後我們才得知的。

我和肖大哥有一個慣常的吃飯地點，就是二分隊宿舍的拐角處。調整通知宣佈之後，第二天清晨肖大哥就要離去。平時開飯時，我倆都是蹲在拐角處的地上，一邊聊天一邊吃飯。臨行前的那天，我和他還是照例蹲在原地，一邊流淚，一邊下嚥，我們不知道這是不是生離死別，只知道我們很可能從此斷絕音訊。

重新團聚已是二十年後的一九八〇年，那時我們雙雙獲得「改正」，各自在南充開始新的生活。少去了往日歲月裡的朝夕相處，我們也不像原來那樣親密無間，但我內心總是回想起當年肖大哥每每騰出自己的分量，讓我儘量多吃一些的場景。我慶倖自己在那樣艱難的年代遇到如此真摯的友誼，而這在物質富足的今天是很難體會到的；我也遺憾我們的友誼沒有天長地久，但我仍然每天都惦記著他，也想念他，尤為要緊的是，真誠地感謝他。

廣旺線上

在一個伸手不見五指的清晨，我們被吆喝著登上了汽車。當年的勞教分子在旅行方面也有其特點，不論是汽車火車，一律享受貨車待遇。即任何我們乘坐的交通工具都沒有座椅，我們通常坐在各自的行李捲上。另外，乘車時一定嚴重超載，勞教分子們緊緊地擠在一起，整個車廂被擠成名符其實的沙丁魚罐頭。但最過分的是，勞教分子們的「排泄生物鐘」最好與押送幹部保持高度一致，因為只有他需要大小便時才會下令停車。但凡一切「非正常」的排泄需要，辦法自擬，後果自負。

依稀記得出發前分發下來的乾糧是伙房裡烤制的大餅，每人配給兩天的分量，但因糧食定量標準所限，估計一口氣把兩天的乾糧吃得精光也不至於脹死。這次似乎沒有人因為對「飽」的不懈追求而脹死在途中，但有人因為脹得拉肚子，在汽車尾部吊著屁股一路噴灑倒依舊常見。

這一趟行程還有一個特點，據說各單位的餘糧都不能裝上貨車運走，這可能與當年雲南、四川兩省之間的相關政策有關。因此在出發之前，幹部們給每個勞教分子發了二十斤大米，要求我們設法帶到目的地。勞教分子們把長褲的褲腳兩頭拴緊，做成兩個裝米的小口袋，捆在自已的行李裡，到達目的地後，各自向事務室交秤。

途中我們在石棉縣的一座空空蕩蕩的糧庫裡住了一晚，第二天便到了我們的新工地：旺蒼縣快活場。勞教隊將在這裡修築一條廣元到旺蒼的鐵路支線。

和以往不同的是，這裡不用再修建工棚。經過「自然災害」的洗劫，當地餓死了一半以上的農村人口，雖不至於十室九空，但以我的觀察，十室五空應當是綽綽有餘的，所以不愁找不到空房子。兩百多人的中隊安頓在兩個相鄰的大型四合院裡，加上旁邊庫房，辦公室之類的房間，我們在此「濟濟一堂」。

新工地在快活場附近，我們出工收工都要跨過一條名叫白水河的小溪，如果興致好，還可以去快活場上那條蕭條的小街走走。此時已臨近一九六一年春，「自然災害」雖已接近尾聲，但各類生活所需的物資仍然十分匱乏。所以這條小街上的商鋪紛紛關門歇業，人流稀少，甚至公私合營後的合作社也門庭冷落，沒幾樣商品可供選購，特別是副食品這類我們「夢寐以求」的「進口貨」，那更是稀缺無比。最常見的商品就是些鋤頭鐮刀斗笠蓑衣這類生產工具，去過兩次之後，我們也懶得再去「逛街」了。

農村被餓死大量人口以後的一九六二年，據說中央召開了七千人大會，面對幾千萬同胞的冤魂，毛澤東只輕描淡寫地說了一句：「我是主席我負責。」隨即話鋒一轉，繼續對廬山會議上揪出的右傾機會主義份子開展鬥爭，也就是替幾千萬餓死鬼喊冤的彭德懷。

當時我們並不清楚饑荒的嚴重程度和波及面積，只是因為我們從邊遠的雲南山區遷到內地以後，交通條件有所改善，況且我們這一中隊的勞教分子已離家三年，所以斷斷續續的，許多右派家屬到勞教隊來探親。他們帶來的「負面新聞」令與世隔絕的我們大吃一驚，也恰好與我們暗地裡對以總路線、大躍進、人民公社為主軸的三面紅旗的否定不謀而合。

駐紮在快活場時的工作是完成一段土方作業，相比之前成昆線和內昆線上的隧道作業，土方作業的勞動強度稍低一個檔次，於是斤斤計較的勞教隊幹部趁機再次減扣了我們的糧食標準。因為所有人都住在民房裡，和當地農民接觸的機會很多，吃不飽飯的勞教分子們便紛紛拿出自己的衣物和農民交換糧食，一時間「黑市交易」十分活躍。

當年的勞教並沒有期限，隊裡口耳相傳的一句話是「勞教就是無期徒刑」。但在快活場，中隊裡竟然出現了第一個被解除勞教的「著急分子」（如前所述，其實就是對積極分子的蔑稱）。他並非右派，而是一個偷摸扒騙奸的壞分子，他的積極之處就在於經常協助幹部監視我們和農民交換糧食的違紀行為。有一天，我用三元錢在一個農民家裡買了一碗米飯，被他當場「拿獲」，命令我把飯交給他，我當然不服從，於是和他發生了爭吵。他立即回到中隊向幹部報告我如何「氣焰囂張」。當晚的學習會也就變成了對我的批鬥會，會上我還很不識相地據理力爭，幹部見狀，決定下狠手滅滅我的「囂張氣焰」，便指使該「著急分子」找來一根細麻繩，又叫來身強力壯的炊事班班長，那些想在幹部面前掙表現的人一擁而上，七手八腳將我捆倒在地。這是我生平第一次經受這種酷刑的蹂躪，我向來認為大丈夫可殺不可辱，那一次所遭受的奇恥大辱讓我下定了逃跑的決心。

一九六一年十月，具體幾日記不清楚了，我遭受捆綁批鬥的凌辱之後，決定用逃跑的方式來給勞教中隊的幹部們添點麻煩。那時同是右派分子的妻子胡君已經改名換姓，在新疆生產建設兵團當上了一名銑工。大約九月中旬，她來信暗示我，希望我沿用她那種改名換姓的方式逃到新疆，去和她團聚。在解除勞教遙遙無期的情況下，我也就下定決心一走了之。

我要逃跑這件事在我所在的中隊裡幾乎盡人皆知，除了那些整日挖空心思琢磨著怎樣告密的「積極分子」以外，幾乎是中隊裡公開的祕密。在這種情況下，我必須儘快逃走以免事情提前敗露。但藏在內心裡的計畫，也就是準備逃往新疆去我妻子的駐地找工作的打算，我只和李才義講過。當時他是我最好的朋友，甚至在平反以後，他還記得我當年已經逃往新疆的妻子的化名。

事不宜遲，我立即邀約了自稱會刻公章的同學周茂歧與我一起逃跑。在當時社會管制極其嚴密的情況下，沒有公家出具的路條，路途上連住旅館，買車票這類事都無法辦到。我建議周茂歧刻一枚「四川省地質局一零八中隊」的公章，一來考慮到地質局是一個流動性較大的單位，二來我們所在的勞教隊就叫一零八中隊。周茂歧很快就用肥皂依照我的設想刻好了這枚公章。

逃跑的日子選定在十月一日，因為這一天是節假日，勞教隊的管理相對鬆散，幹部們也疏於防範，這便讓我們有機可乘。逃跑的計畫很簡單，我倆準備先照常在隊裡吃過午飯，扔下飯碗之後直奔駐地背後的山脊，翻過這座山，再尋路狂奔。在上山之前，我專門去大家存放餐具的地方，找到隊裡最喜歡打小報告的「屁兒蟲」心愛的那個花飯盆，倒扣在地上狠狠地一腳踩扁。做完最後這件事，我們反身便向後山奔去。

隨後，我們用這枚假章偽造出很多份證明文件，在長途客運站買到車票，乘車途經蒼溪，南部，閬中，直達南充，然後又轉車去重慶。途中我們乘坐的汽車需要乘輪渡過江，我看到碼頭上有一個村婦在兜售一種名為「使君子」的中藥乾果。這種乾果帶著一點甘甜味，饑腸轆轆的我立即找她買了三四十粒，恰巧與我同行的周茂歧又極其不情願吃這種食物。當年我並不知道這種乾果帶有輕微的毒性，讓幾十粒乾果很快就吞到了肚子裡。到達重慶以後，我們又按計劃分別住在兩家不同的旅館，以免被一網打盡。當夜，「使君子」的毒性發作，我在旅館房間裡嘔吐不已，面色十分難看，頭也暈乎乎的。最糟糕的是，我這麼一副六神無主的樣子在前臺登記的時候就已經引起了工作人員的懷疑，那枚做工差勁的假公章更是加深了他的懷疑。半夜裡，派出所的民警接報告後專門到我房間查房。為了在逃亡的路上不被發現，周茂歧要求我們每天都要各自換一個姓名，身上也就揣著好幾張寫著不同姓名的證件。民警叫我出示證件的時候，我暈頭暈腦地摸出了一張並沒有在這家旅館登記的證件。結果被員警當場識破，他大聲地向我喝問道：「你到底叫什麼名字?!」「帶走！」

於是我被員警身後的兩個民兵抓到附近的龍門浩派出所，第二天又被送入郵局巷遊民收容所。這一關就是兩個多月，我幾乎被餓個半死，每天的口糧僅僅是兩碗玉米粥和一點點鹽巴。在那裡被餓死的人不計其數，進入牢房的過道上，幾乎每天都並排躺著八九個將要餓斷氣的遊民，個個骨瘦如柴。只要其中之一真的斷下了氣，待在牢房裡的我便能聽見看守拖著屍體的兩隻腳踝，走下樓梯時屍體腦袋撞擊每一級樓梯臺階的「咚咚」聲響。這「咚咚」聲敲擊著我們每一個關押者的心，指不定哪天自己的腦袋就得去「咚咚」了。

為了盡可能地多吃一口粥，我變賣了身上所有的糧票。哪怕收容所提供的吃食如此之少，居然仍有為數不少的遊民連這一點吃食都不願吃，非要把自己的這份口糧拿出來和別人交換香煙，糧票。正是通過這些交換，我也就勉強能夠維持體力，最後活著從裡面出來。

在這中間的某一天，民政局的領導要到遊民收容所裡視察，收容所還特意派人來為每一個蓬頭垢面的遊民剃了個頭，以便大家在領導面前顯得「容光煥發」。當穿著呢子大衣，頂著個大肚皮的領導走到我們跟前時，沒有人帶頭，也沒有任何人事先商量過，突然間所有人撕心裂肺地沖著領導高喊：「我們快餓死了！」衣冠楚楚的領導被這突如其來的恐怖景象嚇了一大跳，擺出雙手作抵擋狀，滿臉驚恐地向後退步，趁還沒有摔倒在地之前匆匆逃開。現在想來，這一聲嚎叫應該就是人突破底線的求生本能使然，那個景象我一生難忘，每每想起，總是不寒而慄。

關押在遊民收容所的兩個多月裡，我斷斷續續地聽這些流浪漢講述他們各自的苦難經歷，那種慘狀遠遠超過我的想像。好幾個流浪漢都向我講述了一個相同的故事：家裡年邁的老人會在某一個月的月初去糧站領回全家的口糧，然後自己悄悄地找一棵樹上吊自殺，把自己的那一份口糧留給子女們。事實上，雖然那已經是一九六一年年末，饑荒最慘烈的時期已經過去，全國的糧食供應情況也開始慢慢回轉。但聽當時和我關押在一起的遊民說，城市居民還勉強可以靠每個月分派的那點供應糧吊著命（每人大約十幾斤），而農民除了自己刨點草根，觀音土之類的東西充饑，幾乎沒有什麼可吃的了。

我想起之前在勞教隊裡，每個月三十五斤的口糧只能管個半飽，為此還總覺得自己受了天大的委屈，肯定是這個國家裡挨餓挨得最慘的人，現在看來，似乎也沒那麼委屈。忽然間我又想起，之前和周茂歧從勞教隊逃跑出來後，我們跋山涉水來到一戶農戶家裡，想拿一點我們隨身攜帶的糧票作為交換，在他家搭夥吃個飯，那個農民婉言謝絕了我們提出的交易，而且面色極其尷尬，十分為難。在我們的再三請求下，農民終於端出了幾小碗自己平時吃的飯菜，全是野菜，雜草，和少得可憐的幾顆米粒。聽過遊民們各自的描述，以及自己的這一小段親身經歷，我才恍然大悟。那時中國的普通農戶家裡，大多是沒有糧食的，幾乎都處於斷炊狀態。尤其令我感動的是，那個只能以野菜果腹的農民最後堅持拒收我們給出的三兩糧票，我們硬塞到他手裡後，他從家門口一路攆著我們非要退還回來，那種樸實的品質令我一生難忘。

遊民收容所裡的規矩是，凡是是外省籍貫的遊民，一律送到綦江縣九鍋菁的遊民改造農場。這個農場和我後來見識到的勞改農場大同小異，唯一的區別是這裡的遊民沒有被判過刑。我自小在武漢讀書，能說一口標準的湖北話，而湖北方言和江西方言的口音又幾乎雷同。為了儘早離開收容所而不至於餓死在這裡，我便自稱是從九江到重慶來做打火石生意的江西人，還照著我原來在廬山中學的好朋友黎維綱的名字，給自己編造了一個叫黎維民的假名（諧音為民，圖個政治正確）。我因此信誓旦旦地向收容所管教撒謊說，九江的黎維綱是我的胞姐，他們也信以為真。不久我就被成功地編入外省遊民的行列，如願以償被送入綦江縣遊民改造農場。農場裡的對各類分子的管控相對鬆散，在這裡領到一件新棉衣之後的第一個休息日，我再次逃跑出來，在九鍋菁的火車站乘火車向重慶逃去。

到了重慶，我馬上去找勞教隊難友任世同的妻子。在勞教隊裡，任世同欠我幾分人情。在我逃跑之前，他遞給我一張字條，上面寫：執此條者是我最好的朋友，希望盡力資助。他同時叮囑我，如果落到走投無路的境地，就帶著字條去天津交給他的胞兄任孝親。說胞兄是一名汽車駕駛員，興許能幫我不少忙。我在位於苦竹壩的重慶電池廠很快找到任世同的妻子，她曾到勞教隊來探望過丈夫，所以我們早已認識。她借給我一百塊路費，我當著她的面給我在新疆的妻子寫了一封信，叫她速寄一百塊錢給這位難友的妻子。

聊天中我告訴她，這一次之所以被捉住，就是因為周茂歧給我偽造的證件太過於拙劣才露出了馬腳。她一聽說是證件的問題，非常天真向我袒露，通過單位辦公室做幾個假證件太容易了。很多同事都拿著假證件去供銷社買「病號白糖」（那年頭病人可以憑醫生和單位出具的證明買到半斤白糖）。她所在車間的公章就由她本人保管（她也兼任那間車間的醫生），每次她需要用上假證件時，就會用一塊小紙片蓋住公章上「第二車間」四個小字，蘸上印泥，再印在公用信箋紙上，一張完整的重慶電池廠廠級證件便誕生了。說罷，她當即拉開抽屜，如法炮製，一口氣給我偽造了五張證件。

我們當時都太幼稚了，尤其是她，竟然這麼熱情主動地幫助我，絕沒有料到這五張假證件所招致的災禍會嚴重到什麼程度。在我後來又一次被捉拿歸案後，她作為我的同案犯迅速被捕，得到一張五年有期徒刑的判決書。也就是說，一張假證件換來的是整整五年的牢獄之災。

離開重慶後，我先到成都稍事停留，買了成都開往北京的火車票，然後轉車去天津找到了任孝親。雖然從西南腹地逃到了北方城市，但我還是沒有逃過再次落網的宿命，個中細節，在拙作《格拉古軼事》中已作交代。但我之前沒有交代的是，我始終沒有向任孝親透露自己最終是要逃往新疆與妻子團聚的意圖，真是不幸中的萬幸。因為舉報我的人，正是任孝親。

待到一九六五年，我被正式判刑十八年後，才寫信寄往新疆。信中說，請不要再等你的二哥了（勞改隊寄出的信件必然會接受檢查，我為隱瞞妻子的真實身分，與她以兄妹相稱），你重新安排自己的生活吧。從此和妻子斷絕了音訊。

被捕後，我的起訴書上寫著這麼一條主要罪狀：妄圖逃往南斯拉夫駐華使館尋求政治避難，進而投靠鐵托集團。一聽就知道，這是與我的逃跑行為風馬牛不相及的描述。但可笑的是，和周茂歧一同出逃的路上，我倆還煞有介事地討論過到北京去投奔南斯拉夫大使館，向他們揭露大躍進餓死人等等慘像，在老外面前為彭德懷鳴不平。說到此處時，我還義憤填膺地放出狠話：「要是能把這些話都說給使館的外國人聽，說完了把我拖出去槍斃都無所謂！」現在想來，真是天真得離譜。後來在我獨自乘火車去北京的途中，遇到一位有點見識的北方流浪漢，他聽了我想要投奔大使館的意圖，冷笑著對我說：「還沒等你走到大使館門口，東交民巷遍佈的員警就把你抓起來了。」於是我便放棄了這個本來就不堅定的打算。

最後的判決書上引用了《中華人民共和國懲治反革命條例》第十一條之規定。我拿到判決書後，馬上向看守所要來一本《懲治反革命條例》，翻到十一條，白紙黑字清楚地寫著：以反革命為目的偷越國境者，處五年以上徒刑、無期徒刑或死刑。也就是說，法院認定了起訴書上那條對我的指控。

我之所以讓他們把這條指控坐實而未加辯解，是因為同是右派身分的妻子從家鄉長壽縣偷跑到新疆，改名換姓後落戶在米泉縣拖拉機修配廠，過上了安穩的生活。若我一旦交代出自己逃跑的真實目的地，就等於出賣了隱姓埋名的妻子。在我被劃為右派的時候，她曾用自己的團籍向組織作出書面保證，證明自己的丈夫絕不是反黨反人民的右派。在中共看來，這就是典型的「為右派喊冤叫屈」的右派行為，所以第二天她就被劃為右派，受到開除公職，遣回原籍的處理。

我的妻子胡君為我承擔了太多本不該由她來承擔的苦難，所以我寧願死，也不願連累到無辜的妻子。逃往新疆和逃往南斯拉夫大使館的性質迥然不同，如果我如實招來，興許能在法官面前減扣幾年刑期，但卻一定會把妻子從好不容易安定下來的生活拖入地獄。十八年的牢獄生活雖然漫長，但用自己的受苦最終能夠換來妻子生活的安寧，我也就無怨無悔了。安徒生說過一句話：「平靜的良心是最溫柔的枕頭。」

第一份工作

一九八〇年，我從雷馬屏農場平反回到南充，雷馬屏勞改農場是我被判刑之後送去服刑的勞改場所，這之間十五年的經歷已在拙作《格拉古軼事》中作了詳細的交代，此處不再贅述。按當時的政策規定，我應該回到原來的工作單位，也就是南充縣政府民政科。

到達南充縣後，我沒有立刻去民政局報到。在反右時期鬥過我的那些人仍在崗位上。我們在私下場合碰面時，他們一個個對我笑臉相迎，告訴我說，其實他們一直都不相信我是右派，這讓我心裡很不是滋味。另外我還發現，南充縣政府機關的在職人員膨脹了很多倍，原來一個飯堂就能容下整個縣級機關的全部幹部，而現在的縣級政府已分出了許許多多下屬局，人員之多也非昔日可比。很多原來只佔用一個辦公室的部門，現在已經需要一幢大樓才能裝得下了。

單位裡當年被揪出的右派分子大多下放農村，少數仍在機關留用，被送去勞教勞改的很少。留在機關裡的那些右派分子在文革期間再次遭受各種各樣的羞辱和鬥爭，可以說每一個右派分子的身心早已是傷痕累累。不僅是右派，在機關裡的人中，能躲過打壓平步青雲的永遠只是極少部分，大多數人難免成為一九四九年以後各類運動整肅的對象。

打倒「四人幫」以後，中央召開了撥亂反正的十一屆三中全會。會上委員們一致同意將文化大革命定義為十年浩劫。不客氣地說，這其中多多少少是因為當時的決策層皆不同程度地在浩劫中受過苦難，剃陰陽頭有之，坐「噴氣式」有之，更有甚者的直接進了「八寶山」，活著的與會者們一致認同這個決定也是順理成章之事。其實這些舉手同意的「老一輩無產階級革命家」雖說在文革中歷經磨難，但在反右運動中，他們幾乎個個都是「鬥」志昂揚的幫兇。只不過當政治鬥爭的苗頭真正轉向他們的時候，這些人才終於幡然醒悟。

我當時與居住在南充縣的老朋友們聊天時，發現大家幾乎都對共產黨的統治深感失望，很多人由此認為中國的問題是教育的問題，只有改善教育品質，才能改變中國的現狀。我當時認為這種說法很有道理，開始認真考慮到底要不要回民政局工作，或者乾脆投身教育行業，為國家的前途盡一點力。

那時肖大哥正好在南充市吉慶巷中學教書，另一位老友遙攀也是南充教育學院的教授，正是他倆力主我去做一名人民教師。肖大哥多年來待我的恩情自不待言，而遙攀也和我一樣是一名老右派，他於一九七六年當年先行得到「改正」。我們早在一九五六年舉辦的「四川省文學創作會」上就已相識，時任省文聯《草地》雜誌社編輯的他和我很談得來，當年我在民政科工作，還幫他把三個姪女的戶口從南充遷到成都。那年頭戶口遷移由民政部門辦理，而不是像今天這樣要由公安部門辦理。遙攀始終惦記著這份情誼，此番我出獄回到南充，他聞訊後立刻邀我去他家中借宿，我當時一貧如洗，也沒有推辭，這一住就是一個多月。

肖大哥和遙攀兩人待我不薄，我想他們的建議也大致錯不了。幾經周折，我被調入南充地區絲二廠教育科，教育科分配我去絲二廠的技工學校教英語。一開始我並不樂意這樣的安排，畢竟這所技工學校和普通的公立中小學相去甚遠，招收的學生大多是廠內職工的子女，將來父母退休以後，他們便可以「頂班」的名義獲得一份工作。既然技工學校的學生不必為工作前途而憂慮，學習的動力也就蕩然無存。我深知這一事實，料定在這樣的學校裡只能混口飯吃，要想施展自己教書育人的抱負恐怕是走錯了地方。所以我沒有一口應承下這份教職，打算先去絲二廠附近轉悠一下再做決定。

一九八零年十月左右，具體幾日記不清楚，那天上午坐著班車去往絲二廠的路上，天上下起了小雨。汽車經過一片水田時，我透過窗戶玻璃看到不遠不近的田地裡有一個老農，他渾身泥濘，拉著同樣渾身泥濘的耕牛艱難地在雨中踽踽獨行。我當時心裡咯噔一聲，這不就是勞改隊裡的我麼，渾身濕透，分不清汗水還是雨水，在地裡幹著永遠也幹不完的農活。

回到絲二廠的教育科，我沒有再做更多的掂量便應承下這份工作，雖然是給一群貪玩的學生上課，但再怎麼不如意，也比累死累活的勞改隊裡安逸太多。我順便轉告熱心的朋友們，請他們不必再幫我繼續物色更合適的教職，我決定安安心心地在這裡待下去。

這個技工學校的校長是南充市絲綢公司黨委書記的丈夫，誰能想到，從部隊轉業到地方之後，他曾一度在東北某地管理過勞改犯。對這段經歷，他顯然抱著不以為恥，反以為榮的態度。大家才剛一見面，他就得意洋洋地向我宣揚自己當年命令犯人漫山遍野為他尋找野生猴頭菇的惡劣行徑。

就在我教書的當年，正遇當局「反精神污染」。喇叭褲，長頭髮，以及鄧麗君的情歌都被嚴令禁止。這個校長顯然是個文化素養有限的老頑固，他身體力行，操著一把大剪刀，每天早晨守在學校門口。只要一看見穿喇叭褲或者留長髮的同學，老頑固就會喝令對方站住，抄起剪刀就去剪別人的褲腳和頭髮。毫不客氣地說，校長就是個不學無術的惡棍。說過的很多話在我聽來也極其刺耳，我這麼一個剛從勞改隊裡放出來的「下級」在他面前得不到絲毫的尊重。但是，絲二廠的組織科科長對我卻非常好，廠裡要分配職工宿舍，黨委會上討論這件事時，他第一個發言說：「張老師不夠資格，誰還夠資格？」在他的仗義執言下，我很幸運的分到了一套兩居室的新房。他告訴我這個好消息的同時又對我說，兒子即將參加高考，希望我無論如何也要把兒子的英語成績補起來。我當然義不容辭去做這事，利用業餘時間給他兒子補習英語，直到他考上重慶建工學院。

不出我所料，整個技工學校裡也沒有幾個真正想好好學知識的學生，學習的氛圍奇差，上課時交頭接耳嘻哈打笑簡直是家常便飯。在那種鬧哄哄的教室裡講課對我來說簡直就是煎熬。於是我想出一個妙計，在課堂上向學生們宣佈，每一堂課的前四十分鐘你們專心聽我講課，最後我留十分鐘專門給你們講故事。我講的當然全部都是勞教勞改期間經歷的事情，對這些單純的學生娃而言，這些真實的經歷不僅聞所未聞，而且難以想像，也算給他們開開眼界。讓他們知道這個國家還有那麼多人曾經蒙受過如此奇冤，經歷過多麼荒唐的起伏人生。從此，我的課堂上再也沒有了打鬧說笑的學生，課堂秩序奇跡般地變得井井有條，學生們對我的尊敬之情也溢於言表。二〇一三年我在成都市新都區過八十歲的生日時，前來向我道賀的朋友中，除了勞教勞改時期的「難友」，黃埔軍校的同學之外，這群當年技工學校的學生還開著兩部汽車專程從南充趕到成都向我祝壽。幾十年過去，他們仍然聲稱我是他們一輩子的偶像，這讓我深受感動。

調入南充市

當我先前幼稚的「教育救國論」的幻想破滅之後，便不由自主地產生了趕緊改行的想法。恰逢那時全國都在轟轟烈烈地宣傳「萬元戶」的事蹟，於是各地的文聯會員都被動員起來以他們的事蹟作文章，南充市也不例外，召開了萬元戶表彰大會，（會議的名稱已經記不清了，但反正是這麼一回事）我作為南充文聯的元老級會員，當然也在被邀請之列。

那天我早早來到會場，在門口流覽表彰萬元戶的壁報時，恰好已升任為南充地委書記的康咸熙走了過來。他早年是南充縣委農工部的幹部，反右之前的五十年代我們就已熟識，之後我的右派身分得到改正也有他的一份功勞。那時是一九八〇年初，我還在雷馬屏農場山西寨中隊勞改。有一天我在四川日報上偶然看到南充縣委書記康咸熙的名字，決定去信一試。勞改犯人是沒有通信自由的，凡是對外通信都要交給幹部審查。我畢竟是個老資格的犯人，人際關係網廣一點，便找了一個能離隊外出勞動的放牛犯替我把信直接扔到西寧街上的郵筒裡。就是寫給康咸熙的，寫信的目的是為了讓他知道我的近況和所在的地方。因為當時全國範圍內的右派都已得到改正（除了極少數地方和中央點名認定的右派，總共不超過一百人），而像我這樣受刑事處罰被關進勞改隊的右派本來就為數不多，一個一兩百人的勞改中隊裡最多只有一兩個右派，而他們大多都已經平反出獄（平反針對的是勞改犯的身分，對右派而言沒有平反一說，只有改正）。我因為從勞教轉到勞改的異常經歷，使得我的右派身分不為領導所瞭解，仍然作為一個刑事罪犯繼續在勞改農場裡接受改造，平反的事始終懸而未決。在當時大張旗鼓的全國性的勞改右派平反之風中，我竟成了漏網之魚。

我平反回到機關後，老朋友們告訴我說，康書記收到我的信件之後，站在辦公室中間一邊揮舞著我的信，一邊興奮地高聲說道：「你們到處找張先癡，這不是張先癡嗎？」真正讓我感動的是，我回到機關報到辦手續時，他立刻迎上來握住我的手，說：「這些年是真正委屈你了。」我一聽到這話，差一點流下眼淚。

在萬元戶大會門口重逢時，康咸熙問我：「你現在在做什麼工作？」我回答：「在絲二廠教書。」他聽後流露出遺憾的神色，說道：「教什麼書啊，還是去搞你的文學創作嘛。」不久，南充地委組織部有一位與我相好的老朋友告訴我，康書記在地委會議上替我說了幾句話，他說：「不要說我們南充地區沒有人才，我瞭解的張先癡就是個人才，當時南充地區即將要成立地區文聯和地區社科院，這兩個單位張先癡都可以去嘛！」過了兩天，地委組織部的這位朋友就把我帶到地委宣傳部長郝振書家裡，向他諮詢我的工作問題。他只是含含糊糊地回答了兩句，但在送我出家門的時候，他湊上來悄悄地問我：「你和康書記是什麼關係？」我卻愚鈍地老實作答，說我們只是若干年前就認識的老同志而已。這層關係在他看來顯然沒有投機的價值，我的工作問題也就被擱置在一邊了。

沒過多久，我又把康書記關於希望幫我落實工作的說辭無意間透露給了南充市文聯的書記。這位書記非常上心，他立即向市長作了彙報。當時風傳的消息稱，省上即將在南充地區成立一個地區級文聯，直接壓在南充市文聯的頭上，而這是後者最不希望看到的局面。所以第二天市委書記就作出了把我調入南充市文聯的決定（請注意，當時這裡是地級管市級和縣級），這在一定程度上阻礙了南充地區另行成立文聯的人事安排。

我調入南充市文聯以後，與絲二廠脫開干係，廠裡也收回了之前分給我的那套兩居室房屋。據說是因為文聯宿舍沒有多出來的住房，我便被安頓在近郊的農戶家裡。那所房子是一幢獨立的小樓，室內面積大概有五六十平方米。當地村民說，房子是建在一座孤墳之上的，原來住過人，但都因為怕鬼的緣故紛紛離去。身陷囹圄二十三年的我見了太多死人的事情，再也不是放學後連夜路都不敢走的膽小鬼，對這一類荒誕無稽的流言付之一笑，安心住了下來。

後來有一個辦報紙的勞改隊朋友請我幫忙給他拉兩則廣告，我很快給他找來兩個整版的廣告。作為回饋，他給了我一千塊錢，這在當年已是一筆十分可觀的數字了。我拿到錢後立即送給市文聯的「一把手」，並當面要求他分給我一套住房。雖然此前我已多次向他提出了相同的要求，但都沒有下文。直到這一千元的賄賂到手，他才終於分給我一套兩居室的舊房，這也是我平反後第一次嘗到行賄走後門的甜頭。

有了自己的住房，又經右派老友的介紹草草成婚，好像人生一切該辦的事都辦完了。再加上在文聯工作了一段時間，對中共管控筆桿子的一貫政策有了起碼的瞭解，我也就不再幻想作家能夠有暢所欲言的創作環境，撐死了也就是在自己編輯的文聯刊物上寫些不痛不癢的短評。雖然當時已經有了《綠化樹》，《雪落黃河靜無聲》《大牆下的紅玉蘭》《高女人和他的矮丈夫》等傷痕文學的代表作，我也都一一找來讀完，但我始終認為，這些作品都沒有觸及生活中最陰暗的本質。當時我在心中暗想，如果有一天我決定要認真地創作嚴肅文學作品，我就要把那些我所見到，我所親歷的種種血淋淋的苦難都寫出來。

那時我的內心深處，也實實在在存在著極大的恐懼，經年累月的監獄生活給我留下的苦難記憶仍在心底發酵。睡夢中經常會出現受酷刑，甚至被宣判死刑的恐怖場面。而自己的孩子當時還在繈褓之中，

一九八八年新星函授班學員在都江堰舉行全國詩友會。

一旦離開父母的呵護，幼小的生命又有誰來替我哺育？過去的陰影連同現實的憂慮，使我不得不擔心政治運動隨時可能捲土重來，讓我去「吃二遍苦，受二茬罪」。我還是少說為妙，不要給他們留下整我的口實。這樣想過之後，我一度放棄了想要記錄苦難的內心追求，開始了拖天混日的麻將生活，整天召集文聯裡的年輕人，終日沉醉在「再來八把」的麻將桌上。奈何時任文聯「一把手」的老同志論工齡遠不及我，論資歷更是不敢和我這樣身背冤案，滿腹牢騷的「老革命」一比高低。所以他也就只能對我的放縱睜一隻眼，閉一隻眼，假裝未見。

這時，上海市的《萌芽》雜誌牽頭創立了一個名叫「全國文學創作函授中心」的單位，並向南充市文聯發出邀約函件，希望我們能加入該中心成為其成員。我作為南充市文聯的代表到上海市參加成立大會，而且正式成立了「全國文學創作函授中心」南充市「嘉陵江分中心」。我作為負責人，招募了五六個臨時工，在南充市的環形廣場租下幾間辦公室，聘請老師，招收學員，還辦了一本教學刊物，像模像樣的函授班從此掛牌成立。

文聯的領導之所以放手讓我去經營這個攤子，一來可以讓我遠離單位，拔去我這顆「眼中釘」，二來又可以通過函授班為文聯帶來些許經濟收益。這個函授中心大約存續了一年時間即關門倒閉，個中細節，不再詳敘。

在此期間，有一樁令我耳目一新的遭遇，尤其值得在此記下。在南充縣政府工作的時候，因為大家都愛好文學，有一位黃姓老兄年輕時是與我無話不談的密友。反右運動中他曾在財政科工作，而我當時是在民政科。在那個人人相互猜忌陷害的時期，我們之間也相安無事。我平反出獄後常和他喝茶聊天，回憶往事。有一天，他突然電話邀我去一家高檔酒樓參加飯局，到達之後我才知道，他有一個從臺灣回大陸投資開工廠的胞兄。在八零年代中期，正趕上改革開放初招商引資的紅火時候，他胞兄的到來在南充當地引起轟動，這台飯局就是南充地區領導為他胞兄專設的歡迎酒宴。飯畢我私下裡問他：「老黃啊，我們相處這麼多年，怎麼我從來沒有聽說過你還有哥哥在臺灣呢？」他淡淡一笑，頗為神祕又帶著點自豪的意味，理直氣壯地對我說：「我怎麼敢說出在臺灣還有個哥哥的事實呢，說了我還能有今天嗎?!」這句話簡直就是在嘲弄我們這些頭腦簡單的政治傻瓜。由此可見這些城府極深的共產黨員在處理個人問題上的老道練達。這一小插曲讓我久難釋懷，足足失眠了一整夜。

一九八九年秋季新星函授班學員在樂山舉行全國詩友會。

我和著名詩人孫靜軒兄弟（左為張先癡，中為孫靜軒，右為孫靜軒四弟孫毅光）攝於二〇〇〇年。

我所瞭解的孫靜軒

提起孫靜軒，不得不為他多說幾句話，百度搜索孫靜軒最先搜出的就是《右派詩人孫靜軒的生前死後》，這是我在臺灣版的《格拉古實錄》中寫的一篇拙作。文中讀到我和他的部分交往經歷。實際上，文革前的孫靜軒，雖然他已經劃為右派了，但他還是一個毛澤東的忠實信徒。林彪事件以後，他才澈底改變了對毛澤東的看法。很少有人知道，孫靜軒有一個大哥名叫孫文波，一九四九年，他作為解放軍的一員，參加了解放重慶的戰鬥。重慶解放後，三十四五歲的他居然和一個逃跑到臺灣的軍人遺孀結婚，並且生兒育女。文革期間，他的滔天罪行被造反派挖掘出，活活把孫文波打死。臨死之前，孫文波對他的三弟孫靜軒和四弟孫毅光咬牙切齒地說：「共黨不亡，天理不容」。這句話，對他們的弟兄留下印象深刻，估計產生了深遠影響。

我在星星詩刊函授部當教務長的時候，孫靜軒也是顧問之一。我們由於談吐相契，早已成為通家之好，無話不談的朋友。我的拙作《格拉古軼事》剛打印成冊之後，第一個就想聽他的意見，他當時看完了之後說：「沒想到你狗日的還大器晚成」。這句話對我還是很大的鼓舞，孫靜軒是一個不講情面的人，如果不好他會直接說不好。孫靜軒的最後一本詩集《告別二〇世紀》，是我和他一起到綿陽科技大學印刷廠去印刷的。他把書取出後送我一本，並在扉頁寫下了：「人生得一知己足矣」。由此證明，我和他感情篤深。

孫靜軒《告別二〇世紀》詩集出版後，省委宣傳部責成省委文聯和省委作家協會的一把手，找孫靜軒談話，叫他挖地三尺也要把這本《告別二〇世紀》的詩集全部上繳銷毀處理。其實這兩個一把手都不願意私人關係得罪孫靜軒，只是做點官樣文章應付上級要求。據我所知，這部詩集至少有二百本以上留存於世。在香港《開放》雜誌上選登了了兩期孫靜軒的《告別二〇世紀》，獲得了不菲的稿費，讓我們幾個朋友大吃大喝一頓就完了。

其實，這對孫靜軒來說，已經是第二次寫詩闖禍了。一九八〇年，他寫了一首長詩《一個幽靈在中國大地上遊蕩》，由於這首詩尖銳地對毛澤東的諷刺，在中國詩壇影響很大。陝西某主流雜誌一位沙姓編輯，在孫靜軒家中作客看到此詩草稿，要求把這篇詩稿從成都帶回陝西，孫靜軒覺得是草稿還需要修改，這位編輯說不用，就這個草稿就非常不錯了，於是很快被帶回陝西刊出。被時任陝西省省委書記的馬文瑞報告到了中央宣傳部，導致這份知名雜誌被封殺。孫靜軒還在四川口報上撰文檢討，引起全國轟動。

孫靜軒曾經是省政協常委，他常口出狂言：「世界上除了希特勒有黨衛軍之外，只有中國共產黨有軍隊了」。弄得政協的秘書長私下求饒，叫他說話注意影響。類似事件，多次發生，不一一例舉。

尤其令我佩服他的是，「六四」的時候，他去北京天安門廣場附近的地鐵棚子裡陪學生待了一晚上。六四屠殺慘案發生後，孫靜軒發誓：「六四不平反，我孫靜軒不剃須」。二〇〇三年去世時，他是帶著鬍鬚進入火葬場的。

有一次，肖秧省長給孫靜軒打電話，叫孫靜軒給中紀委揭露謝世傑貪汙和亂搞男女關係，他的兒子和省級機關掛靠開公司，從中牟利等醜事曝光。孫靜軒給中紀委電話打通後說：「我是孫靜軒，我是一個詩人，我在這裡向你們舉報四川省省委書記謝世傑貪汙」。估計對方也用的免提電話，聽到對方電話裡哈哈的笑聲。結果謝世傑照樣官運亨通，福蔭兒孫，舉報不了了之。孫靜軒覺得在一黨專制下的反腐，幾乎是不可能的。他說：「再好的醫生，也不可能給自己割盲腸」。

我曾經想為孫靜軒寫一個小傳記，書名就叫《非凡的凡人——孫靜軒傳》，因為我過於忙碌，最後只有放棄。

「六四」後，廖亦武因拍安魂曲被重慶警方關押，安魂曲片頭介紹了石光華等四川新興詩人，正好星星詩會在樂山郵電公寓召開，樂山警方在詩會上直接把石光華帶走，孫靜軒號啕大哭了一個通宵。他的哭聲響徹整個賓館。

孫靜軒去世時，四川省作家協會曾經給他發過一個訃告，其中對孫靜軒的褒獎，對社會主義的擁護，簡直肉麻。這一點可以看出這個政黨的無恥。

青海有一位二三流詩人，他自稱孫靜軒的五弟，這人深信《易經》。他到成都看望正在醫院就醫的孫靜軒，對陪護孫靜軒的夫人說，孫靜軒的床位方向需要根據《易經》的調整，吃的東西也按照他開的民間單方來治療，孫靜軒沒折騰幾下就去世了。

我在南充期間曾經有過一段短暫的婚姻，之前的某些段落裡也略有提及，因為一些我不願提及的緣由，這段婚姻關係只維持了一年左右便宣告終止。

了結這場婚姻之後，我對南充已無留戀。此時正巧我的一位密友，也是南充日報社總編室的主任宋昭清（筆名沖勵）找上門來，他告誡我說：「人不出門身不貴，你還是早點離開南充，換一個環境闖一闖。」這席話正中我下懷，曾經一位文友對我說星星詩刊讀者這麼多還沒有辦函授班，你人際關係這麼好完全可以去試試，我馬上想到那位收受了我一千塊錢賄賂的「一把手」，他知道我曾經辦過函授班，而省作協之前沒有開辦任何形式的函授班。函授班在當時是一門市場前景很好的行當，我有開辦函授班的經驗，而這些經驗是非常容易複製的，如果讓別人搶了先機的話，將是一件很可惜的事。我倆一拍即合，馬上成行，來到了成都，希望在省會城市能有一番作為。

在成都市相關單位負責人的協調下，省作協決定成立《星星》詩刊函授部和省作家協會文學院函授部。生活在八十年代的青年人普遍對文學抱有強烈的熱愛之情，乘著這一股時尚風潮，我順利地把兩個函授班辦了起來，在全國招收的學員將近四千人，自己也從中得到相當可觀的經濟收益。大約是一九八八年，我花了三萬八千八百塊在成都最早的商品房社區購入了一套二居室的房子，從此在成都定居下來。

第二年，也就是一九八九年，北京爆發了震驚世界的民主運動。我當時雖然對於中國的政治現狀非常不滿，但當年政府機關工作人員的腐敗程度還遠遠不如今天。舉例來說，我在函授班聘請的輔導教師一個月發工資十五塊錢，具體的工作是每人負責批改三十名學員的作業稿件。這個工資數目對前來應聘的編輯和記者等文字工作者來說，還是很有吸引力的。甚至連當時的省委宣傳部副部長張仲炎也是函授部應聘的輔導教師，任勞任怨地掙這筆在今天看來堪稱微不足道的「外快」補貼家用。這和眼下那些位居肥差，灰色收入唾手可得的體制內大小頭目確實不可同日而語。

八十年代中期，伴隨著傷痕文學的興起，中國大陸掀起了一場關於人文思想回歸的浪潮。報名參加函授班的學員絕對大部分都是對個人命運與國家前途有深入思考的有志青年，那時的人文氣候決定了這些青年幾乎都對現實生活持有批判的態度。例如我當時給學員們授課時，每每提到共產黨，我都戲謔地稱之為「貴黨」，小小一個玩笑也能引起學員們心照不宣的哄堂大笑。又如某位為學員們授課的年輕詩人在一次函授班的聚餐席間高舉酒杯大吼了一聲：「毛澤東就是個雞巴！」這種幾乎半公開的大膽言說在當時自由自在地進行著，大家心領神會，也默默贊許。

不久，在北京的民主運動影響之下，成都街頭也出現成群結隊的遊行隊伍，民眾的呼聲也愈演愈烈。四川省展覽館（也就是今天的成都天府廣場）門前的毛澤東雕像附近設有廣播站，日夜宣傳民主改革，譴責獨裁暴政，反對官倒行為。在大喇叭下聆聽演說的學生無不慷慨激昂，各個單位裡的熱情參與者也都湧向廣場中心，發表演講，叱責黨內腐敗分子的醜惡。當時我身處其中，聽到演說者如泣如訴地訴說這個民族的不幸與其重重歷史災難，常被感動得熱淚盈眶。似乎覺得經由這一代人的吶喊，爭取，國家和民族的命運便可以就此改變。雖然迄今想起，那只是一幅稍縱即逝的圖景，但它太值得留戀，太值得回味，讓我銘記終生。

直到今天，只要我一想起那巨型橫幅下的遊行隊伍，仍會保有難以抑止的激動。省作協的遊行隊伍通常都是由函授部的工作人員領頭，書上「四川省作家協會」幾個大字的橫幅也由我們扛著。這幾個字在遊行沿途的圍觀群眾中聲望極高，圍觀者都寄望於我們這些筆桿子能為他們呼號發聲。每次當我們遊行途經最繁華熱鬧的總府路時，人群中總是爆發出最熱烈的歡呼聲和此起彼伏的掌聲。我們深受感動，並為之鼓舞，深感肩上責任之重大，也向觀眾們揮手致敬，以表示我們絕不辜負他們的期望。每天晚上，我和幾個朋友都會聚集在詩人孫靜軒家寬大的客廳裡，一起收聽美國之音廣播電臺對北京天安門廣場的新聞報導。有一天，在新聞報導結尾時，播音員特地朗誦了一段孫靜軒那首名為《一個幽靈在中國的大地上遊蕩》的詩歌，大家聽後紛紛與他擁抱祝賀。

有一次我們在星星詩刊編輯部寫標語的時候，一位紅二代出生的領導悄悄地對我說：張老師，我可以對這次運動的結局做一個預言：一定是趙紫陽下臺，嚴家其等左臂右膀被流放。結果真是如他所料。這時我就想起了中國民間一句格言：耗子洞耗子才鑽得過。

「風波」的餘波（一）

「六四」鎮壓以後，省委宣傳部給作協派了一個黨委書記代替剛退休的陳之光，新書記叫呂洪文。據呂洪文原來準備就任新成立的三峽省擔任宣傳部長，後因三峽省沒有成立。他就調任省作家協會擔任黨組書記，負責對「六四」參與者的審查。

據聞，第一次開會對「六四」參與者進行審查，省作協名譽主席馬識途做了痛哭流涕的檢查，因他「六四」期間在報上投稿寫了文章支持北京的學生運動。除了剛剛調來的書記呂洪文，協助審查的就是周克芹，他審查最賣力。周克芹因《許茂和他的女兒們》這本小說獲得了官方的茅盾文學獎，因此從簡陽文化館調到省作協擔任要職，他本人在省作協沒有群眾基礎，老作家們對他非常排斥，所以他沒有多大威望。他妻子也不能調到省裡。審查結束不久周克芹就患癌症去世了。大家對他當年的氣勢洶洶整人害人懷恨在心，利用潛規則報復他。共產黨內部的潛規則，只可意會不可言傳的。對他的遺孀工作都沒有照顧，生活非常困難，沒有誰向他伸出援助之手。

回頭再說呂洪文，有的右派覺得他好，有的右派又說他不好。我不想去探究他們之間的是非，看來我們不能以一人之口、以一件事輕率地對一個人下結論，這才是一個人做人的原則。「六四」審查結束後，有很多右派人士發言數落呂洪文的不是，發配他到省委黨校去主編一個黨校刊物，也就阻斷了他的升官發財夢。

八十年代末，當時有很多在朝鮮戰場上被俘後定居臺灣的川籍老志願軍紛紛回大陸探親，有的甚至在大陸安家。有一次，一位回鄉探親的臺灣老兵心血來潮請省作家協會一把手吃飯，陰差陽錯，我也被拉去叨陪末座。席間，酒過三巡，臺灣作家向省作協一把手唐大同說：「我這種祖籍四川的臺灣作家，這種情況是否可以參加四川省的作家協會」。這個非常意外的提問，讓唐大同一臉驚愕，稍後順便問了一句：你是咋個到臺灣去的？這位作家落落大方地回答：我是在朝鮮戰場上被俘虜的志願軍。在座的諸君無一不目瞪口呆。

那些回大陸來探親的臺灣同胞，他們的出手闊綽讓人咋舌。他們和大陸親人的見面禮往往就是全家人一人一個金戒指。大陸的落後也讓臺灣同胞感到難以置信，一位臺灣同胞和親人見面後感慨道：「沒有想到大陸人民這麼窮，沒有想到大陸社會這麼亂，沒有想到大陸這麼落後」。一個退休老兵希望落葉歸根死在大陸，他用退休金輕輕鬆鬆在成都市區買了一套商品房，並在他的家鄉郫縣成功找到一個農村的中年婦女為伴。

「風波」的餘波（二）

一九八九年的民主運動最終湮沒在子彈劃過的硝煙中。作為省會城市，成都也毫無例外地展開了整肅行動。這場開始時被稱為「暴亂」，後來又被稱為「動亂」，最終被定性為「風波」的政治運動，按中共的一貫做法，人人過關的檢查交代必不可少。省作協有備而來，重新組成了新的領導班子，似乎就是為了整頓工作的展開，一時間作協內部風聲鶴唳。

整頓小組的人員中，除了新調來的書記，還有知名作家周克芹，看那架勢似乎是要大幹一場。但經過反右文革等歷次運動「千錘百煉」的知識份子們個個都積累了一定的「鬥爭」經驗。整頓小組忙活了幾個月，竟然一個動亂分子都沒有揪出來，於是悻悻怏怏草草收工。反倒是為整頓工作的周克芹小組長，在此期間居然被活活氣死，讓人啼笑皆非。

這個時候，我開始慢慢地對北京天安門事件產生了越來越大的好奇心，對那些屠殺學生的殘暴行動感到憤憤不平。於是我決定去一趟北京，試圖多瞭解一些這次事件的真相。恰巧這時有一個勞改隊的老朋友專程從宜賓到成都來找我，告訴我說他準備去北京搞一個什麼全國售後服務評比活動，並向我許下年薪不下五萬的承諾（年薪只是引誘我加入的說辭而已，實際上我的收入只是在我拉來贊助中的提成），這個價碼在當年頗為可觀，我便欣然允諾，去北京的計畫也就很快成行。

那時全國流行著各種各樣的評比活動，我這位老友要搞這個所謂售後服務評比活動時，那股風潮已接近尾聲。各類評比活動的操作慣例大致相同，先找一些力圖提高自身知名度的生產廠商，動員它們交一筆報名費參加評比。然後由人民日報，經濟日報等著名報社組成記者團去到各家廠商實地調研，我就是這個記者團的團長。

那年代的新聞界，演藝界都流行著一個詞：走穴，也就是公家單位的職員身背著公家的名義接私活掙外快的意思。像這一類的評比活動還必須有一個主辦單位，我所代表的單位名叫《中外科技產品報》，也就是這次評比活動的主辦單位。主管這家報社的單位是中國公共關係協會，辦公室設在北京飯店，會長是當時《經濟日報》的總編輯安崗先生。我曾經因為評比活動的組織事項，幾度去到他設在王府井大街旁的一個小巷中的辦公室彙報工作，他對我印象還不錯。安崗是全國政協文教組的副組長，而鼎鼎大名的方毅是他的頂頭上司，據安崗轉述，方毅在一次政協會上公開說：「毛澤東就是一個暴君」。這句話，即使在當年出自一個老革命領導之口，真的可謂非同小可的重磅炸彈，也沒有人進一步公開張揚，甚至有人還在內心認可。安崗能夠告訴我這個重磅炸彈，也表明他對我這個前勞改犯的認可，這非常難能可貴，他給我透露了很多中國名酒廠的各種秘聞，因為涉及商業機密，在此不說也罷。

前面提到的記者「走穴」，除了私下給記者塞錢動員他們去各地企業調研，企業也看中記者們頭頂上的大報社光環。我這個團長帶著一眾記者四處尋訪調研，各家企業的接待規格非常之高，一般由副總經理親自出面張羅行程，大魚大肉的宴席擺得琳琅滿目。在位於長春市的中國第一汽車集團公司，我們被視作貴賓，下榻在蘇聯專家樓裡。當時一汽集團正在生產奧迪轎車，第二天在生產車間裡進行參觀時，我對著流水線上還未組裝完畢的高檔轎車發出一陣空洞的讚歎。其實我對汽車一竅不通，想誇都誇不出任何具有實質價值的話來，但身邊的廠方隨員仍舊裝出一副滿心歡喜的樣子，回誇我「口才真好」。

評比活動最後評出諸如「最佳單位」、「優秀單位」之類的頭銜，製成金光閃閃的獎牌，又租用北京的人民大會堂，釣魚臺國賓館等聲名顯赫的場所舉行「盛大」的頒獎儀式。之所以「盛大」，是因為主席臺上坐著的竟然是伍修權，陳錫聯等退居二線的「老一輩無產階級革命家」。實際上，他們也是被租來的，老領導們對評比活動內容一無所知，完全是被自己的秘書矇騙過來，為我這位老友搭的檯子裝點門面。到頭來，出場費的大頭恐怕還得揣進秘書的衣兜裡，這也算是八十年代末到九零年代初期中國社會現狀中的一道獨特風景線。

這一次評比活動之後的第二年，我們又在北京大興縣舉行了中國白酒評比活動。這次被請來月臺的是輕工部釀造研究會的會長秦含章老先生，也就是秦邦憲的胞弟（秦邦憲就是化名為博古的中共早期領導人）。他曾留學法國和比利時，專門從事釀酒業的研究，在釀酒方面可說是著作等身，是中國白酒行業中的泰斗級人物。

那時的秦含章先生已是年屆八旬的老翁，言談間卻仍然露出一股青年人般的神采。他好奇地問我，為什麼名字裡有一個癡字。我告訴他，自已本名先知，先癡是我年輕時寫詩的筆名，但在一九六四年收到的那張「投敵叛國」判決書上，灌縣法院不僅寫錯了我的名字，把「知」錯寫成「癡」，甚至連「癡」字本身也寫成了錯別字，少去了左邊的兩點水。從此之後我乾脆「服從判決」，改名為張先癡。估計蘇南人對「癡」字非常敏感，我用身分證在蘇州買機票時，服務員看著我的名字「格格」的笑，並在同事中傳閱。我也因為名字特殊，被秦含章點名為這次評酒活動的秘書長，因此，這段時間我和秦老過從甚密。

我在這次活動中擔任秘書長，也帶領記者團去徐州的口子窖酒廠，陝西的西鳳酒廠實地考察。通過這兩次活動，我結識了很多供職於北京大報社的著名記者，雖然其中很多年輕記者的生活作風和我完全兩樣，但大家在看待六四事件上的觀點上高度一致。記者們無不對中共軍隊向老百姓開槍的做法咬牙切齒。六四過後，北京的各個單位都發起了整肅運動，新聞單位當然首當其衝。那些「不幸」在電視畫面中拋頭露面過的記者只得自認倒楣，無法辯解。其餘所有的記者口風極其一致，絕不相互揭發。包庇同事們在民運期間的所作所為成為了所有人的共同信念。不僅記者之間相互守口如瓶，甚至連報社的領導們也想方設法包庇可能受到追究的下屬。

更令我感動的是，當年北京各所高校的校長對參加了學生運動的應屆畢業生也關懷備至，庇護學生幾乎是所有人的共識。本著大事化小的原則，校方在他們的檔案裡刻意地不提及任何與六四有關的「汙點」。實事求是地說，要換在當下，如此兼具良知與勇氣的知識份子，可能已經很難步入國內頂尖名校的領導決策層了。哪怕如今的校長中的確存在一些這樣的人中龍鳳，但在社會管制手段日趨嚴密的今天，高校校方實際上已經失去了在政治敏感事件上與政府周旋對抗的空間，維護學生的利益早已淪為子虛烏有的偽命題。

令我震撼的一件事，是一位我姑且隱瞞其名的中年記者把我和我妻子帶到他家中，掀開自己的床鋪，在席夢思上面密密麻麻地疊放著近百張放大的彩色照片。他說這些是他在六月四日當天冒著生命危險去北京的多家醫院以及木樨地（此處為軍隊進城的必經之路）拍攝的現場照片。他一張一張地翻給我們看，並在一旁解說每張照片的來龍去脈。印象尤其深的幾張，一是在醫院停屍房裡重重疊疊摞了幾堆青年男女的屍體，每一堆大約都有七八具疊在一起，底部的地面上流淌著屍體因擠壓而流出的鮮血。二是在一間停屍房裡盛放著一位中年男子的屍體，他的妻子淚流滿面地跪在身邊，高舉著雙手像是正在呼喊著什麼。記者告訴我，她當時嘴裡呼喊的是「我一定要替你報仇！」三是在木樨地的坦克車隊伍的照片，記者刻意連拍了很多張某一輛炮臺上刷有編號的坦克車在街上逡巡的畫面，被這輛坦克車履帶碾壓過的地面上留下了一些被壓彎了的自行車輪轂和仍套著鞋的人腿。看到這些照片，我似乎覺得自己像是親身經歷了這場恐怖的大屠殺。如果說我之前還對八十年代的改革開放抱有某種期望的話，這些血腥的場面也讓這些期望徹底熄滅了。

記得在北京的那些日子裡，我經常和年輕記者們一起去唱卡拉OK，有一次在唱到《上甘嶺》那一曲時，我還像頭公鵝一樣伸長脖子，漲紅著臉忘情地引吭高歌：「要是那豺狼來了，迎接他的是獵槍。」有一位參與過民主運動的年輕英俊的記者把我拉到一邊對我說：「張團長，像有你這樣生活經歷的人，怎麼能用這副嘴臉唱這樣的『革命歌曲』，你真該好好反思一下。」我向來從不隱瞞自己坐牢的經歷，甚至還常常頗帶著幾分自豪主動向人敘說，身邊的人對我早年的景況瞭若指掌。這一句來自年輕記者的批評給我敲了一記沉重的警鐘：生活中許多嚴肅的事情，是絕不可當作兒戲的。

六四過後，很多人都在電視上看到過同一個畫面：北京的某座過街天橋上掛著一具被打死的解放軍的屍體。與之匹配的話外音告訴觀眾，暴徒們是多麼殘忍地將解放軍活活打死。但是我那些記者朋友們眾口一致地告訴我說，那個被掛在天橋上的解放軍簡直就是一個冷血的殺人犯。當時在現場的群眾看到他親手殺死了兩個老太婆而為之震怒，一起圍攻這個解放軍士兵，並當即打死了他。記者朋友們還告訴我說，參加鎮壓的解放軍士兵事後均有獎勵，全部復員回鄉，遣散到全國各地的窮鄉僻壤去。做賊心虛的統治者急於掩蓋的那些事實也隨著參與者的解散而慢慢淡化，乃致消逝。有意思的是，當時的國務院發言人袁木在電視上對著億萬觀眾振振有詞地宣稱天安門的清場行動「沒有死一個人，也沒有軋傷一個人」，這與北京市民所親眼見到的真實情況截然相反。也許是出於對這個大言不慚的說謊者的憤恨，一度有傳言說袁木跳樓自殺，我一開始也信以為真，為他遭此報應感到開心。雖然真相並非如此，但這樣的傳言也在很大程度上表明了六四之後的人心所向。總之，和這些記者朋友們的朝夕相處，使我瞭解到一九八九年在北京究竟發生了什麼，而這些真相又與電視上所披露的那些官方敘事，在幾乎所有的細節上截然相反。這對我來說是一次全新的頓悟，從此有一個警鐘隨時在敲打著我的腦袋：絕不可輕信統治者那些冠冕堂皇的花言巧語。

六四尾聲

我在北京工作了兩年，也就是在《中外科技產品報》報社當了兩年的副社長。在北京的第一年，上面所提到的評比活動的負責人叫我到成都去偽造一枚《中外科技產品報》的印章，因為印章並不在我們這群活動策劃者的手上，而由中國公共關係協會方面保管。負責人常常想拿公章一用，又不願到協會去借，便決定自行偽造一枚。我接受這項髒活，坐飛機回到成都，在九眼橋偽造各種證件的市場上找人做好了這枚印章，帶回北京交了差。

不料在第二年開展的全國白酒評比活動期間，私刻印章的事敗露了出來，上級單位便展開追查，我做夢也想不到，指使我刻章的人如實交代了是我專程去成都刻的這枚印章。這在當時是可以判刑的違法行徑，於是我被置於非常不利的境地，對負責人這種不仗義的行為我除了深惡痛絕外，還感到十分遺憾。

這時，主管單位中國公共關係協會的負責人之一曦影老先生私下對我說，他其實早就想把指使我去刻章的負責人支走，讓我一個人來全權負責正在進行的評比活動。我告訴曦老，如果照他的想法來辦，顯得太不厚道了，也與我們這幫勞改朋友的處世原則格格不入。況且那時我的孩子剛到入學年齡，而我的戶口又沒法落戶北京，所以我便選擇離開北京，回到四川。

那時我對六四以後的中國政治形勢心灰意冷，實現民主看起來已遙遙無期，我便按照原來預定的規劃，開始執筆從事寫作。大約是二〇〇一年，個人電腦開始在大陸普及，我的一個朋友贈送了一台二手電腦給我，奈何我學五筆輸入法總是記不住字根，感覺電腦學起來頗為困難。恰巧這時沈鈞儒的孫兒沈燕麟經朋友引見與我相識，他非常耐心地教我怎麼用手寫板輸入文字。我便從此開始寫作《格拉古軼事》一書。

這期間我寫得非常勤奮，沒寫多久，第一個寫字板的面板居然就被我磨穿了。我馬上又另外買了更貴的寫字板接著往下寫，直到一年多以後，這本書終於寫成。由於大陸的出版審查制度非常嚴苛，所以我在措辭上儘量小心謹慎，強忍住不流露出太多對現政權的不滿。書稿寫成之後，我將書稿分章節投送給各個文學期刊的編輯，但都沒有下文。於是我又想到，乾脆投到香港的出版社去試試。沒過多久，香港明報出版社給我寄來了合同書，我當即簽字同意。誰知五六個月後，他們又忽然來信說，《往事並不如煙》系列書籍在香港書市叫好不叫座，我的書在題材上和那一系列書籍相似，便決意解除與我已經簽訂的出版合同。

眼看著自己的書稿在華人社會已無出路，我又另覓途經，找到了在美國德克薩斯州的溪流出版社。出版社的負責人名叫王笑梅，她在與我的通信中真誠地說到，希望我不要在圖書盈利上抱有多大希望，因為漢語書籍在北美市場上不可能有多少作為。尤其令我感動的是，她在信中說，她們辦這家出版社的目的，就是為了使那些在大陸無法出版的好書留下一個文本。這一番話使我深受感動，毫不猶豫地和她簽訂了合同。不料合同簽訂的三天後，明報出版社又聯繫上我，告知我明年恰好是反右運動五十周年，出版社經過一番考慮還是決定儘快推出我這本《格拉古軼事》。但事與願違，雖然我更願意自己的這本處女作能夠在更靠近大陸的香港首次出版，無奈受合同所限，這樣的願望已無法實現。至今我都為此事感到遺憾！到今天為止，溪流出版社每一年和我結帳時都會寄給我一二十美元的版稅，這筆錢甚至不夠我去銀行兌現的手續費，書的銷量之少，可見一斑。今天在大陸留存的這一二千本《格拉古軼事》，是有些好事者拿去盜版的。

此外，我還零星地寫一些評論短文，發表在香港和美國的雜誌上，從中也收取少許稿費。這些雜誌支付稿費的辦法和溪流出版社大不一樣，寄送給我的都是可以直接兌現的支票，免去了其中不必要的手續費。這一筆額外的收入對改善當時我家庭捉襟見肘的經濟狀況起到了不少的幫助作用。

二〇〇〇年以後，我的視力開始慢慢衰減，到後來，高倍放大鏡成為我常備的寫作工具，但如此寫作效率還是太低，簡直堪比蝸牛爬行。也就是從那時起，我開始為寫這本書作準備，後來出版的兩本著作（第二本是短評和雜文的集子）大約也是在那時完成的。雖然當時還沒有任何著作出版，當時但我在公共領域發言非常積極，並在很多諸如右派聚會之類的活動上擔任負責人。右派老友們畢竟是一個數量龐大的群體，我們通過各種聚會相互關照，也一起向當權者提出補發工資等訴求。所有這些社會活動都使我不可避免地成為當局眼中的危險人物，動輒派人跟蹤，或者到家中找我談話。最過分的是他們還幾度用十分隱諱的方式暗示我，我這麼做可能會給家庭帶來極其不利的後果。我想到自己的妻子尚且年輕，孩子還未成年，也就不再堅持。收斂了很多，後憑自己僅剩的那一點視力整日泡在麻將桌上，基本上放棄了再提筆寫回憶錄的想法。

等到我年滿八十歲之後，考慮到孩子已經參加工作，也聽聞了些「七十不判，八十不抓」之類的傳言。再加上自家社區門口也沒有了往日那些每逢敏感日子就前來盯梢的協警，我才終於下決心要給這些沒有講完的故事一個完整的交代。眼看身邊的難友一個個棄世而去，他們中每一個人作為那段歷史的親歷者，無一例外地都有太多的故事需要講述，否則歷史真正的面目就會淹沒在無盡的謊言之中，無法辨別，亦無人知曉。

死去的人再也無法再說話，活著的人就應該義不容辭地承擔起肩上的這份歷史責任，它不僅僅屬於自己，也同樣屬於那些死去的人。有時我總是想起我的勞改難友李盛照。書裡沒有一個字提到過他，就像這個國家的圖書裡沒有提到、也無法提到的很多事情一樣，越是沉寂的，越是缺席的，往往也越是最不能忽視的一束星光。

李盛照曾就讀於四川大學經濟系，對蘇聯經濟史的研究使年輕的他迅速看清了這個被彼時政權奉為榜樣的國家究竟發生了什麼。他在校園的論壇上力主呼籲不要重蹈蘇聯慘劇的覆轍，被劃成了川大裡為數不多的極右分子。之後的幾年，他接連著以「勞動考察」或「支援農業」的名義被送去服苦役，而下放到田間荒野的遭遇居然又成為他得以繼續審視制度與政策何以荒謬的契機。《愚蠢的錯誤，悲慘的惡果——成渝線飢餓、死亡調查》、《悲劇及收場之法》、《普遍飢餓引起的盜竊風》、民謠《飢餓集》、詩稿《憂心集》，都是在他實地調查了各個生產隊、採訪搜集了許多口口相傳的民間歌謠之後寫成的著作。這些著作最終給他帶來更沉重的厄運，他於一九六二年三月被送勞動教養，一九六四年九月三十日以「反革命」的名義被正式逮捕，最終被判處二十年有期徒刑。

李盛照終其一生力圖追問大饑荒的真相，勞教勞改的二十餘年間，無論他在哪裡，都是名聲最響亮的「反改造分子」。始終如一地抗爭，堅持死不認罪，戴著二十八斤的腳鐐在兩米見方的黑監中一關就是七年，沒有人知道他是怎麼熬出來的。我們在出獄後的右派聚會上一見如故，以後也多有來往，他一生都選擇跟隨自己的良知與勇氣，與苦難搏鬥的個人經歷說是波瀾壯闊也毫不為過，我的寥寥數語實在只是九牛一毛，遠不及呈現其全貌。二〇一三年十一月的一天，我接到他從家中打給我的電話，電話裡他對我說：「老張，我們還是成立一個組織吧。」言外之意，是要我和他一起去做一些能夠還原歷史真相的事。接到電話的第二天，他便意外離世。那麼，作為一份留存，作為一種寄託，我必須在這本書的末尾為這位偉大的朋友與他的未竟之願著落筆墨，也許就像李盛照的一生：作為一種反抗。

我的母親

我的母親原名叫陳志芳，一九四九年我們全家逃到四川以後，為了避免中共給我們這個國民黨官僚家庭帶來麻煩，在父親的安排下，全家人都改名換姓，母親於是改名為夏慧華，這個名字也伴隨著她終老去世，再也未改回原來的陳氏本名。

我母親十八歲時即嫁給我的父親，那時她還是一個女子師範學校的學生。結婚以後，母親每隔兩年即生下一個孩子，所有的孩子都由母親親自哺乳，她始終留在家裡，沒有出去工作。

一九四九年中共建政以後，母親帶著全家人居住在成都市純化街。那時母親手裡尚餘有一些民國時攢下的金條，而純化街街區又是一片魚龍混雜的貧民窟，母親害怕金條被人偷走，乾脆將它們捆在二妹身上，年僅十二三歲的二妹因此不敢跳也不敢跑，連走路都受到拘束。可能正是因為二妹異常的行為表現，再聯繫上母親身上那種舊時富太太的氣質，鄰居們猜到這家人可能藏有一筆價值不菲的財富。事實上，搬到成都來之後，一落千丈的生活境遇使母親在精神上遭受了很大的打擊，於是街坊鄰居們就借機把她騙到麻將桌上，母親也乾脆終日以賭為業，陪著這些居心叵測的鄰居們打牌，藉以麻痹受傷的心靈，她始終不接受任何帶有成都市井氣息的事物，一輩子不會說一句四川話就是典例。很快母親就在鄰居們設下的牌局上輸得一塌糊塗，每次打完牌回到家中，她都會拿出剪刀剪下一截二妹身上的金條去還

母親在新疆喀什四叔家，攝影於一九八五年。

賭債。如同她一開始所擔心的那樣，鄰居們果然是打她金條的主意，只是他們沒有下手去偷，而是母親自己把它們拱手讓出。

一九五一年，父親被捕槍斃，家中的經濟來源澈底斷絕，每月僅靠民政局定期發一點軍屬補貼勉強度日。迫於維持全家生計，母親開始在成都的街道上打零工，幹點如洗衣之類的工作掙一筆小錢。在此之前，母親還曾被扣上了民國官太太的帽子，被送去接受改造，在成渝鐵路線上勞動過幾天。後來地方管理部門念及母親膝下孩子眾多，最小的孩子才兩三歲，於是讓她回家繼續照顧小孩。

一九五六年母親終於找到正式工作，去成都耀華食品廠當了一名普通工人。這份相對穩定的工作一直持續到一九五八年，母親在那一年被我大妹接去青海省為自己帶孩子。

我在一九五八年被送去勞教，妻子胡君也被單位開除，回到老家長壽縣農村。在隨後的大躍進運動中，糧食和日用品皆嚴重短缺，胡君與我兒子在鄉下的生活難以為繼，便帶著兒子徑直來到成都投奔我母親。也就是在這個時候，我的大妹要將母親接走，而此時胡君也改名換姓，並逃到新疆另謀生路，我們的兒子便留在了母親身邊。後來母親告訴我說，當時她很無奈地夾在大妹和我的兒子中間，不知如何是好？最後由大妹決定，把我的兒子送回長壽縣農村裡去。胡君的父親是民國時期的地主，早已被槍斃。長壽老家雖然有她的母親和被劃成右派後、開除回鄉務農的弟弟胡金輝在那裡，但日子過得同樣淒苦，以至於災荒年代剛一開始，她的母親就撒手人寰。我母親雖然極不情願把自己長孫送回長壽縣，但似乎也不得不接受這樣的局面，內心十分難過。那時候胡君和我母親始終保持著信件聯繫，她得知大妹的這一決定後心急如焚，卻又無力回天，特地寫信給尚在勞教中的我，信中說：「千萬不可把孩子送到火坑裡去！」言外之意，農村就是個毀人前程的火坑。看到這封信，我也只能仰天長歎，孩子何去何從，恐怕只能聽天由命了！

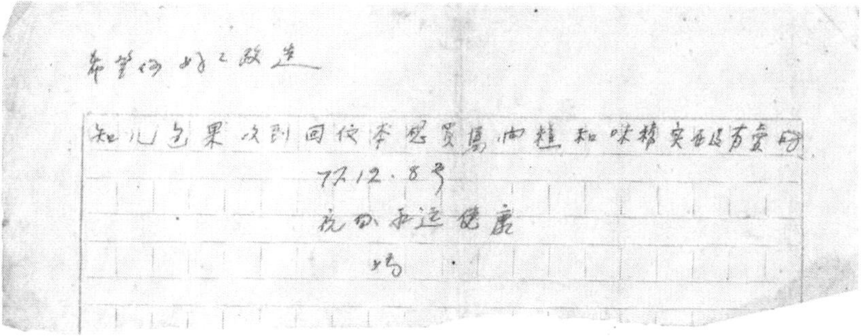

二十三年的牢獄是母親寫給我唯一留存下來的一張紙條原件。

大妹和大妹夫早年都是青海省中國人民解放軍第一軍炮兵團的幹部，他們都曾經參加過韓戰。轉業之後，大妹在青海省大通縣石灰廠當會計，這家石灰廠是一個勞改企業，妹夫是這個勞改企業的「一把手」。夫妻二人整日撲在工作崗位上，大小家務瑣事全由母親一人承擔。在這家勞改企業裡，母親眼見那些勞改犯忍饑挨餓，遭受捆綁吊打的悲慘境況，想到自己的二兒子也是這樣任人踐踏的階下囚，並且深知我性格中叛逆頑皮的特質，一是會認為我必然是既不願接受改造，也不是改造得了的「反改造分子」，所以對我的處境尤其擔心。我至今還保存著一張她藏在寄給我的帽子裡的一張字條，上面寫著：「知兒，希望你好好改造，媽。」我很瞭解我的母親，這句話裡並沒有暗含什麼政治喻意，只不過是單純考慮到我的安危才這麼寫的。這張字條成為我永遠的珍藏品，也是母親在世上留給我的僅有的一件遺物。

母親在為我的弟弟妹妹們帶孩子的時候，總是千方百計地省下一點糧票，隔三差五地寄給我。勞改隊絕不允許犯人接受家人寄來的糧票，因為這可能為犯人逃跑提供極大的便利。所以母親每次都把糧票藏在當年非常流行的「傷濕止痛膏」的夾層中，不僅可以矇騙檢查的幹部，而且每次寄來的糧票面額都非常可觀，最多的一次有足足五斤。我收到糧票後，便請可以外出上街勞動的犯人幫我帶回掛麵，燒餅之類的食物。作為回報，我替這些近乎文盲的勞改犯寫各種半年大評、年終總評、檢討書、認罪書等等反省材料，大家「等價交換」一番。

一九八〇年，我平反改正回到南充後，按照當時的國家政策，凡在五五號文件出臺以後才出監獄的右派（即《中央關於全部摘掉右派分子帽子決定的實施方案》），這中間耽誤了多久，就按各自被打成右派之前的工資標準補發多久的工資，但還要扣除這期間在勞改隊的基本生活費。最終我拿到手上的補貼大約是三千塊錢左右，接過這筆錢，我立即寄給了還在青海的母親。出獄後的第一個冬天，我就去了青海看望母親，並在那裡和我的大哥、八妹夫、七妹等親友團聚。其間我對他們說，世界上沒有幾個母親養兒子養到四十六歲的，以後媽媽就由我來供養吧！

不久，我便將母親的戶口遷到我工作生活的南充市，母親隨後也搬來與我生活在一起。後來由於我結婚生子，家庭負擔日益繁重，經濟情況捉襟見肘，甚至連自身溫飽都成了問題，供養母親也就變得越發艱難。於是全家在一次春節團聚時重新約定，母親由我們幾兄妹輪流付錢照料，一個月八百塊。那時母親還住在我家，但後來老人家年事漸高，登上我位於四樓的居所對她來說變得很是困難，於是我便將母親送到在四川音樂學院居住的二妹家裡。二妹家住在一樓，母親進出也就方便多了。也就是從那時開始，母親因患上老年癡呆症，記憶力變得越來越差，剛開始還只是偶爾在牌桌上胡亂打一通，到後來漸漸發展成連前去探望她的子女都不認識了，當然，也就不再認得我這個她曾最為掛念的兒子。不過有意思的是，母親倒是始終認得我的妻子楊文婷，可能是因為妻子曾長期和她一起生活，母親的日常起居都由她照料的緣故。我還記得家裡專門為母親安裝了一個澡盆，楊文婷像抱孩子一樣抱著我的母親，為她洗澡，為她換乾淨的衣服。

照料母親所需的一個月八百塊生活費，對當時的我來說實在不是一筆輕輕鬆鬆就能拿出來的錢。有一回，正當我又開始為下個月將要輪到我頭上來的這筆錢著急時，二妹打來電話，告訴我母親剛剛離世的消息。我總覺得，冥冥之中，母親始終在默默地關心著我，默默地幫助我渡過一個又一個難關，甚至她老人家在最後離世時也不忘順便替我免除這樣一份負擔。

我母親從四十歲開始，直到九十二歲去世，整整守寡五十二年。其間母親親手帶大的兒女和孫輩不下二十個。但她個人的人生命運可說是十分悲慘的，全靠那顆寬厚善良的心支撐她在一個又一個的困境中生存下來。我記得在抗戰時，我們作為小學生，都肩負著要回家動員長輩為前線官兵捐贈寒衣和慰問品的責任，同學們只要去到我家，母親總會慷慨解囊，她的大方備受同學和老師的讚揚。在恩施的鄉下，我們住在紅廟鎮方家祠堂裡，母親見家裡孩子眾多，居住的房子又足夠寬敞，便親自買回小雞崽圈養起來。恰好買來的小雞崽品種很好，再加上母親的勤勞，養出的母雞不僅長勢喜人，蛋也下得特別多，甚至多到一大家子人都吃不完的地步。遇到趕集的時候，母親便帶著勤務兵去市場上把雞蛋賣掉。另外，母親的廚藝也非常了得，做一大桌色香味俱全的地道南京菜簡直不在話下，父親的朋友們每逢節日到我家團聚，就是為了嘗一口母親親自烹調的菜肴。

我還記得，槍斃父親的那天，我在街口看到貼在牆上的佈告，上面一一羅列了父親的罪狀，其中一條是「破獲鄂西地下黨組織，親手殺害負責人羅某某等人」。這件事我印象很深，因為當時被判處死刑的地下黨人中有一個孕婦，母親異常堅決地勸解父親說：「你絕對不能幹這種傷天害理的事。」父親也聽從了母親的建議，放過了那個孕婦。母親就是這樣慈悲的一個人。八十年代的時候，她已是七十高齡的老太太了，有一次，她在街上被一個騎自行車的小夥子撞斷了手臂，驚恐萬分的小夥子將母親送去醫院後，跪在母親面前哭訴自己家庭如何困難，醫療費委實難以賠付，母親見他如此可憐，不僅沒有收他一分錢，反而給了他幾塊錢讓他趕快離去。聞訊趕來的弟弟知道此事後氣得跺腳，責怪母親說：「世界上怎麼有你這麼傻的人啊！」其實我想這還不算母親做過的最「傻」的事了，胡君逃到新疆重新嫁人以後，對外謊稱自己是我的妹妹，她在新疆為自己的新任丈夫生下孩子後，便想到把我母親以她自己母親的名義接過去為她帶孩子。母親聽後欣然允諾，毫無怨言地去到新疆照顧這個和自己沒有任何血緣關係的「孫女」。

在我囚居監室的歲月裡，我曾噙著眼淚寫過一首獻給母親的長詩。只可惜我在監獄中寫在紙片上的任何文字最後都沒能帶走。現在想起這首詩，只記得其中有這麼一句：「她手上有永遠也織不完的毛線團，腳盆裡堆著永遠也洗不完的髒衣服。」我的母親就是這樣的一個人，她一輩子都在給自己的子女當保姆，一輩子都沒有停歇過為自己的家人付出。很多人會把自己的祖國比作母親，而我認為，母親就是母親，世間沒有任何事物可以與之比擬。

很多年以來，我一直試圖為父親張家駒的人格做一個定位，但這的確是一件頗為困難的事情。因為年輕時的我是那麼狂妄無知，以至於在很長的時間裡澈底否定父親的所作所為，把他看作與自己不共戴天的仇人。等到我行將暮年，再重新審視自己的人生道路時，才如夢初醒地發現，我的父親，也就是這世上第一個教我提筆寫字的人，是一位正直、善良，且為了自己的家庭甘願作出任何犧牲的男子漢。

奇怪的是，從父親離世時算起，已經過去六十多年了，我竟然很難夢見過他，僅有的一次，也只是在夢裡看見他的一個背影。那就是一九六一年十一月下旬，我從勞教隊越獄逃跑後一路逃竄至天津，在天津被捕並押入看守所的第一天晚上，我在睡夢中忽然看到父親的身影，他遠遠地走在我的前面，又猛地回頭狠狠地瞪了我一眼，那眼神裡的意味，似乎在警告我，命運已到了生死存亡的關頭！之後父親的身影便消失了。有意思的是，當時根據我的案情發展，我被捕後即被投入有「死刑過渡房」之稱的黑監整整關了八個月。偵查機關下手如此之重，是因為原本要把我定性為「中國馬列主義者聯盟」的發起人而斃掉。但隨後他們又查清，該組織雖確由我在勞教隊的好友楊應森發起，但正式成立的時候，我早已在逃亡的路上，這才讓我脫開干係，遠離殺身之禍。夢裡的父親對我那一回頭的預兆，居然真的差一點就應驗了。

我在十六歲那年被父親攆出家門，與他共同生活的那些年月裡，自己幼稚單純，幾乎沒有在意過父

我的父親

一九五一年十月二十三日重慶新華日報第一版關於我父親被槍斃的新聞報導。

親的職業經歷。而母親在世的時候，我又從未向她打聽過關於父親的往事，害怕提及往事可能引得母親傷感。

一九五五年，全國各機關團體開展了一場規模空前的內部肅反運動，通過所謂的內查外調，目的是弄清楚每個人的家庭出身和社會關係。畢竟一九四九年時我才區區十六歲，整個民國時期的個人經歷十分單薄，並不夠格成為這次運動的重點審查對象。雖然我被禁錮起來參加封閉學習，但一個多星期後便被放回機關繼續工作。臨行前，負責這次審查的五人小組辦公室給我看了一份關於我的歷史問題的組織結論，這份結論的主要內容就是我那已經死去四年的父親生前所謂的罪行，也就是我從來沒有聽說過的父親的歷史。

白紙黑字的結論中寫道：父親早年曾參加過共產黨，後來自首變節，登報聲明脫離共產黨組織。隨後他加入國民黨，並在國民黨中央宣傳部白光社擔任社長，一路攀升，到一九四九年時他已是國民黨中央委員，行政職務為中央員警總署副署長。在此之前，就我知道的，他還曾擔任過第六戰區少將高參、武漢行轅少將高參、國民黨中央執行委員會調查統計局（簡稱中統）華中區負責人等等職務。父親也確實是一個效忠國民黨的人，那是他的職業，甚至是他的信仰。但很少有人知道，骨子裡他其實是一個愛好鑽研中國歷史的學者。

小時候我經常在家裡看到他親筆寫就的一摞一摞的文稿，文稿中常常出現「士大夫」這類陌生的詞彙，我又好奇又不懂，還去問過他這是什麼意思，所以印象尤為深刻。另外，家中的藏書以中國歷史類居多，而且他對古錢幣的研究也尤為專業，收藏的古錢幣簡直多得驚人。我自己就去看過在恩施、武漢和南京等地以他個人的名義舉辦的好幾次中國古錢幣展覽會，那一排排的玻璃櫃子裡，陳列著歷朝歷代各式各樣的古代錢幣，每種古錢幣旁邊都有父親親筆書寫的蠅頭小楷，介紹這些古錢幣的來龍去脈。記得母親曾告訴我，父親當年就讀於武漢大學的時候，所學的專業就是歷史學。後來他還曾在武漢創辦過一本研究歷史的雜誌，可惜我已忘記了雜誌的名稱，只記得封面上印著：發行人：張家駒。

很多年前，我的二妹曾經告訴我，一九四九年年末，父親幾經周折終於在樂山與妻女團聚，一同去往成都，隱姓埋名定居在純化街，那是父親生前與家人最後生活在一起的一段時光。可能是因為深受傳統文化薰陶的父親深知中共建政後，三綱五常，四書五經等等典籍的傳承將要遭遇滅頂之災，他便在家中向孩子們教授諸如《論語》、《三字經》之類的傳統經典。父親對家教的重視，不僅是在傳統文化上給我們循循善誘的教導，在思想上也絲毫不受意識形態的約束。我很清楚地記得，一九四八年，蘇聯小說《鋼鐵是怎樣煉成的》剛剛在上海出版，父親特意為我買了一本，親手交給我，叮囑我說：「這上面講述的都是作者的親身經歷，你應該看看他那種艱苦的生活處境。」我想他之所以送這本書給我，可能就是看到公子哥兒的做派在我身上有了點苗頭，想對症下藥地讓我讀這本小說，以便糾正我吊兒郎當的生活方式。事實上，正是在父親手把手的提攜下，我才一步一步地進入了俄羅斯文學的殿堂，這是一座閃耀著人性光輝的殿堂，我也因此受用終生。像陀思妥耶夫斯基、屠格涅夫、托爾斯泰，他們的代表作，都是我父親指引我去一一找來閱讀的。在對孩子們的引導中，身為國民黨高官的父親從來不忌諱讓我們去接觸那些思想偏激的蘇聯文學作品，僅從這一點來說，我父親倒真算是一個具有批判精神的自由主義知識份子。但他的這一特質也讓我們這個家庭付出了一些原本可以避免的代價。年輕無知的我深受那些偏激思想的影響，內心越發狂妄自信，對父親所代表的國民黨官僚階級的鄙夷之情也越發加重。父親沒有料到，他對我的寬容，最終卻導致了我與他的漸行漸遠。

小時候，我和父親偶爾會鬧一下彆扭。有一次彆扭鬧完了，我在一旁悄悄地哭泣，正好被鄰居湖北省參議員夏秋樵伯伯撞見。他便走過來安慰我說：「其實你父親最喜歡的兒子就是你，他總跟我們講，子女中就你長得最好看，相貌也最和他自己相像，你是他的『標準兒子』。」今天想起夏伯伯的這句話，我內心裡五味雜陳。記得在我讀初中的時候，有一次父親似乎心情特別好，興致勃勃地跟我和大哥講他在武漢大學讀書時鬧的一個惡作劇。民國初年的學生大多身著長衫，頭頂瓜皮帽，瓜皮帽的頂端都綴有一顆小紅珠子。有一次他將一顆手電筒的小燈泡塗成紅色，綴在瓜皮帽的頂上，然後用正負極兩根電線接通電筒的兩極，在漆黑的電影院裡看電影時，他故意一開一合地按動電筒的開關，瓜皮帽上的小紅珠子便閃閃發亮。要知道在那個時代，電筒還是比較新奇的玩意兒，他這麼一搞，當即引起觀眾驚愕呼叫，以至於場內亂成一片，電影都放不下去。影院老闆還專門跑來跟父親好言幾句，勸解他不要再繼續搞惡作劇了。想來青年時代的父親在調皮搗蛋方面也頗有作為，可以說，那種善於製造歡聲笑語的生活情趣，像血液一脈相承地，流淌在了我們父子二人的身上。

一九四九年末，已是國民黨高級官員紛紛從大陸逃至臺灣的尾聲，西康省西昌市的飛機場幾乎是國民黨敗退大陸的最後一站。父親在這裡送走了小林少雄，隻身返回樂山，去尋找困在那裡的母親和弟妹們。不料在那個兵荒馬亂的歲月裡，父親在涼山地區遭遇彝族土匪的劫持，不僅隨身所攜錢財被洗劫一空，連父親背著的那兩袋價值連城，但彝族土匪又完全不識貨的古錢幣也一同丟失。被彝族土匪扣在涼山當娃子的父親雖然很快逃脫，但時間不等人，此時勢如破竹的解放軍已經佔領了周邊的主要公路與城鎮。等到父親得以在樂山與妻兒團聚時，再行逃往臺灣已無可能，一家人只好轉而蟄居在成都。

晚至一九五一年，國民黨在大陸的地下工作網路仍沒有被徹底摧毀，逃往境外的路徑暫時還未因鎮壓反革命運動的全面展開而斬斷。例如我的小學同學朱閔生、朱漢生均於一九五一年經重慶輾轉香港而至臺灣（他們的父親就是湖北省民政廳廳長朱懷冰）。父親原計劃也預備沿這條路線帶著全家逃走，誰知在重慶彭善將軍妻女家中尋求幫助時被彭啟婉舉報，隨後遭捕被殺，時年四十二歲。父親錯過了從西昌機場飛往臺灣的那一架飛機，從而葬送了自己的餘生，但他履行了一個男子漢大丈夫對自己家庭應盡的責任。雖然父親與他身邊所有的國民黨高官一樣，宿命中充滿了悲劇性的色彩，但我每每想到他在西昌機場面臨兩種選擇時最後做出的決定，無時無刻不為我的父親感到驕傲。

我與妻子楊文婷合照一張沒穿婚紗的婚紗照，攝影於一九八五年南充。

我的妻子

我之所以能活到八十多歲的今天，最應該感謝的就是我的這位賢惠，善良，聰明的妻子楊文婷。我的晚年生活處處都是她對我無微不至的關懷與悉心的竭力呵護。她就像我的保護神，我可以毫不誇張地說，沒有她，就沒有我的一切。接下來就講講我們之間的故事。

我們是在南充認識的，當時我在南充市文聯操辦「嘉陵江函授中心」的事宜。函授中心的日常事務很繁雜，我們幾個文聯的牽頭組織者忙活不過來，我就招來幾名年輕人幫忙處理文書雜務，包括處理一些函授學員的來信、以及將學員的作業分送老師批改等等。這幾名年輕人幾乎都是南充市委裡的幹部子弟，父母聽說了文聯在招人的資訊後托關係找到我，讓我給他閑在家裡的孩子安排一個職務。我當然一口答應下來，畢竟函授中心的工作並沒有任何門檻，任何人都可以來做。但我沒想到的是，這些幹部子弟個個養尊處優慣了，做起事來極為懶散，一遇到重活，連我都使喚不動他們。

但楊文婷和他們不一樣，她來自一個普普通通的家庭，任勞任怨，什麼都願意幹。函授中心時常有大宗郵件需要寄出，那些幹部子弟誰也不願意背著背簍把郵件送到郵局去，我強忍住怒火質問他們這究竟是為什麼，得到的答案竟然是「背著背簍的樣子太土，走在路上很丟面子」。這個沒人想幹的活兒每次都是楊文婷主動來承擔，別的日常雜務更是不在話下。事實上，我後來意識到，因為楊文婷過於的勤勞能幹以及幹部子弟們過於的慵懶，當初函授中心完全只招入她一個人就足以應付所有的庶務。

在函授中心相處的這一段時間裡，有許許多多這樣的小事讓我對她的善良品質產生了好感。也就是在那時，我和當時的妻子婚姻搞得很僵。在上海參加完全國文學創作函授中心的會議後，我順便去南京路逛了一圈，買了一些時新的襯衫、皮帶、打火機帶回南充。回家的當天正好我妻子的兩個弟弟也在，這兩個小青年是不折不扣的二流子，一看到這些新奇的玩意兒，二話不說就要全部拿走，我本能地說了一句：「你們還是給我留兩樣行不行？」沒料到兩人理直氣壯地甩出一句：「你都這麼老了，還拿這些玩意兒幹什麼！」最讓我氣不過的是，她還火上加油補上一句：「這是年輕人才用的東西，他們喜歡耍你就給他們嚜。」我聽後暗暗想到，要是餘生都要和這些人打交道，不知自己還要受多少氣，於是也漸漸對這個家產生了疏離感。

雖然我從未跟任何人提起過自己對楊文婷的好感，但作為函授中心的同事，我對她的關照難免旁人都看在眼裡。不久，一些風言風語開始到處流傳，而我知道這些風言風語的來源一定就是我那「疑心生暗鬼」的妻子。忽然有一天，她不聲不響的帶著兩個弟媳，一個嫂子，外加家裡的老太婆，五個「娘子軍」浩浩蕩蕩地衝到函授部的辦公室。她們架著楊文婷，一路拉扯到文聯辦公室，途中還撕開了她衣服的前襟，最為過分的是，因為五個女人一致懷疑楊文婷勾引我這個有婦之夫，所以她們在大街上當眾指著她的腦袋對圍觀的群眾大喊大叫。但楊文婷表現得異常堅強，強忍住沒有哭出聲來。

而我當時推著自行車剛從外面回來，正準備進函授部的辦公室，就遠遠地看到了這一幕。我咬緊牙關，下定決心：我一定要娶你為妻。

發生這件事以後，文聯的領導出於對社會影響的考慮，便辭退了楊文婷。當我得知文聯決定將她辭退的消息之後，我立刻跑到函授部的辦公室去。那時候已經是下班時間，整個辦公室人去樓空，楊文婷正在收拾自己的物品準備離去，一見到我急匆匆地趕過來，她當即哭出聲來，我也情不自禁地留下眼淚，我們站在那裡，久久地擁抱在一起，我在她的耳邊說，你放心，我一定會對得起你。

和前妻簽署的離婚協議書對我很苛刻，畢竟是我執意要離，所以再大的代價也只能硬著頭皮扛下來。協議書裡寫明，我每月都要交付一筆給女兒的撫養費，而這筆錢就是我每個月的全部工資，外達每月還要付女兒母親十元錢的營養費。另一方面的壓力來自楊文婷的朋友和同學們，她們紛紛對這門婚事唱反調，拿年齡的差距說事，勸她千萬不要嫁給我。但楊文婷態度堅決，她幾乎是賭氣般地告訴這些好心好意的朋友和同學們，哪怕嫁給我之後的第二天我就要死去，她也要嫁。

拿到離婚協議書，我們就去辦了結婚證。拿到結婚證後楊文婷才回家告訴她的父母親，一聽她嫁了一個大她這麼多的老頭子，當時她母親的眼淚如泉湧。雖然我們是一對甜蜜的新婚夫妻，但日子卻過得異常苦澀。南充市有一家很大的餐館，名叫「果香園」，婚後的楊文婷就在這裡做服務員。「果香園」裡的員工伙食很不錯，每頓都由廚師炒出來一大盆肉菜，大家盡情填飽肚子。那時在南充這樣的城市裡，普通家庭也常常過的是三日不知肉味的生活，楊文婷每天都把員工餐裡的肉挑出來，日日積攢，並每隔三五日就騎車把攢下來的肉送回父母家中，給家裡人添點油葷。從市內到城郊的父母家一去一回就是兩三個小時的往返路程，但她始終堅持這麼做，我因此對她格外敬佩。

僅靠她那一點收入和我每個月不多的收入，我們倆幾乎每個月都過著吃著上頓就要琢磨下頓的寒磣日子。我絞盡腦汁想要從別的門道掙一點錢補貼家用，最後決定，既然自己是和文字打交道的人，對圖書行情多有瞭解，不如去試試擺個地攤賣二手書。

只要有空閒時，我們就去南充市的各個廢品收購站裡翻找比較有價值的書籍，用七分錢一斤的廢紙價格把一摞一摞的書買回來。雖然我們常常一買就是一大捆書，但對於每天收售廢紙成噸的廢品站來說，這一點根本不值一提。一來二去大家混熟了，廢品站的人就乾脆任由我們自己裝袋捆紮、過秤算帳。我也毫不手軟，連蒙帶騙、又偷又買，本來就已十分廉價的舊書幾乎沒花錢就被我收入囊中。

偷摸扒騙的本事全是在勞改隊練就的「基本功」，那時因飢餓所迫，田間地頭的紅苕玉米全都不放過，一有機會就偷來充饑。雖然這項「副業」是勞改犯們為求生存所必備的技能，但我也確實認識極少數老派的國民黨黨員絕不屈尊做這樣有違內心原則的事。我對這樣的人極為欽佩。我當時認為，為了能苟活下去，偷一點食物絕對是無可指責的，後來偷書的時候難免覺得這樣做委實不妥，便在心裡默念所謂「竊書不算偷」的民諺。老實說，我在八零年代重新回到社會後，內心清楚地意識到自己已經不再像早年間那般正直坦蕩了，不論是行賄文聯的領導，還是在廢品站裡幹些小偷小摸的事情，這些唯利是圖的行徑恐怕都是二十多年的苦役落下的病根。不過另一方面，過去的生活也鍛鍊出我特別能吃苦的品性，在堆積如山的廢紙堆裡篩選舊書是一件很磨人的活兒，灰塵之大，常人難以忍受。剛開始時，我的妻子只能守在一旁看我在紙堆裡翻找，因為只有我才知道哪些書籍和雜誌比較容易出手，不過她很快就學會了像我一樣把銷路更好的舊書篩選出來。我們一起在各家廢品站裡找出了大量如《收穫》、《十月》等深受讀書人喜愛的雜誌，傷痕文學的相關作品更是不計其數。每到傍晚時分，我和妻子就推著三輪車把書載到南充市最繁華的模範街上去賣。傍晚的夜市人頭湧動，我們的書攤面前每天都圍滿了人，有些人只看不買，聚在跟前也算給我們的地攤賺個人氣。這些舊書被我們以兩到三元不等的價格出售，實際賺得的收入相當可觀。沒過多久，家裡甚至還添置了電冰箱這樣的大型家電。我們婚後的生活也得到很大的改善，並漸漸穩定下來。

這之後的一九八六年，我們遷居到成都，並迎來了我們共同的孩子，順便也將母親從新疆的四叔那裡接來成都和我們一起生活。楊文婷對母親的照料十分周到，不論寒天暑熱，洗澡擦背，她都事無巨細地侍奉在旁。母親對成都的名小吃韓包子情有獨鍾，楊文婷就從家裡騎自行車去南門的韓包子店鋪裡給她買來，院落裡的老鄰居們無不對她交口稱讚。

真正令我感動的是二零零八年五一二大地震那天，當時我正伏在台案上修改稿件。那時我家住在四樓，忽然間牆上的裝飾品、書架上的小擺件全都叮叮咚咚地往下掉，我還沒有回過神來，楊文婷就從隔壁房間衝進來俯臥在我身上，用自己的身體保護我。地震延續的時間不知，我蜷縮在她身下時聽見她嘴裡念誦著祈求上帝保佑的主禱文，驚惶中她還念錯了不少。那天夜裡，全成都的市民都在街邊露宿，楊文婷又冒著餘震的危險跑回家裡取出一條被子和一張靠椅，她整夜都在一旁為我驅蟲搖扇，通宵未眠。後來我在勞改難友的聚會上向大家講述當天的故事，難友們無一不深受感動，蔣治平老弟甚至聽得當場落淚，所有人都不忘提醒我，你能遇見楊文婷是何其幸福的一件事。

前些年，我和楊文婷都受洗加入了基督教。垂垂老矣的我回想起我們一起走過的幾十年歲月，感到與她相伴的日子簡直就是上帝對我的恩賜，與她在一起那些往日的苦難也變得不那麼讓我心懷怨恨了，我按捺不住內心的激動，想要與所有的人分享這種苦盡甘來的喜悅！

二〇〇七年六月八號美國普林斯頓大學出席反右運動五十周年理論研討會。

附錄：美國之行

在《尾聲》一章中我曾略有提到，大致是從二〇〇一年時起，我開始使用電腦進行寫作，在寫《格拉古軼事》這本書的同時，我也寫一些時事評論與個人經歷方面的雜憶。借助於一位年輕女孩的幫助，這些零零散散的稿件被投送給幾家港臺地區以及國外的雜誌社，有些也登載在BBC的網站上。雜誌社主要有在美國成立的勞改基金會所主辦的《觀察》、香港的《爭鳴》、《開放》、《前哨》等。另外特別值得一提的是辛灝年先生在美國開辦的《黃花崗》雜誌社，我在這本雜誌上發表了大量的文章，幾乎每一期的目錄裡都能看到我的名字。《黃花崗》雜誌社是由一位資歷很老的國民黨海軍將軍出資創辦起來的，成立的初衷當然是為了紀念辛亥革命，但內容上也給關於中國政局的時政評論留出頗多板塊。這位老將軍為此捐出了自己全部的幾十萬美元積蓄，交由辛灝年先生全權處置，而每次辛灝年先生返給我的稿費都非常豐厚，而且是可以直接提取現金的支票，不像有些雜誌社寄來的是匯款憑證，我去提現的時候帳面金額還要被扣除一部分。那幾年家裡的經濟負擔很重，有兩個子女的教育費用都由我一人來承擔，寫稿件賺來的稿費的確在很大程度上緩解了家裡捉襟見肘的經濟狀況。

《黃花崗》這類雜誌註定是受眾面很窄的刊物，後來出於經營成本的緣由，雜誌社無奈取消了紙質發行的方式，改為網頁版本。承蒙辛灝年先生多年的關照，在臨近改版之前，他特意叮囑我，以後將不會再向投稿人支付稿費，我也毫不客氣地回答他說，自己畢竟還要靠這點稿費養家糊口，往後我寫了稿子還是投到別處去吧。那時我新近才寫好的一篇《大涼山詠歎調》剛投給他，還未刊出。我向辛灝年先生提及此事，告訴他既然都沒錢可拿了，那篇稿子就不要再發了吧。他聽過之後回答我：「且慢，這最後一篇稿件我不僅會給你稿費，而且會比原來的標準高得多。」沒過幾天，《黃花崗》雜誌社舉辦了一次優秀稿件評比會，我的那篇《大涼山詠歎調》拿到了二等獎，當辛灝年先生在電話裡告訴我這個好消息時，我幾乎高興得歡呼起來，那筆十分豐厚的獎金真是大大地解了一把我的燃眉之急。

由於我的名字常常以撰稿人的名義出現在這些海外刊物上，所探討的話題也大多圍繞勞教與勞改這兩個歷史概念展開，同時我的第一本書《格拉古軼事》也已經由美國德克薩斯州的溪流出版社出版，所有這一切讓我在右派圈子裡賺取了一點小小的名聲。二〇〇七年的初夏，恰逢反右運動五十周年，美國的勞改基金會決定舉辦一次「反右運動五十周年理論研討會」，會議由普林斯頓大學承辦，我知道這所大學的東亞系非常厲害，余英時先生就是東亞系的講座教授。我很快收到了會議的邀請函，信箋紙的抬頭印著「中國資訊中心」和「勞改基金會」，落款則是陳奎德先生，他是四川樂山人，是復旦大學哲學系畢業的博士。我和他私交不錯，他曾告訴我說，一九八九年「六四事件」之後的第二天他就買了一張飛機票直接飛去了美國，因為他對當時的中共政權澈底地失望了。

收到邀請函之後，我又接到勞改基金會的負責人吳宏達打來的電話，他在電話裡向我表示，希望我能向流沙河轉達勞改基金會方面的邀請。我一口回絕了他的請求，並告訴他若有意邀請流沙河一同參加研討會，只需徑直向他發出邀請函即可，大可不必經由我來轉告。

雖然研討會是在美國召開，但在與會人員還未成行之前，中共相關單位還是免不了要走走例行公事的程序。收到邀請函之後的一天，成都市成華區的某位領導特意到我家來坐了一小會兒，同行的還有一位不苟言笑的隨從，顯然應該是國家安全局的人員。這位領導的態度非常之客氣，以至於我至今想起他來仍對他頗有好感。他剛一踏進我家就犯了個錯誤，把比我年輕二十多歲的妻子錯認成我的女兒，為此他很真誠地向我們致歉。

我們的交談相當簡短，他一上來就和顏悅色地勸告我說：「據我們所知，這是一個由境外反華勢力組織的會議，我們還是希望你最好不要去。」我聽後也不正面回答他的問題，只說：「既然美國佬願意出錢，我又從來沒出過國，這樣的免費旅遊機會我確實不想錯過啊。」領導估計被我這樣「不老實」的態度給搞得有點想發作，順手扔過來一句非常突兀的話：「我們覺得你還是應該再仔細琢磨琢磨，畢竟你是個中國人吶！」聽到這句話之後，我當即怒火中燒，很想立馬回他一句「難道你們無端判我十八年有期徒刑的時候，我是日本人嗎？」但是我怕這句話扔出來會徹底激怒他，便咽下去沒有真正說出口來，只是支支吾吾地隨口胡謅些什麼「確實還是很想去啊」之類的廢話，聊天於是陷入僵局。最後領導看這架勢應該是勸不動我了，便鬆口說：「好吧好吧，你要是非要想去的話，我們還是可以讓你去的。」

湊巧的是，有一位與我一同在南充絲二廠工作過的老朋友的丈夫曾擔任過南充市公安局出境管理處的處長，我和他們夫妻二人常年保持著相當親密的友誼。早幾年前，這位處長朋友曾主動問過我要不要辦護照，他當時說：「明年我就要退休了，萬一以後你要出國的話，還是應該趁我還在位子上能幫上忙的時候，趕緊把護照辦了。」所以我當時就聽從了他的建議辦好了護照，想不到還真有派上用場的一天。

會議定於二〇〇七年的六月六日到六月七日兩天進行，吳宏達在電話中告訴我，美國國務院已經將受邀參會的人員名單分發至北京的大使館以及各個總領事館。我在成都的總領事館順利地辦好了簽證，但又隱隱約約感覺成都方面的公安可能會在出境前的最後一關機場那裡刁難我。為了避免這種情況發生，我乾脆買了一張火車票，在五月下旬的時候去往北京，準備從北京的機場出關。到達北京之後我一直住在八妹家，八妹和八妹夫對我相當關照，他們在六月四號那天開車將我送到機場，我順利地通過安檢登上飛機，和我同一架航班飛往美國的還有余傑夫婦與章立凡夫婦。

如果我沒有記錯的話，那架航班最後抵達了紐約的機場，陳奎德開著一部小車來接我，將我直接拉去普林斯頓大學旁邊的一家汽車旅館。研討會主辦方安排我與一位河南籍的老右派同住一間房，他名叫魏紫丹，被打成右派之前曾是一所中學的數學老師。魏紫丹已經在美國定居多年，但一句英文也不會說，與同在美國經商的女兒住在一起。我和他都是一九三四年出生的，兩個年齡相同、又有著類似經歷的老傢伙難免一見如故，恨不得把各自幾十年的苦楚經歷一股腦全講給對方聽。我倆這麼一聊就是一個通宵，在他談論的往事中有兩個細節我至今難忘。第一個是他講大躍進那會兒，他在勞教隊裡日夜苦戰，累得死去活來，有一天他在疲乏得兩眼冒金星的時候去解大便，剛蹲下沒多久就陷入沉睡，醒來時才發現自己已經坐在剛剛拉的一灘屎上睡了好一會兒了。另一件事是勞教隊裡右派們的妻子偶爾會來探望親人，隊部也會為探親的家屬安排住宿。每到夜裡，勞教隊的難友們便會附耳於窗下，偷聽屋內夫妻二人的動靜，盼望著能聽到纏綿做愛的聲響。在那個物質匱乏的年代，整個國家的國民身體素質都極為糟糕，人們的精神壓力也很大，女人不來月經，男人無法勃起，都是常見的現象。魏紫丹告訴我，那些摸到窗下去偷聽的人們每每聽到的只是夫妻二人抱頭痛哭或隱隱啜泣的聲音，至於那些令人想入非非的動靜，則從未有人真的聽到過。他操著那一口河南話不停地向我重複：「都在哭，都在哭。」

第二天的會議在普林斯頓大學的一座禮堂中進行，參會者大約百餘人，研討會由余英時教授作開幕致辭。我們端坐在下面靜靜聆聽時，魏紫丹忽然湊過來跟我說：「準備好，第二個發言的就是你。」我大吃一驚，完全不知我的發言次序竟如此靠前，事實上每個人面前都有一張發言順序表，但那時我已患有眼底出血黃斑變性的頑疾，視力很差，無法閱讀這張表格。等到我上臺發言時，因毫無準備，也就只能面對擴音器和攝像機侃侃而談，說了一些當右派的屈辱感受，也談及自己作為一名右派「享受」被勞教勞改雙重待遇的特殊經歷。畢竟當年大多數右派的下場也只是被單位開除回家自謀生路，被勞教的右派尚屬少數，而像我這樣又被勞教又被勞改的右派則更是鳳毛麟角了。另外我還順便提到此次出國之前轄區領導登門勸阻的小插曲，當我在會場上講出之前在領導面前沒有講說出口的那句：「你們判我十八年時，我就是日本人嗎？」時，全場哄堂大笑，掌聲雷動。最後我以如下這番總結性陳詞為我的發言畫上句號：一九五七年中共將我劃為右派是絕對錯誤的，因為那時我不僅不是右派，我甚至還發自內心地擁護共產黨。一九八〇年中共將我的右派身分改正的決定也是絕對錯誤的，因為那時我已經歷二十三年勞教勞改的苦役折磨，早已蛻變為一名貨真價實的右派分子。說罷這番話，全場再次響起一片熱烈的掌聲。

當晚我和朋友們前去吳宏達家中茶敘，他在美國的居所是一棟獨門獨院的別墅，後院外面還有一片自家的森林。那天晚上有很多朋友在場，自由亞洲電臺的播音員北明女士跟大家講了這麼一樁往事，她說她認識一個右派的兒子，這個右派被打倒之前是重慶市團委書記。九零年代時期，這個右派的兒子計畫去往重慶，登門採訪一百個右派，他想將這些父輩身上所承受過的苦難經歷一一記錄下來。採訪的計畫進行得很順利，但令人想不到的是，恰好當他在重慶市長壽湖邊找到第一百個老右派，並準備對他進行採訪時，這個不知發什麼神經的老人竟然向當局告發了他。前來執行抓捕任務的人迅速趕到湖邊，這位年輕人情急之下果斷跳入長壽湖，將手稿銜在嘴上，遊過長壽湖，將他們遠遠甩在身後，這本名叫《長壽湖》的紀實文學作品也因此得以保存下來。我當時站在旁邊聽完整個故事，向北明女士說：「你說的這個右派的兒子，是譚松吧。」北明女士非常吃驚地看過來，追問道：「你認識他嗎？」我告訴她，我不僅認識，而且還和他是很要好的朋友。譚松和我一樣，常常在網上寫一些時評文章，大家因此相互認識，平日裡的來往也很多，他算得上是與我特別情投意合的忘年交。

會議延續的兩天期間，禮堂門口擺著幾張桌子，上面堆著參會的老右派們各自撰寫的回憶錄，其中特別顯眼的就是吳宏達的那本《昨夜風狂雨驟》，數量最多，放在最醒目的位置。有意思的是，大家的書都是擺在那裡出售的，唯獨吳宏達的書是直接白送。但哪怕是這樣，我也沒去拿一本留個紀念，因為我知道此番回國時我的任務不輕，在美國出版的《格拉古軼事》無法在大陸購得，我必須盡可能地往旅行箱裡多塞幾本帶回去。

當時放在會場門口展銷的各式回憶錄中並未見到《格拉古軼事》的影子，而吳宏達之前曾告訴我說，勞改基金會早就向溪流出版社訂購了整整一百本，屆時也會拿出來放在展銷臺上。眼看會議即將結束，我立即找到吳宏達，詢問他為何這裡沒有我的那本回憶錄。吳宏達聽後作恍然大悟狀，說那一百本書被扔在他的凱迪拉克車後備箱裡，一直忘記拿過來了。我當時即感覺這很可能是他刻意為之，至於原因我也不得而知，但最終這一百本《格拉古軼事》只售出三五本，第一個來買的人就是魏紫丹。

一直以來，吳宏達都算不上我的朋友，之前大家只是相互認識，通過電話交流投稿的事宜，這一次在普林斯頓大學舉行的研討會是我和他的第一次見面。有一天我私下裡向他提出，其實我一直想向美國政府申請政治避難。同時我還告訴他，這個打算我早已有之，當年的起訴書、判決書、平反通知書等重要文件我都一併帶來了美國，它們能證明我在國內的幾十年裡受過多少磨難。吳宏達聽後連連擺手，說了一大堆諸如光是那筆律師費你都給不起之類的風涼話，我也勉強接受。但他最後發出的質問卻把我搞得非常難堪，他說：「你在美國怎麼生活啊？就憑你那本《格拉古軼事》麼？」這話雖不無道理，但聽在耳朵裡也很不是滋味，我當時就納悶你一個堂堂勞改基金會的負責人，怎麼能面對一個受過如此之多迫害的同代人說出如此難聽的話來。這句話使我深受刺激，自尊心受到很大的傷害，我甚至覺得吳宏達這個人的內心世界也並沒有多乾淨。

研討會結束之後，我搬去時任獨立中文筆會會長的廖天琪女士家中小住了幾天，那是一幢坐落在華盛頓郊外的別墅，一片氣質非常嫻靜的社區。同去的還有余傑夫婦，他們就住在我樓下的房間裡。吳宏達每天開車來這裡捎帶上我，我們一起去華盛頓特區以及周邊的景點遊玩，包括賓夕法尼亞大道和尼亞加拉大瀑布。那時我的視力雖閱讀有礙，但感受風光美景還尚存一絲餘力，沿途中給我留下最深印象的就是美國的天空呈現出的那種純淨的藍色，而一路經過的叢林也都洋溢著自然生長的氣質，從無人為干涉的痕跡。余傑夫婦平時不與我們同行遊玩，他們倆單獨行動，我和他們也偶爾寒暄幾句，把自己早年就讀於教會學校、參加唱詩班的種種經歷講給他們聽。余傑與妻子劉敏都是基督徒，他們聽我這麼一說，露出欣喜的神色，覺得遇到了同道中人。余傑向我表示，下一個周日他和妻子將要去附近的一間教堂做禮拜，也邀請我一同前往，我欣然應允。

那間教堂的牧師是一位「六四事件」之後的流亡學生，在我們同車前往教堂的路上，我向余傑提出了一個自己一直想當面問他的問題。二〇〇六年時，小布希總統曾在白宮接見了余傑、王怡等人，他們一起做了禱告。據外界傳言所稱，白宮原本擬定的接見名單中還有大陸的民權人士郭飛雄先生，但郭飛雄先生最終未能參加這次會見，只因余傑與王怡認為他不是基督徒，故拒絕與其一同前往白宮。我始終對此事感到好奇，想找到當事人問問清楚，也就是余傑和王怡，這兩人究竟是怎麼想的，竟然會以這樣的託辭做出這樣的事來。余傑在車上聽我說完自己的疑惑，很泰然地用外交辭令將我的問題敷衍過去：「因為郭飛雄現在還在大陸的監獄裡，所以我不方面對此事做出回答。」

在美國的幾天行程很快結束，我也順利返回家中。定居在成都的這一幫子右派難友為數不少，這麼多年來，在我的召集下，大家有一個定期的聚會。早年間幾乎是每週一次，現在我們逐漸老去，腿腳也不如原來那麼利索，聚會也就減少到每個月兩次。同樣地，早年間大家都還健在時，一次聚會動輒就是五六十號人濟濟一堂。越往後，走的人越多，到寫完這本書的二〇一七年，老傢伙們每次能來十個以上已屬不易。有些難友雖然去世，但他們的成年子女也時常來參加我們的聚會，聚會最大的樂趣就在於大家可以暢所欲言，當然，牢騷居多。這次從美國回來，大家翹首以盼地期待我分享一下此行的所見所聞，我也就事無巨細地在回國之後的第一次聚會上向大家緩緩道來，所有人都為我得以幸運地出國參加會議、同時也算公費旅遊了一趟的經歷感到開心。

見完了右派難友們，該輪到轄區的領導來見我了。有一天，之前曾奉勸我不要去美國的那位成華區政府的領導又來到我家，也帶了上次那位不苟言笑的隨從。這次他們的任務是要從我嘴裡套出幾句話來，要我大致講講去美國都做了些什麼，說了些什麼，見了些什麼人。因為聊天的目的性很強，所以整個過程有點像審訊，但這位領導仍然是一如既往的和顏悅色，我知道他們只是例行公事，所以也毫無心理壓力。

「審訊」開始之前，領導忽然想起似乎還少一個人來做記錄，於是又趕緊給雙林路街道辦事處打了一通電話。過了一會兒，一個戴著眼鏡的中年男人急匆匆地趕來，一進門看見領導，當即行了一個大禮：掏出一支煙，呈九十度鞠躬狀雙手將煙呈送到領導面前。這個極為誇張的動作讓在場的我大為震驚。回想一九五〇年代我參加工作那會兒，中共機關內部職員之間的地位關係還是相當平等的，下級對上級絕不可能做出這樣卑躬屈膝的誇張動作。「審訊」只進行了短短一小會兒便草草收場，領導的問話非常簡單，我也馬馬虎虎地隨便作答，整個過程中我說的話還不及領導多，最後他站起來長籲一口氣，像是心裡一塊大石頭落地了一樣，為我的美國之行打了一個總結：「總體而言，這次你到國外去還是沒有做出什麼越軌的行為。」

跋

終於可以放下了。

《格拉古夢魘》是張先癡先生關於「格拉古」敘事的第三本書，亦是最後的收官之作。

一位八十三歲，幾近完全失明的耄耋老人，拖著被歲月、被體制嚴重傷蝕的病體，硬是頑強的將「三部曲」著述完成。是什麼力量支撐他完成了在常人看來根本不可能完成的「跨世紀工程」？我想，除了拒絕遺忘和搶救歷史之外，還有作者對這片土地，對這個民族最為深摯的憂慮與愛戀！一位年逾古稀且命運多舛的老人，在與極權較量了一個甲子之後，仍然深情而又執拗地活在這薄情的世界裡並不斷言說。

我思忖良久終得其解，唯一的原因，就是作者不想讓他那樣的悲劇人生重複出現，一遍又一遍周而復始地禍害國人。遲暮之年的作者像蠟燭一樣地燃燒自己，為身處暗夜的我們帶來了些許警醒，些許光亮，從而使我們在行進的路上不致迷途，不再彷徨。對於一生飽受摧殘，仍倔強不從、傲骨依舊的作者，我除了深深的敬意之外，餘下的就是無言的禮贊！

《格拉古夢魘》（以下簡稱《夢魘》），是作者繼《格拉古軼事》、《格拉古實錄》之後，對自己另一段生活的回憶與記述，亦是對上兩本書的拾遺與補缺。與上兩部書一樣，作者秉持著一以貫之的平實、直白、機智中夾帶著詼諧的表現手法，把包括自已及其家人在內的，各種經歷中的人與事，表現得淋漓盡致，光彩照人。

作者在本書中，較為完整地記錄了一九四九年以前，自己從出生到童年、少年及青年時期生活的各個方面，並對一九四九年之後所經歷的人與事，進行了必要的記述與著墨。這樣，《夢魘》就與上兩本書一道，構成了完整的獨具張先癡風格的「格拉古」拼圖。

作者自幼出生在一個富足的國民黨高官家庭，用通俗的話說就是：出生時口含金匙，生活中衣食無慮。想想看，當時的中國內憂外患，狼煙四起，普通民眾食難裹腹。在這樣一種國運頹喪、山河破敗的年代，出生並成長於這種家庭的「二老爺」，其「少年不識愁滋味」那是一定的！

作者的童年及少年時期，除了上學讀書以外，餘下的精力幾乎全部貢獻給了零食、遊玩、嬉戲、以及含苞初放的男女歡情。儘管這期間他與家人有過幾次「逃難」或者遷徙，但是，這樣的經歷除了給作者徒添眼界以外，對其富庶生活本身並未構成實質性影響。

正是因為出生在這樣的家庭，才使得少年時期的作者具有單純、善良、樂觀、頑皮、外向以及天生之優越感等性格特徵。而恰恰是這些特徵的共同作用，才使得年少的作者過早地失去了思考與辯識能力。在青春荷爾蒙的鼓噪下，在烏托邦炫麗光環的引誘下，涉世未深，或者說根本未曾涉世的少年作者，幾乎未加思考，憑著衝動和直覺就與父親決裂，從而選擇加入到了「改天換地」的革命隊伍之中。不諳世事的他哪裡知道，在那些裝裱得十分精美的口號背後，等待他的卻是一張張噬血的大網。

一九五〇年，隨著四川「和平解放」，作者夢寐以求想為「新中國」奉獻青春，想為「新中國」建功立業的理想隨即幻滅。伴之而來的卻是將近半個甲子的血淚、酷刑以及牢獄之災。作者用一生中最為精華之時段的悲慘際遇昭告人們：但凡那些聲稱要領你進入天堂，或者要帶你實現這樣夢那樣夢的僭越者，最終帶給你的一定是《一九八四》或者《動物莊園》。

在本書中，作者對包括家人在內的眾多人物進行詳細的著墨。例如：外婆、母親、妻子、廬山中學的高老師（Miss Gale係基督徒）、鮑氏兄妹、武角、黃毅以及肖大哥等。這些人無論性別、年齡、職業或者社會角色怎樣不同，但有一點卻是共通的，那就是：這些人的身上都閃爍著至善至美的人性光點。正是這些人的存在，也正是這些人在作者人生不同階段給予他的關愛、溫存和幫助，才使得作者能夠在倍受凌辱的生命逆境中沒有放棄抵抗，向下沉淪。因為在此期間，他獲得了足以支撐其行動力的甘甜的心靈慰藉。

有時我在想，也許正是在我們民族歷史的各個時期、各個階段、各種群體中都有著這樣一些懷揣愛意、樂善好施之人的存在，才使得我們這個遭受了千百年專制屠戮之民族的道德倫理尚沒有完全坍塌，完全崩潰，從而使人性之光能夠穿越時空，薪火相傳。

讀《夢魘》時，我雖然常常為書中的人與事感到稀噓，感到歎息，但是，已經全然沒有了過去閱讀《軼事》和《實錄》時的那種窒息感、驚悚感、以及咀嚼苦難時那種錐心的痛楚。帶之而來的是對作者及其書中人物命運的動容、感念和慨歎，是一種若有所思、恍若隔世但又今昔同體的心靈體悟。

長久以來，手執權柄的人似乎已經習慣了在缺乏選擇的制度環境下，千方百計地遮罩真相。把官方編纂的史書當作唯一權威的正史予以推廣，而把其他流散在民間，在地下，在海外的由非官方人士撰寫的史書，稱為野史而予以禁止。而作者卻用自己生命的張力，用不拘一格的言說和書寫方式，向撒謊者擲出了他們最為忌憚，最為膽寒的投槍與匕首。記得有一句話是這樣說的：「一個人存在的價值，就再於他敵人的份量。」在我看來：作者的價值，就是他所承受的這個體制之於他苦難的份量。

本書中，作者記錄的雖然是他個人的歷史。但這些史實一經公開，其意義就不僅僅只屬於他個人，而應當屬於全社會、全民族。因為作者的悲慘人生以及煉獄般的遭遇，亦是整個中華民族苦難史中不可或缺的組成部分。真實的歷史並未如煙，普羅米修士的故事不會因為知道的人少而壽終正寢，總有一些人在繼續著揭穿謊言的香火。正如作者在書中寫道的那樣：「死去的人再也無法說話，活著的人就應該義不容辭地擔起這份歷史責任，它不僅僅屬於自己，也同樣屬於那些死去的人。」是的，正是這種向死而生、不甘沉淪、百折不撓的精神與擔當，才連結起了我們民族生生不息的脈管與脊樑！

時間如梭，光陰似箭，自讀《格拉古軼事》認識作者以來，曲指一算六年過去了。隨著雙方交往的日漸綿密，情意亦隨之深篤。作者希望《夢魘》付梓時，由我來為該書寫跋。乍一聽到，除了驚詫之外，還有一種難以言表的阿喀流斯之踵。我知道，作者身邊文人如織，其中包括大量知名，或者不那麼知名的文人墨客，一些賣文求生者更是作者家的常客。捨近求遠，避重就輕邀請我這樣一個圈外的非文人來為本書寫跋，無疑是一件顛覆道規的事情。平生第一次為書寫跋，擔心當然是有的，主要不是疑懼自己的能力，而是擔心我這毫不入流，自說自話的行文方式會干擾到讀者對本書的判斷與理解，從而降底了本書的品質及影響力，從而辜負了作者的一片丹心。

勿庸諱言，作者在《夢魘》的寫作時，無論是敘事描人時遣詞造句的張力與從容，還是謀篇佈局時的邏輯與拿捏能力，都遠不如前。讀《夢魘》時，書中語言內在的緊繃感，篇章結構之間的疏離感，你是一定會有所覺查的。但我知道，這些瑕疵都是時光之於作者的印跡。因為人是無法逆生命週期而行進的動物，沒有人能與時間抗衡。

行文至此，我不禁想起了索爾仁尼琴的《古拉格群島》、安妮・阿普爾鮑姆的《古拉格一部歷史》當中對俄羅斯，以及前蘇聯黑暗歲月的歷史記述。值得欣慰的是，這一頁已經被俄羅斯人翻了過去，產生那一歷史黑幕的制度基礎也已灰飛煙滅。那麼中國呢？從興凱湖農場、石河子監獄到夾邊溝、到「築路支隊」、到雷馬屏農場……，多少因言獲罪的同胞倒在了毛式極權的魔掌之下，迄今無一昭雪，無人知曉。這段與蘇俄同體的黑暗歷史，在中國仍沒有結束，這一頁之於我們它仍然存在，並沒有被翻過去。因為那樣的體制境況還在，因為星羅棋佈的各色監獄裡還關押著不計其數的良心犯、異見人士、以及因言獲罪者。

即便如此，我還是想懇切地對作者說：較之你的難友們，你沒有被強大的體制折服，沒有被生活擊垮，也沒有與命運媾和，你已經做了你該做而且能夠做到一切。你的行為已經足以告慰那些冤屈的亡靈，同時，你的行為亦對當下中國所有讀過你書的後生晚輩們產生了直擊心底、極具穿透力的警示與影響！你理當相信，自由之於人是一種天性，人們追求自由的腳步不會停歇，更不會後繼乏人。因此，是時候選擇放下了！

最後，我想借用湯瑪斯・卡萊爾的一段話來作為本文的結束語，並與之共勉：「生於謊言是我們的不幸，死於謊言是我們的恥辱，結束謊言是我們的責任。」

建設　二〇一七年三月十五日

後記

回憶我跌宕起伏的一生，經歷了太多人生的磨難，可謂苦多甜少，能夠支撐我活到今天，與有幸得到讀者給我的鼓勵有關，我也從讀者對我作品的肯定中得到一絲安慰。我不知道還能活多久，只要我還活一天，我就要為受苦受難的同胞呼喊，我就要把被謊言掩蓋的東西還原。雖然個人的力量微薄，但我不會放棄，我相信時代的進步，普世價值的陽光總會照亮黑暗的角落。

古人說：物以類聚，人以群分。近年來，與我走得最近的，也是那批勞改勞教的右派朋友。都可稱之為「生前友好」的朋友。幾經自然規律的淘汰，活著的越來越少。感謝這些右派朋友多年以來陪同我度過疾病纏繞的歲月。感謝北京大學中文系的著名退休教授錢理群先生，不辭辛苦地給我三本書作序。

感謝全國各地關心我的讀者和朋友們，在我被病魔折騰期間，是你們給我鼓勵和無私的幫助，讓我應付高昂的自費藥。在我書中提到的老領導和同事中，王慶曾、卓朝清、武角等給予我非常大的幫助，他們都是共產黨員、離休幹部。我的作品、我的觀點他們很難全盤接受，但是他們都摒棄了黨派的偏見，從人性的角度，對我表示認可，並在他的朋友圈子中推薦我的作品。還有一群朋友給我無私幫助，但根據目前形勢，不便指名道姓對他們感謝，他們身上的傳統美德和善舉給予了我溫暖……

蒙上帝恩典，我二〇一三年在秋雨之福教會受洗成為基督徒。感謝秋雨之福教會和教會的弟兄姊妹多年來對我的呵護，為我所做的禱告。感謝上帝保守我及時恢復健康，讓我有精力完成《格拉古夢魘》的夙願。凡事不怕敵人的驚嚇，這是證明他們沉淪；你們得救，都是出於神。（腓立比書一：二八）

目擊中國21　史地傳記類　PC0688

格拉古夢魘
——勞改回憶錄之三

作　　者／張先癡
主　　編／蔡登山
責任編輯／杜國維
圖文排版／楊家齊
封面設計／楊廣榕

發 行 人／宋政坤
法律顧問／毛國樑　律師
出版發行／秀威資訊科技股份有限公司
114台北市內湖區瑞光路76巷65號1樓
電話：+886-2-2796-3638　傳真：+886-2-2796-1377
http://www.showwe.com.tw
劃撥帳號／19563868　戶名：秀威資訊科技股份有限公司
讀者服務信箱：service@showwe.com.tw
展售門市／國家書店（松江門市）
104台北市中山區松江路209號1樓
電話：+886-2-2518-0207　傳真：+886-2-2518-0778
網路訂購／秀威網路書店：http://store.showwe.tw
國家網路書店：http://www.govbooks.com.tw

2018年2月　BOD一版
定價：490元

國家圖書館出版品預行編目

格拉古夢魘：勞改回憶錄之三 / 張先癡著. -- 一版. -- 臺北市：秀威資訊科技, 2018.02
面；　公分. -- (史地傳記類；PC0688)(目擊中國；21)
BOD版
ISBN 978-986-326-519-1(平裝)

1. 張先癡 2. 文化大革命 3. 回憶錄

782.887　　106024424

讀者回函卡

感謝您購買本書，為提升服務品質，請填妥以下資料，將讀者回函卡直接寄回或傳真本公司，收到您的寶貴意見後，我們會收藏記錄及檢討，謝謝！
如您需要了解本公司最新出版書目、購書優惠或企劃活動，歡迎您上網查詢或下載相關資料：http:// www.showwe.com.tw

您購買的書名：________________________________

出生日期：________年________月________日

學歷：□高中（含）以下　□大專　□研究所（含）以上

職業：□製造業　□金融業　□資訊業　□軍警　□傳播業　□自由業
　　　□服務業　□公務員　□教職　□學生　□家管　□其它____

購書地點：□網路書店　□實體書店　□書展　□郵購　□贈閱　□其他

您從何得知本書的消息？
□網路書店　□實體書店　□網路搜尋　□電子報　□書訊　□雜誌
□傳播媒體　□親友推薦　□網站推薦　□部落格　□其他________

您對本書的評價：（請填代號　1.非常滿意　2.滿意　3.尚可　4.再改進）
封面設計____　版面編排____　內容____　文／譯筆____　價格____

讀完書後您覺得：
□很有收穫　□有收穫　□收穫不多　□沒收穫

對我們的建議：________________________________

____

____

____

請貼
郵票

11466
台北市內湖區瑞光路 76 巷 65 號 1 樓
秀威資訊科技股份有限公司 收
BOD 數位出版事業部

（請沿線對折寄回，謝謝！）

姓　　名：____________　年齡：________　性別：□女　□男

郵遞區號：□□□□□

地　　址：________________________________

聯絡電話：(日) ______________ (夜) ______________

E-mail：________________________________